编　委　会

应急预案编制与实战演练

广东省安全生产科学技术研究院 编著

暨南大學出版社
JINAN UNIVERSITY PRESS
中国·广州

图书在版编目（CIP）数据

应急预案编制与实战演练 / 广东省安全生产科学技术研究院编著. —广州：暨南大学出版社，2021.9（2022.10 重印）
ISBN 978-7-5668-3159-0

Ⅰ. ①应… Ⅱ. ①广… Ⅲ. ①突发事件—应急对策—研究—中国 Ⅳ. ① D63

中国版本图书馆 CIP 数据核字（2021）第 104915 号

应急预案编制与实战演练
YINGJI YU'AN BIANZHI YU SHIZHAN YANLIAN
编著者：广东省安全生产科学技术研究院

出 版 人：张晋升
责任编辑：冯 琳 谭莉慧
责任校对：张学颖 孙劭贤
责任印制：周一丹 郑玉婷

出版发行：暨南大学出版社（511443）
电 话：总编室（8620）37332601
营销部（8620）37332680 37332681 37332682 37332683
传 真：（8620）37332660（办公室） 37332684（营销部）
网 址：http: //www.jnupress.com
排 版：广州广知园教育科技有限公司
印 刷：深圳市新联美术印刷有限公司
开 本：787mm × 1092mm 1/16
印 张：19.5
字 数：296 千
版 次：2021 年 9 月第 1 版
印 次：2022 年 10 月第 2 次
定 价：79.80 元

序　言

习近平总书记在中央政治局第十九次集体学习时强调，要健全应急预案体系、加强应急预案管理、开展常态化应急疏散演练。习近平总书记这一重要指示要求，从全局和战略高度阐明了应急预案体系、应急预案管理和演练在应急管理体系和能力现代化中的重要地位和作用，明确了应急预案编制和演练的目标任务，为应急预案体系建设、应急预案管理和应急演练指明了方向，为新时代加强应急预案编制和演练提供了根本遵循。

广东省应急管理厅深入学习贯彻落实习近平总书记关于应急管理的重要论述精神，始终把应急预案编制和应急演练作为一项重要工作来抓，探索形成了“预字诀”“五应”等工作机制和方法，大力推进省突发事件总体应急预案、行业专项预案和企事业单位应急预案编制与修订，形成了“横向到边、纵向到底”的预案体系，预案管理科学性明显提高；科学高效地组织了基层防汛工作实战推演、清明节期间森林防灭火工作落实情况桌面推演、铁路地质灾害突发事件应急处置联动机制实战演练、危险化学品安全风险防范实战推演、应对省外特别重大地震灾害应急救援实战演练等形式多样、富有成效的实战演练，有效提升了应对各类突发事件的综合处置能力，极大提高了各部门之间相互协作作战水平。为成功应对佛山高明区“12·5”森林火灾、十五年来最强“龙舟水”、揭阳“9·9”危运车追尾事故等一系列大战，切实维护人民群众生命财产安全和社会稳定，发挥了重要作用。实践证明，只要深入学习贯彻落实习近平总书记重要指示精神，应急管理事业就能不断取得新的发展。

为了总结广东省应急预案编制和演练改革的最新成效与经验，广东省安全生产科学技术研究院组织编写了《应急预案编制与实战演练》一书。全书坚持以习近平新时代中国特色社会主义思想为指导，全方位呈现了应急预案编制和演练领域的创新成果，既介绍了应急预案的发展历程、应急预案体系的构成、应急预案的具体内容、应急预案的编制要点和应急预案的管理流程，又对应急演练的发展现状、具体内容、策划准备、组织实施、评估总结等进行详细阐述，并结合典型应急演练案例对应急演练的组织实施过程与演练结果展开分析。本书具有三大特点：一是理论与实践相结合，既涵盖了基础理论知识，又在关键部分辅以实际案例、实践经验，具有可读性；二是继承与创新相结合，既继承了国内外在研究与实践中的先进理论与宝贵经验，又融合了时代背景下的新理念、新方法、新技术，具有科学性与先进性；三是全面与重点相结合，既全面介绍了应急预案编制与实战演练各环节的具体工作，又重点针对工作实践中面临的关键问题提出了具体可操作的解决方案，具有指导性和可操作性。

本书内容翔实全面，对各级政府部门和企事业单位组织编写应急预案、做好应急预案管理、开展应急演练具有极高的参考和借鉴意义。相信本书的出版发行，对进一步提升应急预案编制和演练工作水平，提高应急处置能力，能起到积极的促进作用。

2021年4月

CONTENTS 目录

1

应急预案的发展历程及现状

在我国，自然灾害、事故灾难、公共卫生事件、社会安全事件等各类突发事件时有发生，对突发事件应急管理已经成为各级党委、政府“促一方发展、保一方平安”的政治责任。党的十八大以来，习近平总书记多次在不同场合就防灾减灾救灾工作发表重要讲话或做出重要指示，强调应急管理是国家治理体系和治理能力的重要组成部分，承担防范化解重大安全风险、及时应对处置各类灾害事故的重要职责，担负保护人民群众生命财产安全和维护社会稳定的重要使命，为此要健全风险防范化解机制，坚持从源头上防范化解重大安全风险，真正把问题解决在萌芽之时、成灾之前。应急预案是应急准备和应急响应的各个方面所预先做出的详细安排，是及时、有序、有效开展灾害事故应急救援工作的行动指南，是应急管理工作的重点。我国应急管理体系建设始于应急预案体系构建。新中国成立以来，我国应急预案体系经历了从“无”到“有”、从“有”到“全”、从“全”到“细”的发展历程。改革开放以来，我国累计制定了550余万件应急预案，形成了应对特别重大突发事件“1个响应总册+15个分灾种手册+7个保障机制”的应急工作体系、“扁平化”组织指挥体系、防范救援救灾“一体化”运作体系，为应对各类突发事件提供了有力保障。我国在应急预案体系建设过程中积累许多宝贵经验，同时也发现不少亟待解决的问题，这需要从应急实践与理论研究的角度深入思考应急预案改进与优化路径。

本章首先介绍应急预案的概念、特点、功能定位、分类方法等基础性知识；接着分析总结美国、英国、日本这三个典型国家的应急预案体系建设经验；最后对我国应急预案体系的建设历程进行详细阐述，综合我国应急管理工作实际和国外应急预案体系的建设经验，提出完善我国应急预案体系的建议及对策。

1.1 应急预案概述

1.1.1 应急预案的概念及特点

应急预案，有时也简称“预案”，是指各级人民政府及其部门、基层组织、企事业单位、社会团体等为依法、迅速、科学、有序应对突发事件，最大程度减少突发事件及其造成的损害而预先制订的工作方案。应急预案是在对事件进行风险辨识、评估、应急资源调查和应急能力评估的基础上，为降低由危险物质、设施（备）、场所、气候、环境等因素引发的突发事件或者灾害造成的人身、财产与环境损失，控制事态发展，消除突发事件影响，防止发生次生或衍生灾害，而对应急组织机构与职责、人员、技术、装备、设施（备）、物资、救援行动及其指挥与协调等方面预先做出的科学而有效的具体计划和安排。它明确突发事件的事前、事发、事中、事后，谁来做、做什么、怎么做、何时做、用什么资源做等问题。

突发事件具有种类多、分布广、损失大、影响广泛、危害严重、难以预测等诸多特点，应急预案就是针对突发事件的这些特点而制定的具体行动方案。因此，应急预案必须覆盖各行业、各领域、各类型和各单位的突发事件应对与处置工作，具有鲜明的系统性、权威性和时效性特点。

1.1.1.1　系统性

应急预案的系统性主要体现在预案内容、预案体系、预案管理三方面。从预案内容来看，应急预案包括事前的预测预警、危险源识别与辨识、应急管理制度与应急准备等，事发的先期响应、风险管控、信息传递等，事中的应急处置与联动、指挥决策、应急保障等，事后的恢复与重建、善后处置以及应急结束等相关内容，同时包含实施应急响应行动所需的基本信息、响应程序、各类表格等内容，体现了应急过程的系统性。从预案体系来看，应急预案包括对应急管理工作及突发事件应对与处置的总体安排、专项行动和现场处置的具体措施，体现了预案衔接的系统性。从预案管理来看，应急预案的管理是一个全环节、全链条、全过程的管理，从应急预案编制准备到应急预案执行都有严格的程序来确保应急预案的编制质量与启动实施，体现了预案管理的系统性。此外，应急预案的系统性还在功能（职能）完整、应急过程完整、适用范围完整等方面得到体现。

1.1.1.2　权威性

应急预案必须合法、合规，具有突发事件应对与处置的权威性。它是依据有关法律、法规、规章制度和地方实际情况制定的应对突发事件的具体行动方案，是国家有关法律、法规和规章制度在应急管理领域的具体化，具有类法规的很强的现场指导意义，是检查和落实突发事件应对工作的主要参照，是实施奖励和责任追究的基本依据。颁布施行的应急预案，是政府及其部门依法推进应急管理工作的施政措施，是基层组织和单位做好突发事件应对工作的重要保障。应急预案是紧急情况应对突发事件行动指南，充分体现了法律、法规赋予的神圣权利，对突发事件应对工作具有强大的约束力。

1.1.1.3 时效性

应急预案在一定的范围和时限内具有很强约束效应，超出其范围和时效，就降低或失去了对突发事件应对工作的指导意义。它是在现行行政管理体制下，针对现存风险和危险源，在有效时段内对所担负的应急管理和突发事件应对工作的部署和安排。当行政管理体制和应急资源发生变化、风险消失、危险源转移、应急工程与重大应急活动结束等情况出现时，已有的应急预案就难以适应突发事件应对工作的需求，应及时进行修订和完善。应建立应急预案持续更新改进长效机制，确保应急预案能始终满足突发事件应对工作的实际需要。

1.1.2 应急预案功能定位

应急预案在应急管理中起着关键作用，它是针对可能发生的重大事故及其影响和后果严重程度，为应急准备和应急响应的各个方面所预先做出的详细安排，是及时、有序、有效开展事故应急救援工作的行动指南。具体来说，应急预案在应急管理中的重要作用和地位体现在：

（1）应急预案有利于明确突发事件应对的范围和体系。应急预案明确了突发事件应对的组织体系、响应流程和各方职责，使应急准备和应急响应不再无据可依、无章可循，一旦发生事故，可以有序应对、忙而不乱。通过编制基本应急预案，对事先无法预料到的突发事件或事故可以起到基本的应急指导作用，成为开展应急救援的“底线”。针对特定危害编制专项应急预案，制定专门应急措施，可大大增强救援的效果。

（2）应急预案有利于做出及时的应急响应，降低事故损失。应急预案建立了与相关单位和部门应急体系的衔接，并预先明确了应急各方的职责和响应程序，在应急力量和应急资源等方面做了大量的准备，可以指导应急救援工作迅速、高效、有序地开展，将事故造成的人员伤亡、财产损失和环境破坏降到最低。此外，如果提前制定了应急预案，对事故发生后必须迅速解决的一些应急恢复问题也会起到重要的指导作用。

（3）应急预案有利于提高风险防范意识。应急预案的编制、评审、发布、宣传、演练、教育和培训，有利于各方了解可能面临的重大灾害事故及其相应的应急措施，有利于各方提高风险防范意识和能力。其中，培训可以让应急响应人员熟悉自己的责任，具备完成指定任务所需的相应技能，演练可以检验预案和行动程序，同时评估应急人员的技能水平和应急过程的整体协调性。

1.1.3 应急预案的分类方法

应急预案有多种多样的分类方法，包括从行政管理层次、应急预案层级、应急响应程序、应急预案时间特征、应急管理对象、应急预案适用范围和功能、应急预案编制和执行的责任主体等方面进行区分。应急预案的具体分类方法可根据地方或单位实际情况确定。

按行政管理层次划分，可将应急预案分为国家级、地方级（省级、市级、县级）及基层单位应急预案。按时间特征划分，可将应急预案分为常备应急预案和临时应急预案（如偶尔组织的大型集会等）。按应急管理对象划分，突发事件是应急预案处置的对象，国家将突发事件分为自然灾害、事故灾难、公共卫生事件和社会安全事件四类，应急预案也可对应划分为自然灾害类应急预案、事故灾难类应急预案、公共卫生事件类应急预案和社会安全事件类应急预案。按适用范围和功能划分，应急预案又可分为突发事件总体应急预案、专项应急预案、部门应急预案、企事业单位应急预案和重大活动应急预案等。按编制和执行的责任主体的不同，应急预案可划分为政府及其部门应急预案、单位和基层组织应急预案。这些是最常用的应急预案分类方法。

1.2 国外应急预案体系建设经验与启示

20 世纪 90 年代以来，重大事故应急预案体系建设受到国际社会的普遍重视，许多工业化国家和国际组织都制定了一系列重大事故应急救援事故法规和政策，明确规定了政府有关部门、企业、社区的责任人在事故应急中的职责和作用，并成立了相应的应急救援机构和政府管理部门。美国、英国和日本作为应急体系较为发达的国家，均非常重视事故灾难应急预案的制定，其应急预案体系对我国的应急预案体系建设具有较强的借鉴意义。

1.2.1 美国应急预案体系建设

1.2.1.1 应急预案演变

美国国家应急预案的演变体现对应急预案理念认识的变化。1992 年最早颁布的《联邦响应预案》（Federal Response Plan），作为联邦政府应对突发事件的应急预案，编制和适用主体均是联邦政府。2004 年的《国家响应预案》（National Response Plan）取代了《联邦响应预案》，实施主体从联邦政府转变为国家，体现了美国将全国应急管理工作进行整体考虑的变化，为全国应急管理工作的统一奠定了基础。2008 年的《国家应急响应框架》（National Response Framework，NRF）取代了《国家响应预案》，明确应急相关方、响应流程、组织设置及职责、预案的功能类别等内容。名称从响应预案到应急框架，将应急预案彻底变成一个全国应急管理工作的规范性指南，强调全国应急工作的规范和协同，标志着美国将应急管理的核心从事后应对转变为应急准备。美国总结了应对卡特里娜飓风等一系列重大事故灾难的经验和教训，认识到应急管理的核心和重点应在于应急准备和预防，将应急准备从传统应急管理四个阶段（预防、准备、响应、恢复）之一提升为涵盖这四项的基础性工作，而应急预案是应急准备的基础和主线。

1.2.1.2 应急预案分级分类

美国的应急预案分为三级——战略层面、操作层面和战术层面。

战略层面分为战略指导陈述和战略预案。战略指导陈述是在国家事件场景基础上概述战略上的重点、主要的国家战略目标和基本假设。战略预案进一步阐述任务的含义，确定职权，描述角色和职责，确立任务的基本目标、能力、优先级及绩效标准。这两种应急预案类似于我国的总体应急预案。

操作层面分为概念预案和操作预案两种。概念预案通过整合、同步现有的联邦（部门间）能力以达到完成任务基本目标的操作理念，类似于我国的专项应急预案。操作预案确定详细的资源、人员和资产配置，以完成战略预案的目标，将战略重点转化为实际操作，并带有支持附件，类似于我国的部门应急预案。

战术层面指战术预案。战术预案是指在实操层面上，针对特定的情形和实际情况，对个人的任务、行动和目标的识别与确定。战术预案强调在意外事故现场调用应急单元，类似于我国的现场处置方案。

三个层面中：战略预案明确了针对的对象和期待实现的功能，指明了行动的方向；概念预案明确了部门间如何共同配合实现此种功能，说明了实现的路径；操作预案明确各部门内部如何运作并提供相应的支持，说明了具体的方式方法；战术预案是具体每一个功能目标实现的计划方案，说明了具体的任务措施。这三个层面的预案适用于美国各级政府层面。

1.2.1.3 联邦与地方应急预案的衔接

联邦政府采用的总体应急预案编制系统（Integrated Planning System，IPS），一方面指导了联邦的机构和部门支持州与地方的行动，另一方面解决了州政府如何与其他组织合作以及如何获得资源的相关问题，为应急预案衔接提供了技术支撑。州、领地、部落等地方各级政府应急职责定位主要有以下三项：负责协助能力不足的司法管辖区，对特定的紧急情况首先响应，根据需要协同联邦开展工作。联邦应急管理署地区办公室作为联邦派驻机构，一方面了解、掌握州和地方的需求并将其作为联邦应急预案建设的重点任务，另一方面为地方政府提供联邦相关任务和资源，从而保障州与地方应急处置行动，成为州与地方预案编制结构的“最可能”风险视角和联邦预案编制结构的“最危险”风险视角的交叉点，从体制上保障联邦与地方应急预案编制过程中的有机衔接。

1.2.2 英国应急预案体系建设

英国中央与地方政府对意外事故的责任分由多个部门承担，其中国家级负责的部门包括运输部、环保署、健康与安全署、内务部和商务部。地方卫生局、地方水管理机构公用设施部门，在制定事故应急预案及对化学事故做出反应的过程中都发挥作用。工厂检查及健康与安全执行局（HSE）的地方代表，负责监督和执行安全规定及静止装置的应急计划。科学家、企业、地方政府、工会及国家机构都有代表加入国家重大危险顾问委员会，该委员会负责对大型静止装置的事故预防与应急反应对策进行审查和提出建议。

英国的应急预案共有三类：总体预案（Generic Plan），专项预案（Specific Plan）以及单机构、多机构和多层级预案（Single-Agency，Multi-Agency and Multi-Level Plan）。其中，总体预案和专项预案是最基本的两种预案，这两种预案共同发生作用，并以专项预案支撑总体预案。绝大多数第一类处置者需要制定总体预案和专项预案。法律要求每个机关的总体预案应该与其他合作机关制定的预案相协调。专项预案主要针对特定的突发事件，如航空事故、化学事故、海洋污染、石油污染、环境卫生事故、铁路交通事故、洪水、灾害天气、学校事故、口蹄疫疾病等。这些突发事件的处理往往不适合写入总体预案。专项预案分为两类：一类针对特定危害或者事故；另一类针对特定的地区或者地点，例如机场、医院、易发洪水地的公共场所等。此外，还应当考虑是否制定多机构预案。在决定制定多机构预案的情况下，制定预案部门有权考虑决定由哪一机构承担领导责任。多层级预案实际上是多机构预案的一种，由多个层级的政府共同制定。

1.2.3 日本应急预案体系建设

日本政府的应急预案经受了 2011 年东日本大地震的检验，虽然在监测预警、应急响应、恢复重建等方面发挥了巨大作用，但在应急预案的风险场景设定上，由于对地震、海啸和核事故的复合型巨灾风险考虑不足，当地仍蒙受惨重损失，灾害影响深远。2011 年 12 月，日本政府在系统总结、评估东日本大地震的经验和教训的基础上，进一步完善了政府应急预案体系，以进一步增强其科学性、针对性和实用性。

1.2.3.1 注重政府应急预案体系的整体制度设计

日本政府注重强化应急预案的制度性设计，构建了系统连贯、规范明晰、相互衔接的预案体系。日本政府把防灾计划（应急预案）分为三类：一是防灾基本计划，其作为政府应急管理工作的重要基础，是全国应急管理领域的最高层计划，依据《灾害对策基本法》，由政府应急管理的最高机构——中央防灾会议制定；二是防灾业务计划，是由指定的行政机构及指定的公共机构根据防灾基本计划制定的计划；三是地区防灾计划，是根据防灾基本计划，由都道府县及市町村的防灾会议结合本地区实际情况制定的防灾计划。

此外，日本政府在立法中明确了各预案间、预案和规划之间的相互衔接。《灾害对策基本法》明确规定，指定行政机关的首长在制定防灾业务计划并实施时，要考虑与其他指定行政机关的首长制定的防灾业务计划进行相互调整，同心协力地、有机地制订防灾业务计划，并努力实施。同时，《灾害对策基本法》还规定，都道府县地区防灾计划不得与地区防灾业务规划（类似应急规划）有所抵触，并促进两者在实际工作中能够有效衔接。

1.2.3.2 以风险分析和评估作为预案制定的前提

日本政府把开展风险分析与评估作为增强政府应急预案针对性和实用性的基本方法。1995 年神户大地震后，日本政府把风险分析与评估作为整个应急准备工作的前提。在2012年修订后的防灾基本计划中，日本政府经过重新评估，将海啸灾害列为灾害风险第二位（仅次于地震灾害）。实际上，早在东日本大地震发生之前，日本政府就进行过系统性评估，明确了最有可能发生地震的海域。为此，2003 年以来每年在首相官邸举行所有内阁大臣参加的巨灾应急预案测试演练，假定的场景是东海、东南海、南海三场地震同时发生，造成 25 000 人死亡（其中海啸死亡 9 100 人），55 万栋建筑毁坏，从而为 2011 年东日本大地震的应对工作打下了坚实基础。

1.2.3.3 预案制定中融入“业务持续性管理”理念

把“业务持续性管理”（Business Continuity Management，BCM）理念引入防灾业务计划制定中，是日本政府应急管理工作的重要创新。日本政府认为，发生地震等巨灾时，如果政府的关键活动停滞，不仅对政府自身造成影响，而且会影响到经济发展和社会生活，甚至可能产生其他的外溢效应。为此，日本政府将“业务持续性管理”理念应用于政府防灾业务计划中，力争在发生灾害时，政府的关键业务活动能够持续进行，以确保日本政府本身、全社会的稳定，并使政府工作在最短时间内恢复。截至2010年6月，日本政府的各省厅和都道府县所有的防灾业务计划都吸纳了业务持续性管理的理念，加强了指挥、交通、通信等关键部门和重要基础设施的抗灾抗毁能力，以确保本部门的关键业务在地震、海啸等重特大突发事件情况下能够持续、有序开展。

1.3 我国应急预案体系的建设历程

1.3.1 初始阶段（2002年前）

中华人民共和国成立以后，我国政府高度重视防灾减灾、安全生产、公共卫生等领域工作，成立专门工作机构，编制相应的规章制度、工作方案与规划，这成为应急预案的萌芽形式。中华人民共和国成立初期，在安全生产方面，在“安全为了生产、生产必须安全”原则的指导下，形成以《工厂安全卫生规程》《建筑安装工程安全技术规程》和《工人职员伤亡事故报告规程》（1956年5月25日国务院全体会议第29次会议上通过）为核心、以预防事故为目的的“应急预案”。在公共卫生方面，中华人民共和国成立初期全国开展轰轰烈烈的爱国卫生运动，1951年4月，卫生部召开全国防疫专业会议，制定了19种传染病的防治方案。

20世纪80年代以后，我国有关部门开始制定出台部门性应急预案。水利、林业、地震、国防科工等部门借鉴国际同行经验，编制了防御洪水方案、森林火灾事故预案、破坏性地震应急预案、核应急计划等。1988年1月，国务院颁布《森林防火条例》，要求各级地方政府设立森林防火指挥部，制定预防和扑救森林火灾的“预备方案”，相关资料显示，1988年中央森林防火总指挥部制定发布的《处理特别重大森林火灾事故预案》是目前所发现的编制最早的应急预案。同年7月，国务院颁布实施《中华人民共和国水法》，明确要求县级以上人民政府制订“防御洪水方案”。而在地方政府层面，各级政府结合区域特点与实际情况，编制出台多个不同专业领域的应急预案。例如，2000年贵州省政府编制发布《贵州省森林防火指挥部森林火灾处理预案》，2001年上海市政府制定出台《上海市灾害事故紧急处置总体预案》，等等。

总体来说，2003 年以前出台的各类应急预案具有三个特点：一是编制零散，预案体系不健全。只有地震、核电、水利和森林防火等少数部门和行业拥有应急预案，没有从国家顶层设计层面将其固化为规范性制度并在全社会范围内进行推广执行。二是部门特征明显，综合协调性弱。预案编制基本上是部门性行为，主要针对本行业领域的重大灾害进行应急管理。预案管理部门各自为政，多为单打独斗，部门间缺少沟通与协调。不同类型的应急预案之间缺乏衔接与匹配，不能发挥整体合力。三是技术性强，管理性偏弱。当时的应急预案主要是针对单一类型的灾害而制订实施的技术性方案，侧重于从专业角度制订应对灾害的具体实施步骤与计划，更多地强调应急响应阶段的工作，忽视灾害减缓、预防准备、善后处置等其他应急管理环节，缺乏总体战略规划与明确的管理职责分配。

1.3.2 构建阶段（2003—2007 年）

2003 年，突如其来的“非典”（SARS）事件成为我国应急预案体系建设的正式起点。“非典”事件对中国政府应对突发事件的能力提出了严峻挑战，既开启了我国应急管理体系建设进程，也推动了我国应急预案体系建设进入快速发展阶段。2003 年 11 月，国务院抓紧组建“突发公共事件应急预案工作小组”，以应急预案编制工作为抓手，不断推动我国应急预案体系建设。2006 年 1 月 8 日，国务院颁布《国家突发公共事件总体应急预案》（以下简称《国家总体预案》），其后各级政府全面开始大规模编制应急预案。国务院陆续印发 1 件国家总体预案、25 件专项预案和 80 件部门预案，并在国务院办公厅内设国务院应急管理办公室，专职承担应急值守、信息汇总和综合协调等职能。

在此基础之上，国家继续加大应急预案编制工作，推动应急预案体系覆盖到各级政府的相关部门和企事业单位。2006 年，国务院出台《关于全面加强应急管理工作的意见》，明确要求各地加强应急预案体系规划建设与政府管理，在“十一五”期间建成“覆盖各地区、各行业、各单位的应急预案体系”。2007 年 5 月，国务院明确要求街道社区、乡镇村屯和企事业单位等基层组织全部编制应急预案，在两到三年内基本建立“横向到边、纵向到底”的应急预案体系。同年 8 月，全国人大常委会颁布《突发事件应对法》，明确提出要“建立健全突发事件应急预案体系”，将应急预案体系建设提高到国家法律层面，在应急预案法治化道路上迈出了重大步伐。

1.3.3 完善阶段（2008年至今）

2008 年“5·12”汶川特大地震全面检验了我国应急管理体系，暴露出应急预案体系中存在的不少薄弱环节，随后国务院着手筹备修订应急预案，由此我国应急预案体系建设开始朝着完备化、可操作化和无缝衔接的方向发展。

在国家层面，《突发事件应对法》颁布后，《安全生产法》《消防法》《防震减灾法》《生产安全事故应急条例》《自然灾害救助条例》《危险化学品安全管理条例》《烟花爆竹安全管理条例》《破坏性地震应急条例》《国务院关于特大安全事故行政责任追究的规定》《国务院关于预防煤矿生产安全事故的特别规定》等法律法规也相继对应急预案提出了明确要求。同时，为贯彻实施《突发事件应对法》、深入推进应急预案体系建设，国务院办公厅于 2013 年 10 月 25 日印发了《突发事件应急预案管理办法》（国办发〔2013〕101 号），明确了应急预案的概念和管理原则，规范了应急预案的分类、内容以及编制程序，建立了应急预案的持续改进机制，强化了应急预案管理的组织保障。2018 年应急管理部组建后，立即启动了《生产安全事故应急预案管理办法》修订工作，于 2019 年 7 月 11 日印发《应急管理部关于修改〈生产安全事故应急预案管理办法〉的决定》（应急管理部令第 2 号），强化了生产经营单位主要负责人的职责，强调了真实、实用，突出了应急预案的基础保障作用。

在地方层面，各省市区依据相关法律法规先后出台了应急预案管理有关规定，各级政府在不断扩大应急预案覆盖范围的同时，积极开展相关应急预案修订工作。各地各部门普遍将预案修订工作纳入年度工作计划中，并结合应急演练实际情况，定期组织修订相关预案。基层单位也推出简化版的应急预案，向群众发放明白卡，提高应急预案的实用性与突发事件处置效率。

在这一时期，我国应急预案体系在规模和质量上都有了很大提高，“横向到边、纵向到底、具体到点”的应急预案体系基本形成，预案管理逐渐规范，标准体系日趋完善，顶层设计也更加优化。在充分肯定成绩的同时，我们也要清醒地认识到我国应急预案体系仍存在着许多问题，主要表现在应急预案内容形式雷同、编制流程缺失风险评估环节、构建方法忽视情景构建主线、优化机制缺乏应急演练检验、预案数字化应用程度低等方面。

1.3.4 国外应急预案体系建设经验启示

我国经过自 2003 年至今的多年应急管理实践，积累了许多宝贵的经验，但也在应急预案体系建设过程中发现不少亟待解决的问题，需要从应急实践与理论研究的角度深入思考应急预案改进与优化路径。结合全国应急预案管理工作实际，借鉴吸收国外先进经验，同时参考《中国应急预案体系：结构与功能》一文提出的政策建议，以下几种途径值得讨论和思考。

1.3.4.1 进一步完善现有应急预案体系

为解决行政部门条块治理结构对应急预案体系的结构约束，应建立起“总体预案之下只有专项预案，专项预案之下才有部门预案”的应急预案层级体系，减少不同层级应急预案的交叉与重叠。同时，应该特别强调各级各类应急预案的侧重点各不相同，例如总体预案体现原则指导，专项预案体现专业应对，部门预案体现部门职能，企事业单位及基层组织预案体现先期处置，重大活动预案体现预防准备。建立与完善大尺度应急预案（如巨灾预案等综合性预案）和小尺度应急预案（如基层单元基于多灾害情景风险分析的预案）互相结合互为补充的应急预案体系，确保应急预案工作的全覆盖，避免应急预案可能成为一种脱责工具。同时，整个应急预案体系的建设离不开应急法制、应急体制、应急机制的有效支撑，要在法制健全、体制完善、机制有效的基础上优化现有应急预案体系，要加强《突发事件应对法》的贯彻执行，从“立法滞后、预案先行”到依法行政。

1.3.4.2 应急预案的编制与修订工作需要多方参与

重大突发公共事件的准备和应对不只是国家、各省市区政府参与，社会力量的参与可以帮助政府更有效率地进行突发公共事件的应急准备和应对，同时能够降低国家应急管理成本，减少突发公共事件所造成的损失。

在应急预案编制与修订过程中，通常由应急管理部门牵头，应急管理部门、执法部门、消防部门、医疗急救部门、公共卫生部门、公用事业部门、社会服务机构、企业、非政府组织（包括那些提供特殊需要事务的组织）等多个机构或部门共同参与。多方参与应急预案编制与修订，共同参与应急预案评审工作，使得各个部门明确应急管理过程中各自应该充当的角色和承担的职责，为各个应急响应部门提供协作与交流机会，由此产生的得到各个部门认可的应急预案更具有操作性。

参考美国应急预案建设经验，其建立起国家、联邦、州、地区、家庭个人、非政府组织等所有社会力量参与的应急预案，并且在突发公共事件应对过程中贯彻了“属地管理”的理念，强调了突发公共事件本地区应急管理机构应急能力建设的重要性，“全民参与、属地管理”的理念为美国在应对突发公共事件时，能保证有效减少应急成本、降低事件造成的损失。因此，在我国应急预案编制与修订的过程中应将“全民参与、属地管理”的理念贯彻到底，不断提高基层应急能力，尤其是企事业单位、非政府组织、个人等的应急管理意识和能力，从而更好地进行突发公共事件的应急准备。

1.3.4.3 改进应急预案编制方法

重大突发公共事件的情景构建对我国应急预案的编制形成以及国家应急能力的建设具有重要的引领性。突发公共事件具不可预测性、巨大的破坏性等特点，尤其是突发公共卫生事件具有动态性的变化，传统的“预测—应对”应急管理模式在实际应用过程中出现了较多问题。基于情景而构想的应急预案更具有灵敏性和时效性，应急管理模式向“情景—应对”模式的转变显得尤为重要。加之应急预案的编制是程序性的工作，具有极大的复杂性，在应急预案的编制过程中需要更好地了解我国应急管理的现状及问题，因此，我国在应急预案的编制和修订过程中应注重突发公共事件的构建，以情景为基础，并不断地优化预案的编制程序，在预案的编制过程中清晰明确地认识我国应急管理的现状及问题，从而更好地制定出具有针对性、灵活性和实用性的应急预案。

打破以往以模板为基础的预案编制方法，采用基于风险场景、应急任务与应急能力的应急预案编制方法，结合本地区本部门实际情况，编制有实际使用价值的应急预案。风险评估工作，不仅为划分预案编制优先级别提供依据，而且也为应急准备和应急响应提供必要的信息和资料。在制定应急预案时应充分吸取以往突发事件处置与救援的经验，充分发挥预案编制小组各个成员的想象力，对风险情景进行详细描述，设想出有可能发生的若干情况，并对每一情况进行描述。如德国柏林州在制定公路隧道应急预案时，考虑到了隧道中可能发生火灾、事故现场有危险货物、事故现场没有危险货物、交通拥堵、照明系统失灵、能源供应系统失灵、运营/交通技术设备失灵、会污染水体的物质发生泄漏、隧道或运营建筑被水淹等各种情景。依据风险分析的结果，对已有的应急资源和应急能力进行评估，包括城市和企业应急资源的评估，明确应急救援的需求和不足，开展有针对性的应急能力建设。

1.3.4.4　推进应急预案“四化”工作

应急预案有效发挥作用，不仅需要制定要素齐全、内容详细的预案，还需要从编制技术层面进一步做出努力，推进应急预案“四化”工作，即简化、实化、流程化、图表化。简化就是简化预案文本内容，减少总体篇幅，减少文字性描述。实化就是将预案编制的重点放在职责任务和处置流程上，增加风险分析描述，明确各级各类职责任务。流程化就是规范分级响应流程、措施，特别是应急响应、信息报送、现场处置的流程，要明确第一步做什么、怎么做，下一步做什么、怎么做。图表化就是将危险目标、危险因素、应急机构、应急救援人员、响应程序、现场处置方案、应急装备和物资清单、联系电话等内容以表格、框图的形式展现出来。

1.3.4.5　重视应急预案修订工作

保持应急预案有效性的关键在于现有应急预案的持续优化与管理，因此，应急预案修订的重要性并不亚于预案的制定。由于客观情况经常发生变化，只有及时对预案进行修订，才能更有效地应对突发事件。《突发事件应对法》第十七条规定，应急预案制定机关应当根据实际需要和情势变化，适时修订应急预案。根据国外的经验，应急预案至少应当每年定期修订一次，如果在这一年中遭遇了突发事件、进行了应急演练、发生了组织机构变动等情况，应当及时修订预案。在日常工作中应加强预案演练工作，以多种形式组织由应急各方参加的预案训练和演习，使应急人员进入“实战”状态，熟悉各类应急处置和整个应急行动的程序，在演练过程中检验应急能力水平，分析应急预案的不足，并及时加以改进和完善，实现应急预案动态管理。

2

应急预案的编制与管理

应急预案平时牵引应急准备，战时指导应急救援，是应急管理预防工作的核心和基础。它作为应急管理体系的重要组成部分，其建立和运行需要应急管理体制、机制和法制的支撑保障，同时也是体制、机制、法制在突发事件应对工作中的综合运用和具体体现。2005 年 1 月 26 日，国务院制定《国家突发公共事件总体应急预案》，我国应急预案体系全面开始建设，应急预案体系从无到有，从弱到强，日趋完善。从总体应急预案到专项应急预案、部门应急预案、基层应急预案、现场处置方案，基本覆盖了我国公共突发事件的各个领域，形成横纵交叉、相互支撑的体系发展模式，基本建立“横向到边、纵向到底、具体到点”的应急预案体系。

本章分别介绍了政府及其部门应急预案体系与单位和基层组织应急预案体系，对各级、各类应急预案的核心功能和衔接机制进行了详细阐述，接着重点从基本结构、重点内容、编制要点、编制方法几方面介绍了应急预案编制工作要点，最后结合国家相关法律法规、标准规范，介绍应急预案全生命周期管理流程中各阶段的具体要求。

2.1 应急预案的组成

我国应急预案体系体现了“统一领导、分类管理、分级负责”的应急预案管理原则，根据国务院 2006 年 1 月 8 日颁布的《国家突发公共事件总体应急预案》，全国突发公共事件应急预案体系由六大类预案组成，即突发公共事件总体应急预案、专项应急预案、部门应急预案、地方应急预案、企事业单位应急预案和重大活动应急预案。以下采用最常用的分类方法，分政府及其部门应急预案、单位和基层组织应急预案两大块展开介绍。

2.1.1 政府及其部门应急预案

2.1.1.1 政府及其部门应急预案体系的构成

如图 2–1 所示，我国政府及其部门应急预案由总体应急预案、专项应急预案、部门应急预案和重大活动应急预案构成。

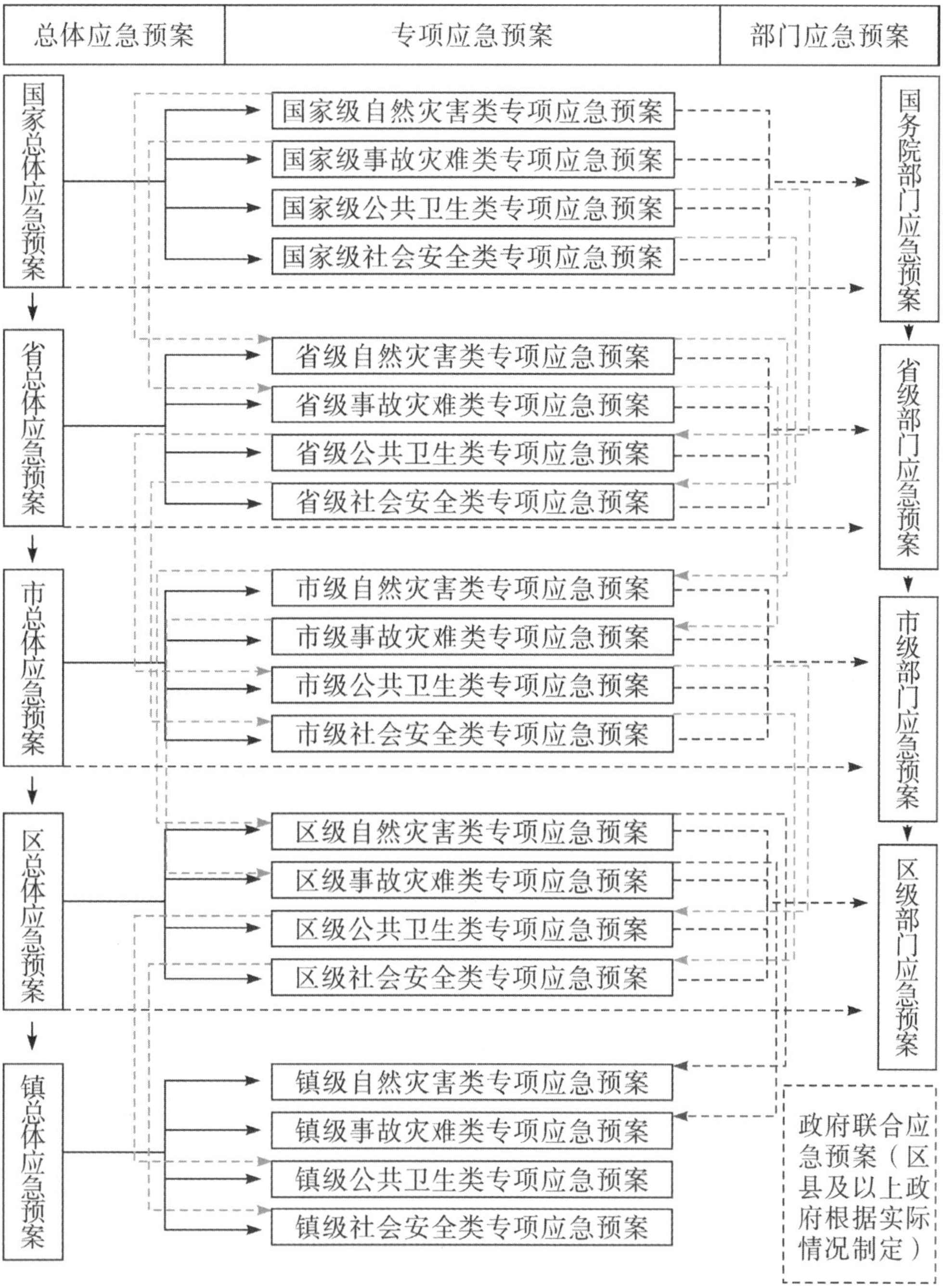

图 2–1　政府及其部门应急预案体系框架

（1）总体应急预案。

突发事件总体应急预案是应急预案体系的总纲，是政府组织应对突发事件的总体制度安排，规定了政府组织管理、指挥协调相关应急资源和应急行动的整体计划和程序规范，通常由县级以上各级人民政府制定，乡镇（街道）等基层政权组织可结合本行政区域实际制定总体应急预案。突发事件总体应急预案主要解决“谁来干”的问题，重点规定突发事件应对的基本原则、组织体系、运行机制，以及应急保障的总体安排等，明确相关各方的职责和任务。

突发事件总体应急预案名称由“地方名称 + 突发事件总体应急预案”构成，如《国家突发事件总体应急预案》《××省突发事件总体应急预案》《××市突发事件总体应急预案》等。此外，设区市或经济开发区、自贸区、特区的还应在地方名称前加辖区上级地方名，如《××市××区突发事件总体应急预案》。

（2）专项应急预案。

突发事件专项应急预案是总体应急预案的组成部分，是政府为应对某一种或几种类型的突发事件，或针对重要目标物保护、重大活动保障、应急资源保障等重要专项工作而预先制定的涉及多个部门职责的工作预案。突发事件专项应急预案由各级人民政府有关部门牵头制定，报本级人民政府批准后印发实施，主要解决“干什么”的问题。

针对特定类型突发事件的专项应急预案按“地方名称 + 事件类型 + 功能 + 应急预案”的形式命名，如《国家自然灾害救助应急预案》《××省危险化学品事故应急预案》《××市突发重大动物疫情应急预案》等。同样，设区市或经济开发区、自贸区、特区的还应在地方名称前加辖区上级地方名，如《××市××区道路交通事故应急预案》《××市××区涉外突发事件应急预案》等。

根据发生过程、性质和机理，突发事件主要分为四类：①自然灾害。主要包括水、旱灾害，气象灾害，地震灾害，地质灾害，海洋灾害，生物灾害和森林草原火灾等。②事故灾难。主要包括工矿商贸等企业的各类安全事故、交通运输事故、公共设施和设备事故、环境污染和生态破坏事件等。③公共卫生事件。主要包括传染病疫情、群体性不明原因疾病、食品安全和职业危害、动物疫情，以及其他严重影响公众健康和生命安全的事件。④社会安全事件。主要包括恐怖袭击事件、经济安全事件和涉外突发事件等。

针对重要目标物保护、重大活动保障、应急资源保障等重要专项工作的专项应急预案通常按“（地方名称 +）目标物 / 活动 / 资源名称 + 功能 + 应急预案”的形式命名，如《国家核电厂核事故应急预案》《港珠澳大桥突发事件应急预案》《××市大型群众性活动卫生保障应急预案》《××市××区突发事件供电保障应急预案》等。

（3）部门应急预案。

部门应急预案是政府有关部门（单位）为应对突发事件，根据总体应急预案、专项应急预案和部门职责制定的预案，为应对本部门（行业、领域）突发事件，或者针对重要目标物保护、重大活动保障、应急资源保障等涉及部门工作而预先制订的工作方案。部门应急预案由各级政府有关部门制定，主要解决“怎么干”的问题。部门应急预案仅以“部门名称＋突发事件应急预案”的方式命名，即《××部门突发事件应急预案》。

部门应急预案是一个相对独立完整的体系，在部门应急预案的具体章节中，应根据突发事件总体应急预案和专项应急预案所赋予的任务，明确相关工作方案。因此，部门应急预案具体章节中可能会有很多应对工作方案，其名称由“地方名称＋部门名称＋应对＋突发事件＋功能＋工作方案”构成，如《××省卫健局应对火灾事故救治工作方案》《××市交通运输局应对核事故场外疏散保障工作方案》等。

（4）重大活动应急预案。

重大活动应急预案是专项应急预案及部门应急预案的一种特殊形式，是为应对重大活动举办过程中可能引发的突发事件，多部门共同参与进行应对工作而预先制订的工作方案。重大活动应急预案由活动主管部门牵头、联合相关部门、单位共同制定，主要解决“如何干”的问题。重大活动应急预案名称由“地方名称＋活动名称＋功能＋应急预案”构成，如《××市全运会恐怖袭击事件应急预案》《××市××区民俗节人员踩踏事件应急预案》等。

除上述四大类应急预案外，针对我国目前各种经济开发区较多，各种形式的联合体通常不在当地政府管辖范围之内的现状，有时需要多地政府来共同为区域性、流域性的突发事件应对工作提供可靠保障，因此，政府联合应急预案成为政府及其部门应急预案体系的重要补充。政府联合应急预案是相邻、相近的地方政府及其有关部门为应对区域性、流域性突发事件而预先联合制订的应对工作方案，其主要解决“协作干”的问题。政府联合应急预案名称由“联合区域＋突发事件类型＋功能＋联合应急预案”构成，如《京津冀冰雪灾害天气交通保障应急联动预案》《长三角地区大气污染防治联合应急预案》等。

此外，县级以上人民政府及其部门应急预案涉及的有关部门和单位要编制相应工作手册，把每一项职责任务细化、具体化，明确工作内容和流程，并落实到具体责任单位、具体责任人。参与突发事件应对的救援队伍、专家队伍等为执行具体任务可制订事件行动方案，按照应急预案、工作手册或上级指挥机构要求，明确队伍编成、力量预置、指挥协同、行动预想、战勤保障、通信联络等具体内容，以及采取具体的对策措施和实施步骤。

2.1.1.2 政府及其部门应急预案的特征

政府应急预案是各级政府及其部门为了预防和应对突发事件而事先拟定的方案和计划。其具有以下特征。

（1）应急预案的制定主体是政府及其部门。以制定主体为标准，应急预案可以分为政府应急预案与非政府应急预案。政府应急预案是指由政府及其部门所制定的应急预案；非政府应急预案则是指由非政府组织、企事业单位等主体所制定的应急预案，目前主要是企业应急预案。一般而言，政府应急预案会对组织外部的组织或者个人产生作用，而非政府应急预案则仅对内部发生作用。

（2）应急预案内容是事先拟定的应对方案和计划。应急预案的内容涉及政府及其部门为了应对突发事件而事先拟定的方案和计划，包括指挥机构设置、人员部署、信息管理、资金划拨和物资保障等。这些事先拟定的方案和计划可以是对已有经验的总结，也可以是对国内外相关制度的借鉴。

（3）应急预案涉及应急管理各个阶段。从应对环节看，应急预案涉及应急管理各个阶段，包括预防与应急准备、监测与预警、应急处置与救援、事后恢复与重建等。虽然在预案内容上可能有所偏重，但环节一般都会全面覆盖。

（4）应急预案的制定目的在于预防和应对突发事件。具体而言，目的在于避免突发事件发生或降低突发事件发生概率，减少突发事件发生时的不确定性，实现突发事件应对的有序化，最大程度减少人身伤亡和财产损失。应急预案通过使不确定的突发事件具有一定确定性来达到有效预防和应对突发事件的目标。

2.1.1.3 政府及其部门应急预案的法律意义

对中华人民共和国中央人民政府网（简称“中国政府网”）发布的 43 个政府应急预案的文本内容以及应急预案制定程序等形式要素的考察发现，政府应急预案具有类似法律规范的外部特征，具有很强约束力，其外部特征如下：

（1）应急预案规定了权力配置内容。

《突发事件应对法》第十八条要求应急预案应当“具体规定突发事件应急管理工作的组织指挥体系与职责”。据此，所有政府应急预案都对组织指挥体系与职责进行了规定。在组织指挥体系方面，《国家突发公共事件总体应急预案》规定的组织体系包括领导机构、办事机构、工作机构、地方机构和专家组等内容；《国家突发公共卫生事件应急预案》规定了应急指挥机构、日常管理机构、专家咨询委员会和应急处理专业技术机构等；《国家自然灾害救助应急预案》对综合协调机构和办事机构进行了规定；《国家防汛抗旱应急预案》则对全国的防汛抗旱指挥机构设置做出了要求。在机构职责方面，许多应急预案对地方政府职责进行了规定。如：《国家突发公共事件总体应急预案》规定，“地方各级人民政府是本行政区域突发公共事件应急管理工作的行政领导机构，负责本行政区域各类突发公共事件的应对工作”；《国家自然灾害救助应急预案》则对自然灾害应对中涉及的民政、住房城乡建设等政府部门的工作职责提出了要求。

（2）应急预案规范了权利义务内容。

应急预案在内容上广泛涉及公众和社会组织的权利义务问题，有些内容甚至具有强烈的侵益性，如征用、管制等强制性措施。应急预案对权利义务的规范主要通过两种途径实现。

一是增加公众和社会组织的义务。许多应急预案对社会力量动员做出要求，如《国家处置城市地铁事故灾难应急预案》规定，“现场应急机构组织调动本行政区域社会力量参与应急工作”。一些应急预案则在应急保障中对通信、电力、水等公用事业部门的应急责任做出要求，如《国家地震应急预案》规定“电信运营企业尽快恢复受到破坏的通信设施，保证抗震救灾通信畅通”。

二是限制公众和社会组织的权利。如《国家防汛抗旱应急预案》规定，当地人民政府在“紧急情况下可依法征用、调用车辆、物资、人员等”；《国家突发公共事件总体应急预案》也规定有关部门“根据应急处置需要，对现场及相关通道实行交通管制，开设应急救援‘绿色通道’，保证应急救援工作的顺利开展”。对公众和社会组织的权利和义务，尤其是强制性措施的规定，表明应急预案意图在内容上对公众和社会组织产生约束力。

（3）应急预案设定了职责责任内容。

许多应急预案对违反应急预案的法律责任进行了规定。如《国家突发公共事件总体应急预案》规定："对迟报、谎报、瞒报和漏报突发公共事件重要情况或者应急管理工作中有其他失职、渎职行为的，依法对有关责任人给予行政处分；构成犯罪的，依法追究刑事责任。"《国家突发公共卫生事件应急预案》规定"国务院有关部门和地方各级人民政府及有关部门要严格执行《突发公共卫生事件应急条例》等规定，根据本预案要求，严格履行职责，实行责任制。对履行职责不力的，造成工作损失的，要追究有关当事人的责任"。一些地方应急预案甚至对违反应急预案的行为进行具体列举，并做出责任追究的规定。法律责任是行为人因违反法定或约定义务而依法应当承担的不利后果。由于法律责任一般包含否定性评价且会引起不利后果，因此，其约束力实现往往伴随有国家强制力。值得注意的是，虽然一些应急预案对法律责任的规定仅是对《突发事件应对法》等法律条款内容的重述，但这种重述使应急预案的该部分内容具备法律效力。

（4）应急预案制定程序类似立法程序。

从编制程序看，应急预案的制定程序与立法程序极为相似，大多经过起草、审议、批准、发布、备案等环节。其中的某些程序行为呈现出了法律规范的外观。以批准主体为例，一些政府及其部门的应急预案要求通过政府常务会议来审批；有些地方对不同种类应急预案采取不同的制定程序，例如，省总体应急预案由省政府常务会议审定，省专项应急预案报省政府审定，省级部门应急预案报省政府分管领导审定等；有的国务院部委也要求应急预案由部门主要负责人批准后发布。由此可见，政府应急预案的形式要素中包含了许多类似法律规范的内容，这些内容具有明确约束力且需要予以强制实现。因此，应急预案具有形式上的法律效力。

2.1.2 单位和基层组织应急预案

单位和基层组织应急预案由机关、企业、事业单位、社会团体和居委会、村委会等法人和基层组织制定，侧重明确应急响应责任人、风险隐患监测、信息报告、预警响应、应急处置、人员疏散撤离组织和路线、可调用或可请求援助的应急资源情况及如何实施等，体现自救互救、信息报告和先期处置特点。其中，生产经营单位是安全生产事故的主要责任主体，应当根据有关法律、法规、规章和相关标准，结合本单位组织管理体系、生产规模和可能发生的事故特点，与相关预案保持衔接，确立本单位的应急预案体系，编制相应的应急预案，并体现自救互救和先期处置的特点。

生产经营单位应急预案是各生产经营单位根据有关法律、法规，结合各单位特点制定的，主要是本单位应急救援的详细行动计划和技术方案，是各单位应对各类突发事件的操作指南。根据《生产经营单位生产安全事故应急预案编制导则》（GB/T 29639—2020），生产经营单位应急预案体系由总体应急预案、专项应急预案和现场处置方案组成，明确企业在事前、事发、事中、事后的各个过程中相关部门和有关人员的职责。生产经营单位可结合本单位的组织结构、管理模式、风险种类、生产规模等特点，对应急预案主体结构等要素进行调整。因各单位所处地理位置、业务内容等方面的差异，不同单位的应急预案体系呈现明显的单位特色（某石化企业的应急预案体系框架如图 2–2 所示）。

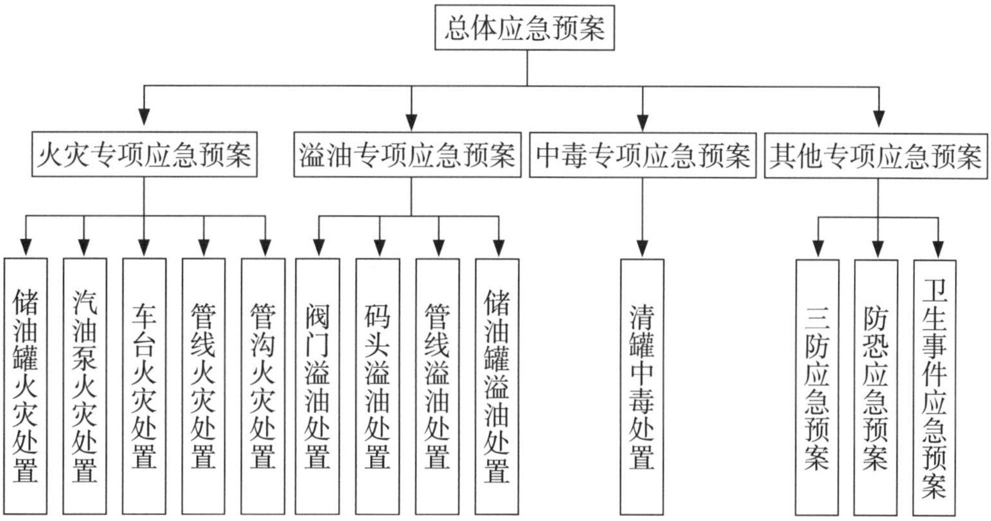

图 2–2　某石化企业的应急预案体系框架

2.1.2.1　总体应急预案

生产经营单位总体应急预案是单位为应对各种突发事件而制定的综合性工作方案，是本单位应对突发事件的总纲。总体应急预案应从总体上阐述本单位基本情况、应急组织结构及相关应急职责，并规定应急预案体系、事故风险描述、预警及信息报告、应急响应、保障措施、应急预案管理等内容。

2.1.2.2 专项应急预案

生产经营单位专项应急预案是针对具体的事故类别（如台风、洪水、火灾爆炸、溢油等）、危险源（如储油罐、输油管线等）和应急保障（如供水）而制订的计划或方案，是总体应急预案的组成部分，应按照总体应急预案的程序和要求组织制定，并作为总体应急预案的附件。

专项应急预案重点强调专业性，应按照总体应急预案的程序和要求，根据可能的突发事件类别和特点，明确相应的专业指挥协调机构、响应程序及针对性的处置措施。专项应急预案与总体应急预案中的应急组织机构、应急响应程序相近时，可以不编写专项应急预案，相应的应急处置措施并入总体应急预案。

2.1.2.3 现场处置方案和应急处置卡

生产经营单位现场处置方案是针对具体的装置、场所、设施、岗位所制定的应急处置措施。现场处置方案根据风险评估及危险性控制措施逐一编制，应当规定应急工作职责、应急处置措施和注意事项等内容，具有具体、简单、针对性强的特点。事故风险单一、危险性小的生产经营单位，可以只编制现场处置方案。

现场处置方案通常配套应急处置卡，应急处置卡是现场处置方案的表格化和流程化，是具体应急场景的应急处置程序和措施，具有简明、实用、有效和一目了然的特征。应急处置卡避免了应急预案冗长繁杂的特点，易于在员工培训、学习及演练中落实，是应急预案体系必不可少的环节。生产经营单位需要结合单位的管理模式、生产运行特点进行有针对性、全覆盖的应急处置卡编制工作，要保证下至基层场站，上至总部各科室都设置了应急处置卡。应急处置卡应说明岗位名称、组织机构、应急处置程序、联系电话、危险因素等内容。同时，其内容也必须与应急预案、现场处置方案、岗位操作规程紧密衔接，清晰、简明地展现应急处置的步骤。

此外，由于城市规划不合理、经济开发区建设等原因，生产经营单位聚集、重大危险源集中的现象普遍存在。因此，邻近生产经营单位也可制定联合应急预案，建立应急救援队伍和应急资源支援机制，强化联防联控和救援互助，预防级联事故，最大程度降低多米诺事故风险。

2.1.3 各级应急预案衔接

政府和企业在编制应急预案时，必须按照“上下贯通、部门联动、地企衔接、协调有力”的原则，将所编应急预案从横向、纵向两个方面与相关应急预案进行有机衔接。在地方政府层面，县级以上地方各级人民政府应急管理部门统筹全部预案的编制，当地应急管理部门编制总体应急预案，各主管部门编制专项应急预案、部门应急预案和重大活动应急预案，当地应急管理部门负责校核各类预案之间的衔接。应急预案的衔接可分为三大方面：一是企业与当地政府、当地政府与上级政府应急预案的衔接；二是相关应急保障方案或部门应急预案与专项应急预案的衔接；三是专项应急预案与相关次生突发事件应急预案的衔接。只有预案间的衔接机制明确顺畅，才能形成相互配合、协调一致的预案体系。

应急预案的衔接主要从预案备案、组织体系、应急资源、应急信息等方面体现。另外，预案衔接也可以根据常态和非常态的不同有所侧重：常态主要关注组织机构、应急资源和队伍的衔接；非常态则侧重于协调联络机制、应急处置机制和应急联动机制的衔接。

2.1.3.1 应急预案的备案

由政府制定应急预案的逐级备案制度。一方面，区（县）专项应急预案应报上一级政府主管部门备案，实现政府应急预案的上下贯通。另一方面，企事业单位应主动向政府报告重大危险源和相应的处置方案，并将应急预案报属地政府备案，实现企事业单位应急预案和政府应急预案的地企衔接。此外，政府应急组织体系对企事业单位上报备案的应急预案要予以审核评估，并指导其开展应急预案的修订完善与日常管理工作。

2.1.3.2 组织体系的衔接

将各级应急预案中有关应急组织体系的内容串联起来，可对我国突发事件应急组织体系间的衔接机制形成较清晰的认识。在政府层面，各省、市（地）、区（县）及基层政权组织（乡、镇或街）通过设立突发事件应急委员会连接同级专项应急指挥部，同时各级应急委员会和专项应急指挥部形成上下连接。在政企层面，具备专业应急能力或储备专业应急装备的企事业单位通常会作为成员单位被纳入专项应急指挥部，同时在需政府参与的企事业单位突发事件应急中，企事业单位应急指挥部是现场指挥部的重要组成部分。随着应急管理机构改革的不断深入，我国不仅实现了应急体制从“综合协调”向“统一指挥、权责一致、权威高效”的转变，还推动了应急组织体系从临时性指挥机构向常设制、常态化治理组织转变。这两个重要转变使我国横向、纵向应急组织体系间的衔接更加紧密。

2.1.3.3 应急资源的衔接

通常，应急资源的衔接有依托应急联动机制、建立征用机制、签订服务协议等形式。政企优势互补是优化应急资源衔接的关键，既要充分利用规模企业和地方政府具有专业队伍规模大、训练有素的特点，又要发挥各方面专家集中、技术优势突出、物资储备充分、救援装备先进的优势，合理配置物资、装备、专业队伍等资源，提高资源利用效率和水平。

2.1.3.4 应急信息的衔接

一方面，应充分利用和整合已有的数据资料、技术系统和设施，建设高效的突发事件预防、预报、预警网络及通信系统和信息共享平台。另一方面，一旦发生事故，要按照信息报送的规定及时报告各级政府相关部门，坚决杜绝瞒报、迟报和漏报问题的发生。

2.2 应急预案的编制

2.2.1 应急预案的基本结构与重点内容

2.2.1.1 编制程序

应急预案的编制程序与技术路线，如图 2–3 与图 2–4 所示：

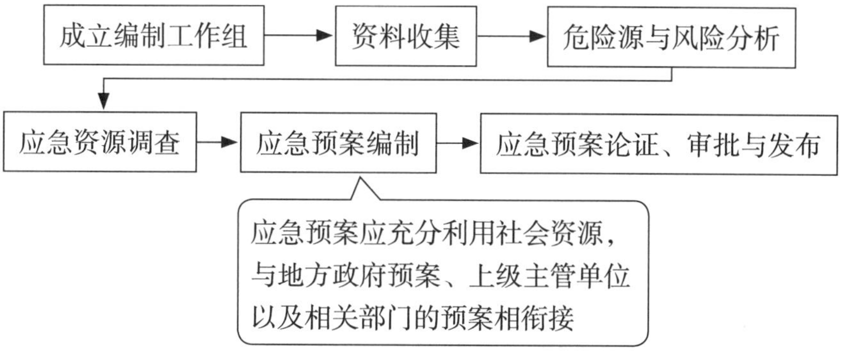

图 2–3 应急预案编制程序

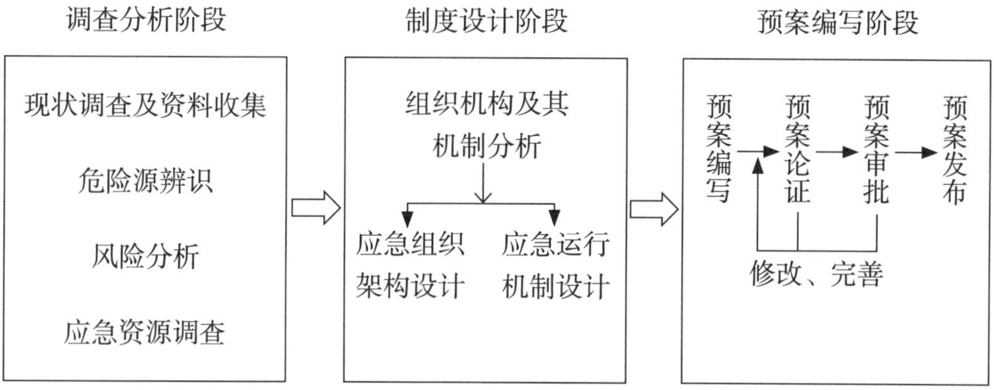

图 2–4 应急预案编制技术路线

2.2.1.2 应急预案的基本结构

应急预案编制应按照相应的预案编制框架或指南进行。一般而言，应急预案包括以下基本内容：

（1）总则。主要描述应急预案编制目的、编制依据、适用范围、预案体系、工作原则等内容。这部分内容应简写，做到简明扼要、明确具体。随着应急预案的实施、应急管理工作的深化，应急预案的这部分内容可以进一步简化，部分内容可以省略。

（2）风险分析。主要对区域、行业领域、单位内部的风险进行分析。风险分析是编制应急预案的工作基础和依据，也是对风险再认识、强化风险管理、完善事故预防措施的有效手段。对于风险分析内容较多、篇幅较大的，应急预案正文可以只描述危险性分析结果，危险性分析详细内容可以作为应急预案的附件。

（3）组织指挥体系及职责。主要明确各组织机构的职责、权利和义务，一方面，以突发事件应急响应全过程为主线，明确事件发生、报警、响应、结束、善后处理处置等环节的主管部门与协作部门；另一方面，以应急准备及保障机构为支线，明确各参与部门的职责。明确应急组织机构及职责是应急管理的一项基础性工作，通过编制应急预案成立相应的应急组织机构，或明确有关领导和相关部门承担相应的应急管理职能，组织开展应急管理和事故状态下应急处置工作。应急管理组织机构应同现有领导和各部门原有工作职能紧密结合，在原有的基础上进一步明确和加强，建立应急值守制度，完善协调联动机制，强化管理，提高应急响应能力。

（4）预警监测机制。主要明确应急准备措施、预警分级指标、预警发布或解除的程序、预警支持系统和预警响应措施等内容。编制应急预案核心内容之一就是预防事故发生，在隐患排查、风险分析、完善措施基础上强化应急准备，建立预防预警工作制度，提高事故应急处置能力。风险管理主体应在风险分析基础上针对可能发生的事故和重大危险源，进行技术改造以消除事故隐患，完善工作制度以规范工作运行程序，建立监测监控系统以随时发现事故征兆，针对可能发生的各类事故及时进行预测预警，预防事故发生或将事故控制在有限范围之内。

（5）会商研判。首先，事件处置牵头部门根据突发事件类型与响应级别，与对应级别的相关机关部门进行会商。会商的形式一般为现场会议或者视频会议。然后，在会商会议上，各相关机关部门提供本部门收集到的数据信息并提出针对性防范工作建议，事件处置牵头部门根据会商会议上的数据信息进行研判，部署对应防范工作措施。会商研判要紧扣风险预判、事前防范这个重点，立足部门职能，加强研判预警，确保谋在前、判在前、防在前，增强工作的前瞻性和针对性。

（6）应急响应。应急响应主要明确分级响应程序（原则上按一般、较大、重大、特别重大四级启动相应预案）、信息共享和处理、指挥和协调、应急处置、应急人员及群众的安全防护、应急疏散、社会力量动员与参与、应急结束、新闻报道与舆情管控等内容。应急响应内容是应急演练的关键内容，将在第 4 章详细阐述。

（7）紧急处置。事发单位或受到影响的单位要立即组织本单位应急队伍和工作人员营救受害人员，疏散、撤离、安置受威胁人员；控制危险源，标明危险区域，封锁危险场所，并采取其他防止危害扩大的必要措施；迅速控制可疑的传染源；及时收集并有效保存可疑样品；积极救治病人，加强医疗卫生人员的个人防护；向所在地县（市、区）人民政府及其有关部门（单位）报告。对因本单位的问题引发的或主体是本单位人员的社会安全事件，有关单位要迅速派出负责人赶赴现场开展劝解、疏导工作。

事发地居民委员会、村民委员会和其他组织要立即进行宣传动员，组织群众开展自救和互救，协助维护社会秩序，或按照当地人民政府的决定、命令组织开展突发事件应对工作。

事发地乡（镇）人民政府、街道办事处应迅速调动应急力量，采取措施控制事态发展，组织开展应急处置与救援工作，并及时向上级人民政府报告。

在国外或港澳台地区发生涉及本省人员、机构或单位的突发事件，省有关部门和有关地方人民政府要主动了解掌握相关情况，采取措施控制事态发展。

（8）应急保障。主要明确人力资源保障、财力保障、物资保障、医疗卫生保障、交通运输保障、治安维护、通信保障、科技支撑等内容。应急保障通常突出应急资源、应急通信、应急处置技术以及应急保障计划等相关内容。

应急资源主要有应急救援队伍、应急救援专家、应急救援装备和物资、应急救援资金及调用程序等；应急通信是保证非常态下信息畅通的手段，应明确与应急工作相关单位和人员的联系方式方法，对于特殊工作区域和工作岗位应建立独立的通信信息系统和配套设施，确保应急状态下信息畅通；应急处置技术是针对可能发生的突发事件事先制订的应急处置方案，应明确处置要点和职能部门工作职责，对于处置技术复杂和内容比较多的应急处置方案，可以作为应急预案的附件处理；应急保障计划是根据该类突发事件应急能力评估中发现的问题和不足而制定的相关应急措施，如应急资源共享计划，通过制定应急预案落实相关部门工作职责和协调调用工作机制。对于一些高危行业，还应该根据应急救援工作需要建立相应的交通运输、医学救助、后勤保障等工作措施，保证应急救援工作需求。

（9）恢复重建。受突发事件影响地区的人民政府应当健全以地方为主体、灾区群众广泛参与的灾后恢复重建机制，加大资金、政策、规划统筹，促进资源融合、效能提升。强化地方重建主体责任，建立务实高效的规划、落实、推进体系。尊重群众首创精神，引导开展自力更生、生产自救活动。

恢复重建工作由受影响地区的人民政府负责，突发事件应急处置工作结束后，有关地方人民政府要立即组织制订恢复重建计划，并向上一级人民政府报告。受突发事件影响地区的人民政府要及时组织和协调发展改革、财政、自然资源、公安、交通运输、海事、工业和信息化、住房城乡建设、水利、通信、能源、生态环境等有关部门恢复社会秩序，尽快修复被损坏的交通、水利、通信、供水、排水、供电、供气、输油等公共设施和生态环境。

上一级人民政府根据实际情况对需要支持的下一级人民政府提供人力、资金、物资支持和技术指导，组织其他地区提供资金、物资和人力支援。需要省人民政府援助的，由事发地地级以上市人民政府提出请求，省级有关部门根据调查评估报告和受灾地区恢复重建计划，提出解决建议或意见，按有关规定报省人民政府批准后组织实施。

（10）评估评判。履行统一领导或者组织处置职责的人民政府应当及时查明突发事件的发生经过和原因，对突发事件造成的损失进行评估；组织参与处置的部门（单位）、专家对应急处置工作进行复盘分析，总结经验、吸取教训，制定针对性的改进措施；将调查与评估情况向上一级人民政府报告。特别重大突发事件调查与评估按照国家有关规定执行；重大突发事件由省人民政府组织调查与评估，或者由省人民政府授权的有关部门会同事发地地级以上市人民政府进行调查与评估，并向省人民政府报告；一般、较大突发事件分别由事发地地级以上市人民政府、县（市、区）人民政府组织调查。法律、法规对突发事件调查与评估工作另有规定的，从其规定。

省级有关部门于每年第一季度组织对上年度突发事件进行全面评估，向省人民政府报告，抄送省应急管理厅。各级人民政府负责组织对本行政区域上年度发生的突发事件进行全面评估，向上一级人民政府报告，抄送上一级应急管理部门。

（11）附则。主要介绍有关术语、定义，明确预案管理与更新要求、制定与解释部门、预案实施或生效时间等内容。其中，应急预案管理主要包括预案培训和演练、预案修订和报备等内容。应急预案培训应明确开展应急培训的计划、方式和要求，如果应急预案涉及相关部门或单位，应明确告知对应部门或单位并建立联动机制。预案演练应按照国家有关规定和要求，明确应急演练的方式和频次等。预案修订应明确应急预案修订的基本要求、时限以及采取的方式等，以实现应急预案的可持续改进。预案备案应明确预案备案的方式、审核要求、报备部门等内容。

（12）附录。主要补充工作流程图、相关单位通讯录、风险分布图、应急资源情况一览表、应急疏散路线图、标准化格式文本等内容。预案附录是应急预案的支持性资料，应根据应急预案实施和工作实际需要选择。

2.2.1.3 各类应急预案的重点内容

（1）总体应急预案。

政府和企事业单位的总体应急预案主要规定突发事件应对的基本原则、组织体系、运行机制及应急保障的总体安排等，预案中明确规定相关各方职责和任务。

（2）专项、部门及重大活动应急预案。

针对突发事件应对的专项和部门应急预案，不同层级应急预案的内容各有所侧重。国家层面的专项和部门应急预案侧重明确突发事件的应对原则、组织指挥机制、预警分级和事件分级标准、信息报告要求、分级响应及响应行动、应急保障措施等，重点规范国家层面的应对行动，同时体现政策性和指导性。省级专项和部门应急预案侧重明确突发事件的组织指挥机制、信息报告要求、分级响应及响应行动、队伍物资保障及调动程序、市县级政府职责等，重点规范省级层面的应对行动，同时体现指导性。市县级专项和部门应急预案侧重明确突发事件的组织指挥机制、风险评估、监测预警、信息报告、应急处置措施、队伍物资保障及调动程序等内容，重点规范市（地）级和区（县）级层面的应对行动，体现应急处置的主体职能；乡镇街道专项和部门应急预案侧重明确突发事件的预警信息传播、组织先期处置和自救互救、信息收集报告、人员临时安置等内容，重点规范乡镇层面应对行动，体现先期处置特点。

针对重要基础设施、生命线工程等重要目标物保护的专项和部门应急预案，侧重明确风险隐患及防范措施、监测预警、信息报告、应急处置和紧急恢复等内容。针对重大活动保障制定的专项部门应急预案，侧重明确活动安全风险隐患及防范措施、监测预警、信息报告、应急处置、人员疏散撤离组织和路线等内容。

针对为突发事件应对工作提供队伍、物资、装备、资金等资源保障的专项和部门应急预案，侧重明确组织指挥机制、资源布局、不同种类和级别突发事件发生后的资源调用程序等内容。

（3）单位和基层组织应急预案。

单位和基层组织应急预案由机关、企业、事业单位、社会团体和居委会、村委会等法人和基层组织制定，侧重明确应急响应责任人、风险隐患监测、信息报告、预警响应、应急处置、人员疏散撤离组织和路线、可调用或可请求援助的应急资源情况等，体现自救互救、信息报告和先期处置特点。

（4）联合应急预案。

联合应急预案侧重明确相邻、相近地方人民政府及其部门、邻近单位间信息通报、处置措施衔接、应急资源共享等应急联动机制。

2.2.2 应急预案的编制要点

应急预案是应对紧急事态时才被激活的一种行动方案，是一个政府或组织针对紧急事态的全部行动方案，要规定政府或管理部门在紧急事态前、中、后的工作内容。简单地说，应急预案要明确在什么样的情况下，由谁，由哪些部门，用什么样的资源，采取什么样的紧急事态应对行动。各级人民政府应当针对本行政区域多发易发突发事件、主要风险等，制订本级政府及其部门应急预案编制规划，并根据实际情况变化适时修订、完善。单位和基层组织可根据应对突发事件需要，制订本单位、本组织应急预案编制计划。

应急预案编制部门和单位应组成预案编制工作小组，编制工作小组组长由应急预案编制部门或单位有关负责人担任，吸收预案涉及主要部门和单位业务相关人员、有关专家及有现场处置经验的人员参与编制。政府及其部门应急预案编制过程中应当广泛听取有关部门、单位和专家的意见，与相关的预案做好衔接。涉及其他单位职责的，应当书面征求相关单位意见。必要时，向社会公开征求意见。单位和基层组织应急预案编制过程中，应根据法律、行政法规要求或实际需要，征求相关公民、法人或其他组织的意见。应急预案除了要遵循一定的编制程序外，其内容还需满足以下要点：

2.2.2.1 总体要求

编制应急预案，必须立足突发事件一定会发生、马上发生、发生的大小和级别与预案设计的等级相同，只有在这个基础上，明确的相关职责与资源调动才是可行的。预案编制时，只写以现有力量和资源能做到的，不写未来的建设规划目标等做不到的内容；组织指挥体系要与应急处置工作的实际相适应，与现行的工作机制相适应，不强求千篇一律；根据实际情况确定应急响应与应急处置相关级别和程序，不搞上下一般粗。同时，应急预案中的内容应满足四项最基本要求：一是符合性，符合国家法律、法规、标准和规范的要求；二是科学性，必须开展科学分析和论证，制定出决策程序和处置方案；三是完整性，应包含实施应急响应行动需要的所有基本信息，主要体现在功能（职能）完整、应急过程完整、适用范围完整等方面；四是相互衔接，各级应急预案应相互协调一致。

2.2.2.2 以风险评估和应急能力分析为基础

应急预案需要“从最坏处准备，争取最好的结果”，因此，风险评估和应急能力分析是科学编制应急预案的基础。一方面，针对突发事件特点，识别风险因素，分析事件可能产生的直接后果以及次生后果，评估最严重事故后果的危害程度，梳理应对事件所需采取的应急任务清单。另一方面，全面调查本地区、本单位第一时间可调用的应急队伍、装备、物资、场所等应急资源状况和合作区域内可请求援助的应急资源状况，必要时对本地居民应急资源情况进行调查，开展应急“任务—能力”分析，为制定应急响应措施提供依据。

2.2.2.3 体现针对性

应急预案的应用对象是突发事件，不同类型应急预案的作用和功能也有所区别，因此，应急预案尤其强调针对性。组织应急预案编制时，要始终围绕着突发事件应对与处置，根据实际面临的风险、事故种类特点、现有应急资源和本地区、本单位实际情况，明确工作的重点和关键环节，对特定突发事件的具体应对过程做出科学、具体的安排，确保应急预案能有效指导、科学应对、妥善处置各类突发事件。突发事件总体应急预案是指导突发事件应对工作的总体安排和部署，体现在原则和指导上；专项应急预案是对不同类型的突发事件应对工作做出的专项安排，提出具体应对要求，体现在专业应对上；现场处置方案是对突发事件应对的具体环节进行计划和部署，明确怎么干，干到什么程度，体现在突发事件应对工作的具体行动上；重大活动应急预案体现在“预防措施”上。

2.2.2.4 具备可操作性

应急预案是针对突发事件处置工作而设定的，必须能用、管用、实用，具有可操作性。因此，应急预案一定要从实际出发，切忌生搬硬套，不同层级的应急预案应在具体内容、操作程序、行动方案上有所区别。

不同类型的应急预案应明确具体的操作内容，应急预案内容一般涉及预防准备、应对处置、善后处理、责任与奖惩等具体问题，预案文本描述必须准确无误、表述清楚，对突发事件事前、事发、事中、事后的各个环节，对预案所涉及的内容都应有明确、清晰的描述，能量化的一定要量化，能具体的一定要具体，不可模棱两可、产生歧义。每个应急预案的分类分级标准尽可能量化、细化，职能职责定位尽可能具体到单位，或者具体到人，避免在应急预案启动时出现职责不清、推诿扯皮等现象。

2.2.3 应急预案编制的重要方法

情景构建是开展预案管理的重要方法，在预案编制和预案体系优化等环节都可以发挥重要作用。首先，情景构建刻画表征了风险，对应急任务进行梳理，对完成各项任务的能力开展评估，为相关预案的编制和评估奠定了良好基础，有助于解决现有预案的针对性不强、操作性不够等问题。其次，情景构建过程是对预案体系进行梳理和优化的过程，围绕“情景”的应对，存在着一套预案体系（可能是多层面的预案体系，包括总体预案、专项预案、部门预案，甚至包含基层部门的标准操作程序），这类预案体系超脱于传统预案体系的地区属性和行业属性，是以“事件”为核心的预案体系，该预案体系的系统性、功能性及衔接优劣都可以在情景构建过程中得到评估。

突发事件情景构建从技术路线上大致可划分为三个主要阶段：

（1）资料收集与分解。用于情景构建的资料与信息主要来自三部分：一是近年来（应十年以上）已发生的各类突发事件典型案例，案例要描述解释事件的原因、经过、后果和采取的应对措施及其经验教训等；二是其他国家或地区类似事件的相关资讯；三是依据国际、国内和地区经济社会发展形势变化，以及环境、地理、地质等方面出现的新情况，预期可能产生的非常规重大突发事件风险。

（2）以事件为中心的分析与归纳。依靠专业人员和专业技术方法对近乎海量的数据进行聚类和同化，这一阶段应完成两个主要任务：一是按时间序列描述事件发生、发展过程，分析事件演化的主要动力学行为；二是经过梳理和聚类，从复杂多变的“事件群”中归纳出具有若干特征的要素和事件链，辨识不同事件的共性特点，建立同类事件的逻辑结构。

（3）突发事件情景的集成与描述。在前两个阶段工作基础上，按照事件的破坏强度、影响范围和复杂性，建立所有事件情景重要度和优先级的排序，再次对事件情景进行整合与补充，筛选出最典型和共性最多的若干个突发事件情景。此后，则可依据国家对应急准备战略需求和实际能力现状，提出国家或本地区若干个突发事件情景草案，以此为蓝本，通过专家评审和社会公示等形式，广泛征求各方面意见，进一步修改完善，形成重大突发事件情景规划。规划中列入的情景不是一个具体事件的投影，而是无数同类事件和风险的集合。因此，虽然规划中列入的情景是少数，但可有广泛的代表性。在突发事件情景规划的全过程，不但应该有政府官员、科学家和各类专业人员的直接参与，还要注意不断地征求来自社会各界的意见，尤其是注意各类不同的社会反映，使情景能被大多数人理解和接受。同时，这一过程还有助于提高公众对重大突发事件风险感知力。

2.3 应急预案的管理

2.3.1 应急预案的审批、备案和公布

2.3.1.1 应急预案的审批与印发

《突发事件应急预案管理办法》规定，由预案编制工作小组或牵头单位将有关材料报送应急预案审批单位进行审批，相关材料包括预案送审稿、各有关单位复函和意见采纳情况说明、编制工作说明等。如果因保密等原因（如涉及核电站、军事基地等重要设施）需要发布应急预案简本，应当将应急预案简本一起报送审批。应急预案的评审或者论证应当注重基本要素的完整性、组织体

系的合理性、应急处置程序和措施的针对性、应急保障措施的可行性、应急预案的衔接性等内容。

《突发事件应急预案管理办法》规定，在国家层面，国家总体应急预案报国务院审批，以国务院名义印发；专项应急预案报国务院审批，以国务院办公厅名义印发；部门应急预案由部门有关会议审议决定，以部门名义印发，必要时，可以由国务院办公厅转发。在地方层面，地方各级人民政府总体应急预案应当经本级人民政府常务会议审议，以本级人民政府名义印发；专项应急预案应当经本级人民政府审批，必要时经本级人民政府常务会议或专题会议审议，以本级人民政府办公厅（室）名义印发；部门应急预案应当经部门有关会议审议，以部门名义印发，必要时，可以由本级人民政府办公厅（室）转发。

《突发事件应急预案管理办法》规定，单位和基层组织应急预案须经本单位或基层组织主要负责人或分管负责人签发，审批方式根据实际情况确定。依据《生产安全事故应急预案管理办法》（根据应急管理部令第 2 号修正），矿山、金属冶炼企业，易燃易爆物品、危险化学品的生产、经营（带储存设施）、储存、运输企业，使用危险化学品达到国家规定数量的化工企业，烟花爆竹生产、批发经营企业，中型规模以上的其他生产经营单位，应当对本单位编制的应急预案进行评审，并形成书面评审纪要；上述单位以外的其他生产经营单位可以根据自身需要，对本单位编制的应急预案进行论证。生产经营单位的应急预案经评审或者论证后，由本单位主要负责人签署。

2.3.1.2 应急预案的备案与公布

《突发事件应急预案管理办法》规定，应急预案审批单位应当在应急预案印发后的 20 个工作日内向有关单位备案。地方人民政府总体应急预案报送上一级人民政府备案；地方人民政府专项应急预案抄送上一级人民政府有关主管部门备案；部门应急预案报送本级人民政府备案；涉及需要与所在地政府联合应急处置的中央单位应急预案，应当向所在地县级人民政府备案。自然灾害、事故灾难、公共卫生类政府及其部门应急预案，应向社会公布，确需保密的应急预案按有关规定执行。

地方出台的应急预案管理办法或安全生产、环境保护等领域专门出台的应急预案管理办法往往在要求上更为具体，如：在预案备案方面，《广东省突发事件应急预案管理办法》(粤府办〔2008〕36号)第十九条规定:“部门应急预案应报同级人民政府应急管理办事机构和省有关单位备案;企事业单位应急预案和重大活动应急预案报有关行政主管部门备案。”《生产安全事故应急预案管理办法》中规定生产经营单位申报应急预案备案应提交材料中需包含风险评估结果和应急资源调查清单;在预案公布方面,《广东省突发事件应急预案管理办法》第二十一条规定:“应急预案制定单位应向社会公布应急预案和简明操作手册。”《生产安全事故应急预案管理办法》第二十四条规定:“事故风险可能影响周边其他单位、人员的,生产经营单位应当将有关事故风险的性质、影响范围和应急防范措施告知周边的其他单位和人员。”《企业事业单位突发环境事件应急预案备案管理办法(试行)》(环发〔2015〕4号)规定:“企业事业单位编制的环境应急预案,应当在本单位主要负责人签署实施之日起30日内报所在地环境保护主管部门备案。国家重点监控企业的环境应急预案,应当在本单位主要负责人签署实施之日起45日内报所在地省级人民政府环境保护主管部门备案。”

2.3.2 应急预案的宣教、培训和演练

2.3.2.1 应急预案的宣教

应急预案的宣教工作由预案编制单位组织,面向社会公众。对于需要公众广泛参与的非涉密的应急预案,预案编制单位要制订年度宣教计划,明确宣教活动开展的时间、活动主题、宣教形式、面向对象等基本内容,并针对每一场宣教活动制订专门的工作方案,充分利用互联网、广播、电视、报刊等多种媒体广泛宣传。同时,预案编制单位要加强组织指导和督促检查,定期进行回顾和检查,对宣传教育阶段性任务基本完成情况做出评估,对存在的问题进行整改,确保宣教工作达到预计成效。

2.3.2.2 应急预案的培训

应急预案的培训由预案编制单位组织,面向与应急预案实施密切相关的各级政府及其有关部门、基层政权组织、企事业单位的相关管理人员和救援人员,培训可采取发放培训材料、举办培训班、开展工作研讨等方式开展。在政

府层面，各级人民政府应急管理办事机构应制定有关总体应急预案、专项应急预案培训大纲，将应急预案培训纳入领导干部培训、公务员培训、应急管理干部日常培训内容；各级安全生产监督管理部门应当将本部门应急预案的培训纳入安全生产培训工作计划，并组织实施本行政区域内重点生产经营单位的应急预案培训工作。在企事业单位层面，企事业单位应当组织开展本单位的应急预案、应急知识、自救互救和避险逃生技能的培训活动，使有关人员了解应急预案内容，熟悉应急职责、应急处置程序和措施，并将培训情况如实记入本单位的安全生产教育和培训档案。

2.3.2.3 应急预案的演练

应急预案的演练是指各级政府部门、企事业单位、社会团体，组织相关应急人员与群众，针对特定的情景事件，按照应急预案所规定的职责和程序，在特定的时间和地域，执行应急响应任务的训练和演示活动。应急预案编制单位应当建立应急演练制度，根据实际情况采取实战演练、桌面推演等方式，组织开展人员广泛参与、处置联动性强、形式多样、节约高效的专项演练或综合性演练，并组织演练评估。

根据《突发事件应急预案管理办法》的相关规定，专项应急预案、部门应急预案至少每三年进行一次应急演练；地震、台风、洪涝、滑坡、山洪、泥石流等自然灾害易发区域所在地政府，重要基础设施和城市供水、供电、供气、供热等生命线工程经营管理单位，矿山、建筑施工单位和易燃易爆物品、危险化学品、放射性物品等危险物品生产、经营、储运、使用单位，公共交通工具、公共场所和医院、学校等人员密集场所的经营单位或者管理单位等，应当有针对性地经常组织开展应急演练。地方政府对预案演练的要求往往更为严格，如广东省要求“专项应急预案每年演练次数要占总数的60%以上，由各级应急管理办事机构负责统一协调安排；部门应急预案、企事业单位应急预案原则上每两年至少演练一次；大型活动应急预案的制定单位应在活动举办之前至少开展一次综合性演练；乡镇（街道）等基层政权组织，居委会、村委会等基层群众自治组织和社区的应急行动方案原则上应每两年至少演练一次”。对于生产经营单位，《生产安全事故应急预案管理办法》要求：“生产经营单位需根据本单位的事故风险特点，每年至少组织一次总体应急预案演练或者专项应急预案演练，每半年至少组织一次现场处置方案演练；易燃易爆物品、危险化学品等危险物品的生产、经营、储存、运输单位，矿山、金属冶炼、城市轨道交通运营、建筑施工单位，以及宾馆、商场、娱乐场所、旅游景区等人员密集场所经营单位，应当至少每半年组织一次生产安全事故应急预案演练，并将演练情况报送所在地县级以上地方人民政府负有安全生产监督管理职责的部门。”

应急演练是各类突发事件应急准备过程中的一项重要工作，它对于评估应急准备状态、检验应急人员实际能力水平、发现并及时修改应急预案中的缺陷等具有重要意义，因此，本书从下一章起将就应急演练的内容展开具体介绍。

2.3.3 应急预案的评估和修订

2.3.3.1 应急预案的评估

为实现应急预案的动态优化和科学规范管理，应急预案编制单位应当建立应急预案定期评估制度，对预案内容的针对性、实用性和可操作性进行分析，并对应急预案是否需要修订做出结论。对于特定行业领域，相关规定明确了具体要求，如：矿山、金属冶炼、建筑施工企业，易燃易爆物品、危险化学品等危险物品的生产、经营、储存、运输企业，使用危险化学品达到国家规定数量的化工企业，烟花爆竹生产、批发经营企业和中型规模以上的其他生产经营单位，应当每三年进行一次应急预案评估。

常规性和动态因素耦合性评估指标体系能够有效评估应急预案的针对性、实用性和可操作性。常规性评估是指针对已编制完成的预案建立评估指标体系进行评估。如表 2–1 所示，常规性评估主要根据应急预案的三级指标体系等方面进行。动态因素耦合性评估是指针对危险源发生变化后，对照之前应急预案中的风险分析、应急能力分析、应急资源、应急组织构成等因素，分析各预案构成要素间的耦合关系，建立专项评估指标体系进行评估，参考性的评估指标体系如表 2–2 所示。在实际预案评估工作中，常规性评估和动态因素耦合性评估可以交叉进行，这样可以使突发事件应急预案的目标更明确，针对性、实用性和可操作性更突出，能为预案的有效性提供保障，为应急救援工作做好前提性的保障基础。

表 2–1　应急预案常规性评估指标体系

一级指标	二级指标	三级指标
编制科学性	指导思想科学性	具有明确方针和原则指导，具有对突发事件机理的正确认识
	应急预案系统性	应急预案编制方法、原则和程序的系统性
	编制人员组成科学性	人员所在单位覆盖面符合编制要求，人员专业性符合编制要求
	预案编制流程合理性	制订预案编制计划，遵循风险分析、应急资源分析、征求意见、评审备案等流程
要素完备性	具有明确的背景	明确的自然背景，明确的社会背景
	具有明确的客体	明确的突发事件类别，明确的突发事件级别
	具有明确的主体	明确应对负责部门和人员，明确各部门人员职责和责任
	具有明确的目标	确定要达到的具体目标，明确各个目标的优先顺序
	具有可行的措施	明确的措施执行主体，明确的措施适用对象，各项措施间逻辑关系合理，明确规定专项行动方案的建立机制
	具有科学的方法	科学的救援处置措施和辅助方案，合理的预案管理方法
	具有分析评估的内容	准确分析风险现状，准确评估应急资源满足需求程度，明确各种应急资源的储备现状
	具有合理的应急体系	体系结构完整合理，体系内结构职责明确
	具有预警功能	预警机制明确
可操作性	具有机制保障	国家相关法规政策保障，地方相关法规政策保障，应急救援联动机制保障
	其他支持与保障	应急物资和设备的支持保障，应急救援技术支持保障，应急救援信息支持保障，救援医疗及交通运输保障，事故的动态监测及调整

表 2-2 应急预案动态因素耦合性评估指标体系

一级指标	二级指标	三级指标
动态因素分析	危险源识别	原有危险源认定，监测后现危险源认定
	风险分析	原风险分析，现风险分析，耦合事件风险分析
伴随要素分析	救援能力分析	原有救援能力分析，针对新危险源事故的救援能力分析，二者间的耦合关系及差别分析，救援处置措施和辅助方案的科学性分析
	资源评估	原有应急资源满足需求程度评估，现满足救援需求的资源评估，前后间的耦合关系及差别分析
	应急体系及组织机构	原有应急体系及应急组织机构，满足新风险状况的应急体系及机构，二者之间的异同分析

2.3.3.2 应急预案的修订

随着社会、经济和环境的变化，应急预案中包含的信息可能会发生变化，应急预案评估、演练、实施中同样可能发现应急预案存在的问题。因此，应急预案编制单位应定期或根据实际需要对应急预案进行更新和完善，以便及时更换变化或过时的信息，解决演练、实施中反映出的问题。国家未对应急预案的修订频次做出明确规定，各省对应急预案修订频次的要求多为“原则上至少三年修订一次”。部分省市对于基层组织的预案修订有更严格的规定，如广东省要求乡镇（街道）等基层政权组织及居委会、村委会等基层群众自治组织和社区的应急行动方案为“原则上每两年至少修订一次”。通常，出现以下情形时需及时修订应急预案：

（1）有关法律、法规、规章、标准、上位预案中的有关规定发生变化的；

（2）应急指挥机构及其职责发生重大调整的；

（3）面临的风险发生重大变化的；

（4）重要应急资源发生重大变化的；

（5）预案中的其他重要信息发生变化的；

（6）在突发事件实际应对和应急演练中发现问题需要做出重大调整的；

（7）应急预案制定单位认为应当修订的其他情况。

相对应急预案的编制而言，应急预案的修订程序更为简单。当应急预案修订涉及组织指挥体系与职责、应急处置程序、主要处置措施、突发事件分级标准等重要内容时，修订工作需按国家和地方相关规定的预案编制、审批、备案、公布程序组织进行。当应急预案修订仅涉及其他内容时，修订程序可根据实际情况适当简化。

3

应急演练的发展现状及趋势

如何全方位提高我国各级政府、企事业单位针对复杂突发事件（尤其是非常规突发事件）的应急能力是当前应急领域迫切需要解决的问题。以应急预案为核心的应急演练与评估即是解决这一问题的有效途径之一。有效的应急演练能够提高全员应对突发事件的风险意识，检验应急预案的科学性、针对性与可操作性，增强响应与处置的能力。随着应急管理工作的加强，应急演练逐渐受到政府部门、企事业单位和社会组织的重视，我国应急演练工作逐步向全面深入、规范有序的方向发展。但我国应急演练工作起步较晚，与国外相比，在相关制度规范制定、软硬件保障、演练落实力度和演练工作的评估等方面还存在不足。此外，物联网、大数据、人工智能、5G 移动通信、GIS 等现代信息技术在应急管理领域的广泛应用，既为丰富演练形式、提高演练实效带来了机遇，也给应急演练组织工作带来了一定的挑战。

本章首先介绍了应急演练产生的背景及意义，并从不同的分类角度介绍了应急演练的主要类型；接着，分析总结了美国、日本、英国、德国这四个典型国家的应急演练经验，并提出上述国外经验对提升我国应急演练水平的启示；最后，从总体情况、重要成效、存在问题这三个方面介绍了我国应急演练的发展现状，并结合我国应急管理相关政策分析未来我国应急演练的发展趋势。

3.1 应急演练概述

3.1.1 应急演练产生的背景

20 世纪 70 年代以来，建立重大事故应急管理体制和应急救援系统受到国际社会的普遍重视，多数工业化国家和国际组织制定了一系列重大事故应急救援的法规和政策，明确规定了政府有关部门、企业、社区的责任人在事故应急中的职责和作用，成立了相应的应急救援机构和政府管理部门。但是根据各国多年实践发现，应急组织体系结构过于复杂，难以应对突发的紧急状态，在重大事故应急响应实践中出现了一些突出问题，例如决策层次过多，指挥任务不明，部门职能交叉、职责不清，难以统一指挥协调，救援速度缓慢，处置效果不好，等等。为此，应急演练工作被提到应急管理的重点层面，并逐步受到各国政府的重视。

国外早在20世纪70年代就开始了应急演练，自“9·11”事件和炭疽事件后，美、英、日、德等发达国家相继开展了针对恐怖主义、自然灾难、公共卫生等事件的应急演练，对于提高国土安全保障、社会稳定、经济发展及企业安全生产等应急能力产生了巨大影响。为加强全国应急准备，美国安全委员会和国土安全部于2003年联合成立了跨机构的情景工作小组，该小组提出了15种应急规划情景用来评估和指导美国联邦巨灾情景下的预防、保护、响应和恢复等领域的应急准备工作。在“9·11”事件后，英国不断制定和更新各种预案，组织应急演练，2003—2004年举行了6次大规模应急实战演练和32次桌面演练；2005年7月伦敦地铁爆炸案发生后，伦敦大都市警察局根据详细的应急反应计划，进行快速、有效的应急处置，其他相关部门不需要层层通知，按照已制定的应急方案，自行启动各项响应措施，各方力量密切协同，各司其职，封控、疏导、恢复等各项工作井然有序。德国联邦政府从2003年开始，开展名为“跨州演练”的国家战略危机管理演练，该演练每两年举行一次，“跨州演练”确定主题的一个基本原则就是：该主题必须为重大突发事件有针对性地进行准备。关东大地震（1923年9月1日）的惨痛教训让日本高度重视防灾工作，并将每年9月1日定为国家“防灾日”，每年的这一天，日本都要举行有首相和各有关大臣参加的全民性综合防灾训练，通过防灾演练让每位大臣、各级政府、团体和民众熟悉防灾业务，提高应对灾害的能力。

3.1.2　开展应急演练的意义

实践证明，通过经常性地开展应急演练，能够提高全员应对突发事件的风险意识，检验应急预案的科学性、针对性与可操作性，增强响应与处置能力，将事件或事故的损失降到最低，迅速从各种突发事件中恢复到正常状态，具体可将开展应急演练的意义总结为以下方面：

（1）应急演练是检验并提高应急能力的内在要求。应急预案不能只停留在理论上，必须应用到实际应急行动中。通过应急演练，可以发现预案的漏洞，为修正和改进应急预案提供依据。通过演练，可以发现应急管理体制、运行机制和法制存在的薄弱环节，发现应急能力支撑体系的不足进而不断完善。还可以通过采取不定期抽查的方式，随机启动应急演练，暴露出常态下应急工作所存在的问题，使这些问题在突发事件真正发生前就得以解决。各级政府、有关部门和企事业单位可使用这种随机抽查的方式，暴露应急预案和应急运行机制上存在的缺陷，掌握应急准备工作的实际状况。

（2）应急演练是成功应对突发事件的有效保障。应急演练是应急管理常用的重要而有效的方法，是各责任主体在事先虚拟的事件或事故条件下，应急指挥体系中各个组成部门、单位或群体的人员针对假设的特定情况，执行实际事件或事故突然发生时各自职责和任务的排练活动，简单而言就是一种模拟突发事件发生的应对演习。通过有计划、有目的的演练，模拟各种险情，保持一定频率的实战训练，可以提高应急人员的应急处置熟练程度，使应急人员遇到更多可能面临的紧急情况，掌握更多的应急技能，从而帮助应急人员克服在实际应急行动中的畏惧心理。通过应急演练，可以充分了解应急组织的备战状态和实战能力，检查各类应急装备、设施、物资的准备情况。应急演练可以检查应急行动临战状态响应状况的统一性和协调性，进一步明确各自的岗位与职责，增进各应急部门、组织和人员之间的配合，从整体上提高突发事件应对能力。

（3）应急演练是增强社会风险防范意识的良好方式。应急演练是安全宣教培训的一种途径，可以宣传安全基本知识，增强人们的安全意识，提高人们对安全的重视程度。此外，从社会的角度来说，举行应急演练是对公众进行风险防范教育，能够帮助公众正确认识各种风险，理智应对突发事件。

3.1.3 应急演练的分类

应急演练类型多种多样，如技术训练和技术比武，图上演练和沙盘演练，室内演练和室外演练，桌面演练和实战演练，战术演练和战略演练，专项演练和综合演练，等等。应急演练的一般分类如图 3–1 所示，按照演练内容涉及应急任务数量不同，可将应急演练分为专项演练和综合演练；按演练形式的不同，可将应急演练分为桌面演练和实战演练；按照演练目的的不同，可将应急演练分为检验型演练、示范型演练和研究型演练；按其他分类方式，可分为图上演练和沙盘演练，战术演练和战略演练以及政府演练和企事业单位演练。

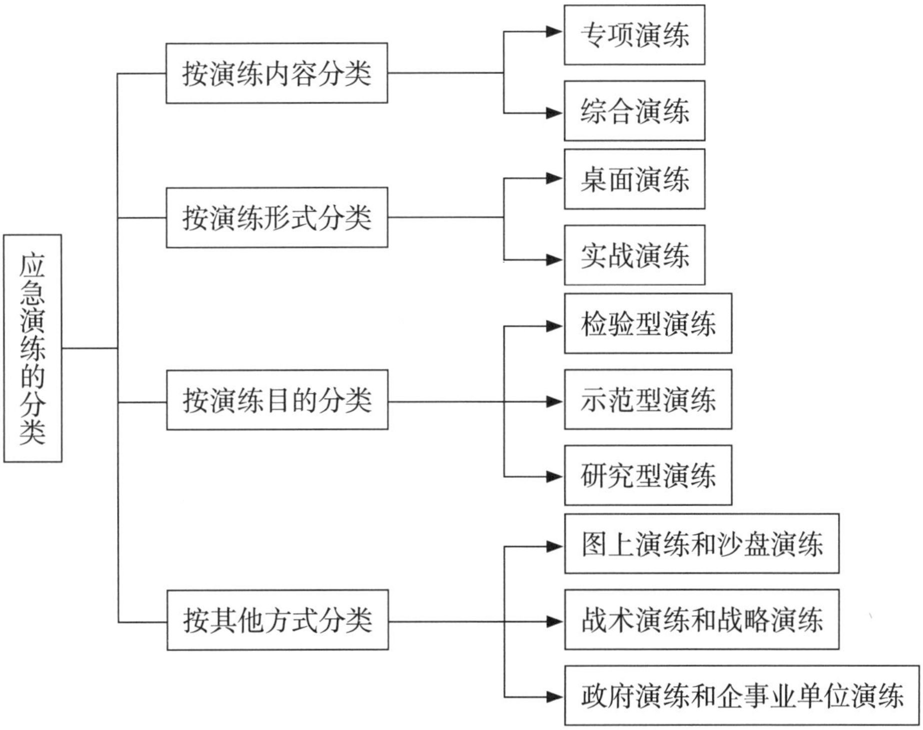

图 3–1 应急演练的一般分类

3.1.3.1 按演练内容分类

（1）专项演练。

专项演练是指只涉及应急预案中特定应急响应功能或现场处置方案中一系列应急响应功能的演练活动，它注重检验一个或少数几个参与单位（岗位）的特定环节和功能，检验应急人员以及应急救援系统的响应能力。例如，2019年8月广东省举行应急通信指挥实战演练，指挥官在临时搭建的帐篷指挥部内向位于江门彩虹岭隧道、深圳平安大厦、东莞虎门大桥附近海域、帽峰山附近区域、大学城的现场救援人员进行视频连线，并与应急管理部指挥中心和省应急管理厅指挥中心实时通信，分别模拟隧道应急救援、高楼及地下应急救援、海域应急救援、地质灾害现场应急救援、灾害事故现场应急集群等情形下的通信指挥情形，检验恶劣地理天气条件和公网中断环境下应急通信指挥的保障能力。

专项演练的主要特点是目的明确、针对性强，无须启动整个单位或区域应急救援系统，演练的规模得到控制，这样既降低了演练成本，又达到了实战的演练效果。

（2）综合演练。

综合演练是指涉及应急预案中多项或全部应急响应功能的演练活动。它注重对多个环节和功能进行检验，特别是对不同单位之间应急机制和联合应对能力的检验。综合演练要求应急预案所涉及的单位都要参加，以检验各单位之间协调联动能力，同时检验现有的人力、物力等各类资源能否有效控制事故并减轻事故带来的后果，确保公众人员人身财产安全。例如，2020 年 6 月，广东省东莞市开展危险化学品重大危险源事故应急演练，模拟了小轿车追尾装载 20 吨柴油罐车导致车辆罐体破裂泄漏、石油储运企业汽油罐人孔泄漏并引发火灾等常见灾情，采取“盲演”（不确定时间的演练）及跨区域、跨部门、政企联动协同应急的方式，出动了全市 7 支消防救援队伍、1 支危险化学品专职救援队伍和上百名指战员参战，并联合公安、水务、环保、气象、卫生、海事、供电部门和立沙岛危化品企业专职消防队共同参与演练，现场使用了多功能带压槽车堵漏训练装置、石油化工生产工艺管线堵漏训练装置等专业处置装备，还使用了遥控消防机器人、远程供水车、举高喷射消防车、防化洗消车、无人机等新型消防救援装备。这样一场大规模、贯穿全过程的盲演有效检验了应急预案的科学性和实操性，同时检验了政府部门和企业在实战中对危险化学品重大危险源突发事件的应急响应、救援处置和协同作战的能力。

综合演练的最大特点为规模大、贴近实战，演练过程涉及应急救援系统的每一个响应要素，演练成本相对较高。同时，鉴于综合演练规模大和接近实战的特点，必须确保所有参演人员都经过系统的应急培训并通过考核，从而确保演练保障措施全面到位，以有效保证参演人员安全及整个演练过程顺利完成。

3.1.3.2 按演练形式分类

（1）桌面演练。

桌面演练是指参演人员利用地图、沙盘、流程图、计算机模拟、视频会议等辅助手段，针对事先假定的演练情景，讨论和推演应急决策及现场处置的过程，从而促进相关人员掌握应急预案中所规定的职责和程序，提高指挥决策能力和协同配合能力的演练方式。桌面演练通常在室内完成，参演人员针对预先设定的事故情景，以口头交谈的方式，按照应急预案中的应急程序，讨论事故可能造成的影响以及应对的解决方案，并归纳成一份简短的书面报告备案。例如，青岛某机场在2016年组织的航班大面积延误桌面模拟演练中，在多次召开航班大面积延误研讨会和协调会的基础上，以新修订的《青岛机场航班大面积延误保障预案》为依据，针对因大雾天气导致大面积航班延误的事故情景，制订演练具体方案。演练模拟因大雾天气导致五个航班（包括一个国际航班）将备降青岛，通过应急指挥中心的指挥调配，机场通信、安检、运输、服务、护卫等保障部门配合行动，保障机场秩序和群众安全。这次演练强化了各保障部门之间的业务工作衔接，规范了航班大面积延误处置流程，为进一步完善机场大面积航班延误保障预案、建立航班延误处置联动机制奠定了良好基础。

桌面演练的最大优点是无须在真实环境中模拟事故情景及调用真实的应急资源，演练成本较低，有利于实现成本效益最大化。近几年，随着信息技术的发展，借助计算机、虚拟现实技术、电子地图以及专业的演练程序包等，在室内即能逼真地模拟多种类型的事故场景，将事故的发生和发展过程展示在大屏幕上，大大增强了演练的真实感。

（2）实战演练。

实战演练是指参演人员利用应急处置涉及的装备物资，针对事先设置的突发事件情景及其后续的发展情景，通过实际决策、行动和操作，完成真实应急响应的过程，从而检验和提高相关人员的临场组织指挥、队伍调动、应急处置技能和后勤保障等应急能力。实战演练通常在室外或者在可能发生情景事件的实际发生场所完成。例如，2020年6月，广东交通集团在省内已通车高速公路中最长的隧道——连英高速金门特长隧道开展了危化品车辆与客运车辆追尾事故应急救援处置演练，在实际场景中模拟了隧道双向应急疏散、现场有毒有害气体监测、爆炸及火灾扩散次生事故综合研判、人员解救、医疗救助、硫酸堵漏处置、灭火处置等环节，检验了各单位的协调联动和应急处置能力，为高速公路特长隧道突发事件救援积累了宝贵经验。

实战演练的最大优点是具有真实性、针对性和实效性，它不仅是完全模拟真实情景来布置和进行演练，更是将现实情况下可能发生的特定突发情况都考虑在内，这样就能够做到在突发事件发生时把损失降到最低。但是，由于实战演练阵容庞大和过程复杂，大规模实战演练成本高，危险性大，因此不适合频繁举行。各级政府和企事业单位需根据自身实际情况确定实战演练规模和演练频次，以小规模的实战演练为主。

3.1.3.3 按演练目的分类

（1）检验型演练。

检验型演练是指为检验应急预案的可行性、应急准备的充分性、应急机制的协调性及相关人员的应急处置能力而组织的演练。与专项演练一样，检验型演练也是检验应急人员和应急救援系统的响应能力，不同的是专项演练侧重于测试和评价应急预案中的应急功能，检验型演练则侧重于验证应急预案、应急机制等是否具有实际可行性。例如，2010年6月2日，湖北省荆州开发区突发环境事件应急指挥部在荆州市沙市英慧纸业助剂有限公司开展了以氯气泄漏为情景事件的检验型演练，模拟了突发环境污染事件接报、应急响应、事故调查、应急监测、应急处置及信息报送的全过程。这一演练实现了三方面的检验目的：一是检验了开发区突发环境事件应急指挥组织体系成员单位的指挥调度、装备应用和协同作战等方面的实战能力；二是结合英慧纸业公司的风险源，全面检验了其应急组织体系的可操作性；三是检验了该公司应急救援预案在处置氯气泄漏事件上的可行性。

检验型演练的特点是目的明确，演练方法灵活多变，能够更好地找出在应急预案、应急机制和演练中应急人员的分配安排上存在的较大问题，对应急体系的完善和改进具有明显的作用。检验型演练与其他演练的主要区别是不预先告知情景事件，由应急演练组织者随机控制，参演人员根据情景事件的发展，按照应急预案组织实施预警、应急响应、指挥与协调、现场处置与救援等全部或部分应急行动。

（2）示范型演练。

示范型演练是指为向观摩人员展示应急能力或提供示范教学，严格按照应急预案规定开展的表演性演练。示范型演练多为实战性演练，突出应急响应流程示范、应急队伍力量展示、应急装备技术检验、现场应急作业处置等，且一般会对整个演练场景开展集中观摩展示，将多个灾害情景集中到某一特定场所，在有限的时间与空间内展示应急处置全过程。例如，2017年度全国公路交通军地联合应急演练，采取“集中指挥与多点实战结合、预设场景与非预设场景结合、实战演练与桌面演练结合”的形式进行设计、组织与实施，整个联训联演过程持续半个月，在演练结束后的一个上午进行了演练成果观摩展示，起到了良好的示范和宣教作用。

示范型演练具有演练内容充实、演练过程规范、演练记录全面的特点。示范型演练的特点决定了其重点关注的三个方面：一是前期演练设计与准备。示范型演练往往要遵循先桌面后实战、先单项操练后合成演练、从简单到复杂的循序渐进过程，需要较长的策划筹备时间。二是观摩展示效果良好。演练观摩展示主要针对观摩评估人员与社会公众进行全程展示，为了能够让观摩人员全面熟悉应急响应流程，展示演练准备与训练成果，演练控制部门需要通过前期录制视频、实战现场直播、现场情况观看、专业讲解解说等多种方式，在演练现场多个作业区同时开展应急作业，需要做好导播工作，增强演练情景展示效果。三是演练综合保障。一方面，因示范型演练策划准备周期较长，且实战演练往往需要选择特定场地进行，因此，场地保障是关键；另一方面，演练涉及长时间的队伍操练和大型应急装备的调度集结，对人员的安全保障和装备物资的供应保障也有很高的要求。

（3）研究型演练。

研究型演练是指为研究和解决突发事件应急处置的重点、难点问题，试验新方案、新技术、新装备而组织的演练。研究型演练主要以探讨和试验的方式进行，如上海市在2012年举行的人防工程平战转换研究型演练中，模拟了由四级战备逐渐向二级战备转进的施工全程，具有实战性强、涉及面广、周期较长的特点，既实现了运用预案指导实践，又在实践中探索完善了组织流程和协同应急机制。

研究型演练的特点是科学性和实用性，演练过程围绕预先制定的研究目标展开，通过试验探索新事物、新问题的处理方法，完善预防突发生产安全事故的准备工作、提高应急处置能力。研究型演练是边探索应急体系的不足，边研究解决方法的过程，演练活动复杂且难度高，需要较长的准备时间，来充分调用和协调人力、物力以确保演练的效果。该演练是带着疑问而进行的演练活动，每一次研究型演练的开展，都会使应急人员的协调能力、指挥能力、应对能力得到一定的提升，同时也会发现一些新问题，但演练成本过高使其不适宜频繁举行。

3.1.3.4 按其他方式分类

突发事件应急演练除了可分为专项演练和综合演练，桌面演练和实战演练，检验型演练、示范型演练和研究型演练以外，还有很多分类方式，以下重点介绍图上演练和沙盘演练、战术演练和战略演练、政府演练和企事业单位演练。

（1）图上演练和沙盘演练。

图上演练是以图纸为基础，设置情景事件，将演练场所、周边情况、事件发生地点和疏散路线等绘于图上，根据应急预案在图纸上面展开应急响应、应急处置和救援等应急行动的演练活动。图上演练简单明了、清晰易懂，演练相关人员能快速接收指挥信息，坚守各自的岗位和职责，易于提高各部门人员之间的协调控制能力，达到演练目的。沙盘演练是将现实场景按比例缩小后展现于沙盘上，现场演练人员根据预先设置的情景事件，依据应急预案在沙盘上模拟组织指挥协调、应急处置和其他应急措施的演练活动。沙盘演练形象真实，完全是现实场景的缩小化，具有很好的应用效果。

图上演练和沙盘演练都属于将实际情况简化的模拟演练活动，虽然不完全符合实际，但在一定程度上反映了处置突发事件的真实情况，而且演练成本低，适合经常开展。

（2）战术演练和战略演练。

战术演练和战略演练源自军事领域。战略是指导战争全局的策略，现泛指统领性的、全局性的、左右胜败的谋略、方案和对策；战术是指导和进行战斗的方法，现泛指为达到目标而采取的行动方法。

战术演练是针对应急预案中的一项或多项应急功能，预先制定出特定的演练方法和过程的演练活动。战术演练一般要有技巧性、创新性，且演练方案具有借鉴的价值。战略演练是指为达到检验应急系统应急能力的目的而进行的一系列演练活动。战略演练重在制定演练策略、完成目标，是从整体出发的演练活动，可能组合多个战术演练系统。

战术演练侧重于局部演练计划、演练过程和方法，战略演练则侧重于整体演练方针、演练结果和理论。二者既有本质区别，又有紧密联系。

（3）政府演练和企事业单位演练。

政府演练通常以政府相关机构及领导组成演练领导小组，指挥演练的进行。政府演练主要针对影响较大、与公众生活息息相关的突发事件的应急救援演练活动，例如地震应急救援、重大交通事故应急救援、重大危险化学品爆炸泄漏等综合性应急演练。

企事业单位演练由单位安全管理部门主体组织与策划、单位管理层领导指挥演练活动实施，演练主要针对单位自身极易发生的突发事件，根据单位已有的应急救援预案在本单位内部开展。

应急演练活动的开展一般均由政府或企事业单位组织进行，特殊情况下也有某些社会机构根据自身情况组织的演练活动。有时开展大型应急演练，需要由政府部门及企事业单位联合举行，政府提供部分必要的资源，政府官员作为演练领导进行指挥，也可认为政府是演练组织主体。

3.2　国外应急演练经验及启示

3.2.1　美国应急演练现状

美国建立了以《国土安全法》《全国紧急状态法》《灾难和紧急事件援助法案》《国家应急反应计划》为核心的应急法律体系。应急演练是应急管理体系的重要组成部分，为落实国土安全法，美国联邦应急管理署（FEMA）2011年发布了国家演练项目计划（NEP），为全国各种应急演练及评价提供技术支持。

美国的应急演练按照实施方式可以分为讨论型和实战型两类：讨论型演练包括讨论会、桌面演练、竞赛演练；实战型演练包括操练、功能演练、全面演练（详情见表3-1）。从表3-1中可以看出，从讨论型演练到实战型演练，其参与人数、能力考验、真实程度、复杂程度、成本都是一个递进的过程。全面演练是难度最大、最接近真实的演练，可以模拟真实情况下的设备、人员、物资及应急预案的有效性。政府还对演练频次做出要求：州和地方政府每四年为一个演练周期，将各个层次的演练循环实施一遍；核电站、机场、医院等重要部门每两年举办一次全面演练；救援队每年必须参加两次地方性救援竞赛演练。

表 3-1　美国各类应急演练特征比较

项目	讨论会	桌面演练	竞赛演练	操练	功能演练	全面演练
场所	会议室	会议室	会议室	单个指定场所	单个指定场所	多个现场同步
范围	一个或多个部门	一个或多个部门	一个或多个部门	一个部门	多个部门	应急系统所有部门
真实程度	无	缺乏	缺乏	较真实	不调动资源、尽可能真实	部署资源、越真实越好
多方协调	讨论	讨论	讨论	不需要	需要	需要
氛围	轻松	轻松	一般	紧张	紧张	高度紧张
装备部署	不需要	不需要	不需要	不需要	需要 / 不需要	需要
检验物资	不需要	不需要	不需要	不需要	不需要	需要
检验决策流程	不需要	需要	需要	不需要	需要	需要
演练评估	不需要	需要	需要	简单总结	记录演练、书面汇报	专门小组完整评估、召开总结会
成本	很低	较低	较低	低	适中	高
复杂程度	最简单	较简单	简单	简单 / 复杂	简单 / 复杂	复杂

美国安全委员会和国土安全部于 2003 年联合成立了跨机构的情景工作小组，该小组提出了包括十五种应急规划情景的美国国土安全演练与评估项目（HSEEP），用来评估和指导美国联邦巨灾情境下的预防、保护、响应和恢复等领域的应急准备工作。HSEEP 提出了应急演练四阶段循环改进理论模式：演练规划、演练方案设计、演练实施与评估、演练总结与改进。根据预案设计演练，通过评估总结演练修订应急预案。其中，演练方案设计决定了演练的成败，一场功能演练的准备时间可以长达 6~18 个月。HSEEP 既强调风险预测前瞻性，又强调情景设计的真实性、合理性、全面性。以 HSEEP 中的“网络风暴”系列演习为例，美国早在 2006 年就开始组织该类演习，每两年举行一

次。每一次网络风暴行动皆以此前发生过的真实事件为基础进行演练，“网络风暴Ⅰ”的假想敌是一个拥有充足资金支持的松散黑客组织；“网络风暴Ⅱ”的假想敌是一群“坏分子”在全球范围内展开的一场联合网络攻击；“网络风暴Ⅲ”的假想敌是一个拥有充足资金和时间的对手，其主要的攻击目标是互联网身份认证系统和域名解析系统，在遭到这些攻击后，美国可能出现部门功能瘫痪乃至人员伤亡的情况；“网络风暴Ⅴ”的假想敌则是七十五个不同的松散组织，其主要的攻击目标是路由器、用于域名和 IP 地址相互映射的域名系统以及提供加密和数字签名服务的公钥基础设施；“网络风暴Ⅵ”的假想敌虽然因官方刻意隐瞒而无从得知，但据国土安全部相关人员透露，主要围绕关键制造业、运输业以及 IT 和通信领域的网络攻击。除了“网络风暴Ⅳ”，上述五次演习都属于顶层国家级演习，这是因为联邦应急管理署决定将“国家级演习（NLE）2012”定调为网络攻击事件响应，为避免重复，“网络风暴Ⅳ”筹划组因此放弃了顶层演习的方案，转而采用由小型研讨会到兵棋推演再到大型实战演练等十五个大小不等的演练活动组成的方案。该演习为六次“网络风暴”演习中时间跨度最长的一次演习，从 2011 年底一直延续到 2014 年初。

美国经过三四十年数以万计的演练，形成了适合自身的演练体系，并将其优化为模块化和可复制结构。美式应急演练体系实际上是对演练的模块化管理，其演练中并不提供国内演练中常见的以脚本为代表的演练完全手册，仅只将演练相关的应急情景、救援任务和演练场景等分解为若干情景说明、系列事件、预期行动、准备信息等，并制作成《演练方案》《演练导调手册》《演练评估手册》等，供不同角色参训者使用。这种做法让一场演练的事前保密和反思提升成为可能，故美式体系更像一个向导式演练管理系统。美国存在大量类似演练合同商的咨询公司，向委托方提供策划设计和组织实施演练的服务，双方达成一致后，演练项目的设计、实施、评估等核心任务将主要由合同商组织完成。

3.2.2 日本应急演练现状

日本是多地震国家，在与地震的不断抗争中取得了丰富的经验，从政府到民众都有着强烈的防灾意识。日本利用每年的“防灾日”“世界海啸日”和其他地震纪念日进行地震应急演练，日本各级政府、自卫队以及数十万民众，广泛动员，通力协作，并动用大量的现代化技术设备，以求实效。其规模宏大，场面壮阔，组织严密，动作认真，这些特点是其他国家难以企及的。

日本是一个非常注重实践的国家，这一点无论是在政府机构、企业生产还是在社会活动当中都表现得相当明显，在突发事件应急管理方面也是如此。虽然具有较完善的应急管理体制及先进的科学技术水平，但是日本始终十分重视应急能力培训及事故应急演练工作，这也是日本公众防灾避灾意识强和自救互救能力高的一个原因。日本防灾应急演练分为两类：

（1）综合性演练。1971 年，日本政府决定每年举行全国性综合防灾训练，增加相互间的协调能力和实战能力，普及相关知识。这一演练具有涉及区域广、演练项目多、演练规模大、动员力度强的特点，例如，2003 年 9 月 1 日，日本举办大规模防灾演练，全国 33 个县 133 万人参加。主会场中连续演练的项目就达 42 项，几乎展示了震后应急防灾的全部内容，社会公众、志愿者参与了避震疏散、自救互救等科目。在 2004 年 9 月 1 日的大规模演练中，日本首相亲自举行模拟新闻发布会，发布地震紧急警报。随后，各部门及多达百万的群众就如何抢救伤员、清除障碍、抢修道路、运输物资、实地灭火等紧急情况进行真实演练。有些演练并不给参加者提供任何信息，完全由参加者临场应变，不能到现场的公众可借助电视及网络收看活动。2015 年在纪念日本神户大地震 20 周年防灾演练中，测试了警报分发系统、手机指引系统和专用无线电通信系统，政府通过防灾无线广播通知全体市民演练开始，市民参与演练时完全按照“市民要领”严格受训。

（2）专项性演练。一是海上应急演练。日本海上保安厅每年都要在东京湾举行海上应急演练。每年演练科目基本相同但也会结合装备技术进步、国内外局势和气候变化做调整。除专项性演练外，海上防灾知识普及是重要科目。海上演练面向公众开放，综合演练会邀请公众参加。目的是让公众亲身体验海上突发事件，掌握基本知识，以维护海洋环境，确保海上和海岸线民众生命财产安全。二是核事故应急演练。日本针对核事故频发现状，除印发核应急材料，组织核电厂参观，举办核应急知识竞赛、核安全文化演出外，还会组织核事故与突发事件应急演练。三是公共卫生突发事件处置演练。如高知县卫生部门每年都举行针对传染病和食品药物中毒突发事件的演练等。此外，街道社区、企业、学校、农村及地方自治团体等都要定期组织各种主题的防灾演练，包含消防、医疗、排险等不同内容。

3.2.3 英国应急演练现状

英国应急管理的建设与发展由来已久，并且在应急准备、应急预案编制、应急资源、应急救援等应急管理工作的建设上成绩斐然。同时，政府对灾害应急工作的重视，促使英国无论政府机构、企业单位还是社会个人都对突发事件灾害的预防、救援和处置等应急能力的提升非常重视，长久以来形成的习惯使英国政府把应急演练工作提高到日常生活应急管理的层面，并且形成了基本完整的体系和模式。

《国民紧急状态法》是英国应急演练工作的重要依据，该法规定“第一类应急响应机构（应急职能较强的机构）必须将应急演练和培训计划列入各自的年度计划中”。无论政府部门还是企业单位均要积极响应国家法规要求，应急演练工作已深入人心，成为管理者日常考虑的重点工作之一，且频繁开展，取得了良好的成果。英国的中央政府和各级地方政府均会指定本级政府的演练计划，同时，英国政府在双边或多边关系（西方八国集团、北约、欧盟）的基础上积极参加国际性的大型应急演练。在国家层面，针对应急演练设立了专门的“政府应急演练计划”，针对事故灾难、自然灾害、反恐等领域的破坏性突发事件，开展跨层级、跨区域、跨领域的多次综合性协同演练，该演练计划用于严格检验从国家到区域再到地方、从政府到相关部门的协同应急能力。在地方层面，地方政府和应急管理服务机构制订本层级的应急演练计划，用于检验和测试应急管理机构、应急救援队伍的行动能力和反应水平。

英国是以地方政府为主，实行属地管理的应急管理体制，只有在涉及较大规模的灾难事故时，中央政府才会根据突发事件发生所在地的地方政府的要求提供帮助，并且其主要职责是对相关工作和涉及的部门进行协调，因此，英国的各项应急演练活动都是以地方政府或企业为单位举行。当地方政府和当地企业单独举行应急演练或联合相邻地区政府和企业举行跨地区联合演练时，参与应急演练的部门一般为地方政府、警察部门、消防部门、医疗救护部门、健康与安全署、环保署、食品与环境研究机构、政府洗消服务机构等。各部门具有明确分工，当企业内部举行应急演练活动时，也可邀请这些部门和机构参与配合，以提高演练的真实性和演练效果。

3.2.4 德国应急演练现状

自2004年起，德国开始开展2年1次的跨州演练。跨州演练是以全国性危机防御为目标，涉及联邦层面、州层面和关键基础设施运营方、国际相关方等诸多参与方，是一种跨部门、跨地域的大型功能演练。德国的跨州演练通过科学研判、注重实效、周密组织、高度仿真的功能演练，提高了国家危机管理的整体能力，是一个标准化、规范化的演练样本。

德国有专门负责组织跨州演练的常设部门——演练办公室，演练办公室除专职人员外，还包括联邦和州警察、救援部门的主要领导人。由于涉及部门众多，组织难度非常大，一场实施时间为36小时的演练，需要先确定演练主题，然后用3个月的时间与所有参演方协商，制定一个基础方案，再利用10个月的时间确定更详细的场景和细节，在召开多次研讨会后，确定最终脚本。随后演练进入为期2个月的执行期，在进行一次不涉及演练核心内容的桌面演练后，各方优化自己的工作机制和流程，最后进入为期36小时的正式演练。演练之后，还要进行为期4个月的评估总结工作。

跨州演练的科目，是通过对近期可能发生的灾情进行严格的风险研判和灾情评估而定的，通常在演练结束不久就发生了相关的灾情。例如内政部通过数据分析得出德国有大面积停电的风险，2004年举办了“大面积停电叠加恐怖袭击”跨区域演练，2005年在明斯特地区就出现了停电一星期的状况；2007年开展了“针对流行病疫情叠加经济危机”的演练，2009年德国就发生了“甲流”事件。此外，德国应急演练体现出几个特色：演练前不预先告知参演部门和领导人员演练的流程和细节；布置多个虚拟媒体场景，制造逼真的模拟媒体材料，产生适当的媒体压力；演练中实时评估参演人员的行动。这些设置极大地增加了演练的真实度，也增加了演练的难度。

3.2.5 国外应急演练启示

以美国、日本、英国、德国为代表的发达国家在长期探索、实践、改进应急演练工作的过程中，形成了相对先进且具有本国特色的应急演练体系，可为我国应急演练的开展提供参考借鉴。具体包括以下方面：

（1）加强应急演练制度规范建设。从主要业务技术特别是其应急能力评价工具视角看，应急演练的核心价值在于建立完善的制度规范体系。一方面，基于大量演练实践形成切实可行的应急演练标准、规范和指南，从需求分析、策划设计、组织实施、评估总结等方面提出要求和标准，真正让演练组织单位有期待，让演练设计主体有抓手，让参与演练主体和观摩主体有收获。另一方面，要充分挖掘演练的附加功能，不能为了演练而演练，可通过演练探索建立政府部门、行业或企业、社会组织应急的标准流程、处置规范和工作范式，甚至细化到工段、班组、岗位，即尽可能形成操作程序或手册，最终形成可复制的管理模式、工作指南和规范标准。

（2）加强应急演练辅助设施建设。一方面，要加强综合性应急救援培训演练基地建设，为开展多灾种、多部门、多功能的综合性应急演练培训提供平台，同时为危化品事故救援、建筑施工坑道救援、建筑物坍塌救援、高层建筑火灾事故救援等专业应急救援处置训练提供基础。另一方面，要有效发挥应急管理信息化平台对应急演练的辅助作用。以典型突发事件为蓝本，结合现场视频图像、地理信息与仿真场景，再现突发事件的发生和演变过程，以及应急响应中人员部署、物资调度、指挥协调等多角色分工合作的事故处置场景，使参训者体验式“走进”虚拟事故应急中进行事态分析、应急指挥与资源配置等，真正实现实训教学、交互处置和演练评估。

（3）多举措提升应急演练实效。应加强应急演练业务知识培训，提高各级政府部门、单位、基层组织的认知水平，强化演练意识。要继续推广、深化“双盲”演练等创新性演练形式，在演练情景设计上合理注入随机信息，既保证演练组织有序、演练保障到位、演练安全风险可控，又避免照本宣科、重“演”轻“练”。此外，自然灾害、事故灾难、公共卫生、社会安全等各类突发事件都可能对社会公众造成伤害，因此要提高公众在应急演练中的参与度。

还应注意的是，应急演练不可简单照搬国外先进模式，要与本国认知、理念、业务能力和经济水平相匹配。因此，我国应将国外经验本土化、专业化、品牌化，逐步形成体系完善、功能健全、持续发展的中国特色应急演练体系。

3.3 我国应急演练现状及发展趋势

3.3.1 应急演练实践的总体情况

应急演练作为检验、评价和提升应急管理能力的一个重要手段，是应急管理的基础性工作。我国零星开展应急演练也很早，但明确要求和规模化推进不过十余年，总体上来看，经济条件好、发达程度高的地区，演练组织开展得多、接受认可度高。随着我国应急管理理念的转变，各级政府对应急演练重视程度的不断提高，我国应急演练实践呈现出逐层深入、逐步规范、逐渐完善的特征。

应急演练由政府、重点行业领域向基层、全行业领域深入。“十一五”规划期间，防灾减灾领域主要针对自然灾害重点城市群和其他重点城市开展巨灾演练，安全生产领域的应急演练主要在各级政府和部分高危行业企业中开展。“十二五”规划期间，安全生产领域推动实现了高危行业领域中央企业应急演练全覆盖，并且重点关注高危行业领域重点应急救援队伍的培训演练；突发事件应急领域开始推动社区、企业、学校、人员密集场所普遍开展疏散逃生、应急避险等方面的群众性应急演练。目前，应急演练工作已基本实现从国家到基层的行业领域全覆盖。

应急演练制度的完善使得应急演练工作越来越规范。从 2008 年至今，国家相继发布《突发事件应急演练指南》（国务院应急管理办公室应急办函〔2009〕62 号）、《生产安全事故应急演练评估规范》（AQ/T 9009—2015）、《公共安全　演练指南》（GB/T 38209—2019）、《生产安全事故应急演练基本规范》（AQ/T 9007—2019）、《信息安全技术　网络安全事件应急演练指南》（GB/T 38645—2020）等文件和标准，地方也结合区域应急管理工作实际，出台相应的办法和指南，例如：北京市出台了《北京市突发事件应急预案管理办法》（2017 年修订）、《北京市突发事件应急演练实施指南》（2011 年 9 月 21 日发布）；浙江省出台了《浙江省突发事件应急演练组织与实施指南》（浙应急办函〔2010〕25 号）等，进一步细化和规范了应急演练工作的开展。国家安全生产应急管理“十三五”规划将完善预案体系作为重点任务，明确提出“编制应急演练评估标准，完善应急预案演练制度，规范应急预案演练，提高演练效果”，进一步推进了应急演练的规范化。

应急演练保障方面的投入使应急演练工作逐渐完善。各级应急平台的建设和完善为综合性应急演练和桌面、实战相结合的混合演练提供了有力保障，物联网、大数据、人工智能、5G 移动通信、GIS 等现代信息技术及先进科技手段的应用优化了应急演练的指挥、通信和记录方式，重特大事故应急演练情景库的构建为应急演练方案设计提供了可靠素材，国家、省、市、区级应急救援培训演练基地的建设和完善为应急救援队伍的专项演练提供了良好的条件，面向公众的培训演练和自救互救体验馆的建设进一步提高了公众培训演练的成效。上述方方面面的保障日益完善，促使应急演练工作不断优化。

3.3.2 应急演练实践的重要成效

在应急预案体系建设的探索和完善过程中，我国的应急演练实现了从“体现成效的展示性导向”到“发现问题的检验性导向”的转变，在演练实践上也取得了突出的成绩，主要体现在以下四个方面：

一是应急演练理念的转变。一方面，更加突出全灾种、大应急的演练思路，既分灾种分行业开展针对性的演练，也在情景构建中考虑多灾种的耦合场景；另一方面，逐渐摒弃过去演练就是练救援的传统思想，实行防、抗、救全过程的推演。

二是应急演练机制的完善。发挥应急管理部门的综合优势和各相关部门的专业优势，以演练促联动，不断完善跨领域、跨层级、跨地域的应急联动机制。一方面，由各级政府牵头组织的辖区内多部门、多主体、多阶段综合性应急演练越来越多，演练的实用性和实战性也得到了强化，提高了上下贯通、左右联动的应急处置实战技能。另一方面，跨区域、跨部门的重特大突发事件应急演练工作得到加强，部门间、地区间、行业间、军地间的协调联动水平得到进一步的提高。

三是应急演练形式的创新。“双盲”演练、混合演练、情景复盘等演练形式的出现，使得应急演练更加贴近实战，并实现不同演练形式的优势互补，极大地提高了演练成效。在多个地区的应急演练中，实现了桌面推演与现场处置相结合、线上远程观摩与线下应急行动相结合、情景构建与实战实练相结合、多层级与多线条相结合，用低成本、短时间、高效率的方式提高了演练的参与度，实现了检验行业应急管理能力、锻炼救援队伍处置能力的目的。

四是应急演练手段的丰富。科技发展、理论研究和实践总结推动了应急演练手段上的创新和发展。一方面，应急管理体制改革以来形成的监测预警“一张图”、指挥协同“一体化”、应急联动“一键通”等大数据、大平台优势在多地的应急演练中得以发挥，物联感知、卫星感知、航空感知、视频感知等途径扩大了应急演练现场信息的获取范围，智慧协同的应急管理大数据应用平台不仅提高了应急演练组织实施的效率，同时也为大型综合性应急演练提供了有力的技术支撑。另一方面，应急通信技术的不断突破，解决了公网断电等部分极端条件下的应急通信保障问题，为应急演练前方现场指挥部与后方应急指挥中心的信息互通、情况展现、指令传递提供了更强有力的保障。

3.3.3 应急演练实践的突出问题

应急演练本身的价值不言而喻，但在认知、理念、业务能力和经济水平的综合影响下，应急演练的成效难以保证。虽然我国在应急演练理念、机制、形式和手段等方面取得了一系列突出成就，但仍有不少问题亟待解决，主要包括以下几方面：

（1）演练过程不够规范。按照 PDCA 循环法，一个完整的演练项目包含策划、实施、评估和改进四大阶段，为使演练达到提升应急能力的作用，每个阶段在演练项目中都是不可或缺的。但从我国目前应急演练的开展情况来看，演练需求分析不到位、演练方案不全面、演练评估落实差、演练总结不深刻等问题仍然存在。由于演练基础理论与应急业务能力的限制，当前我国多数演练属观摩演示型“演”的监管规范层次。尤其在应急演练评估方面，虽然应急演练评估机制早已提出，但由于评估方法、评估标准的缺失，应急演练评估工作一直以来未真正落到实处。演练评估大多采用的领导讲评式或专家点评式的演练评估，难以真正发现应急能力具体缺陷并给出改进建议。

（2）演练计划性不足。目前，根据辖区、管辖行业领域、单位实际情况提前制订演练计划的部门、单位、基层组织并不多，常常是迫于形势发展需要、临时性安全问题、上级要求而组织应急演练，缺乏主动性和计划性。应急演练意识不足，缺乏严谨的策划和有力的组织，往往造成演练过程问题重重，缺乏真实性和有效性，存在比较严重的“走过场”现象，演练做了不少，但同质性、低水平重复的多。

（3）演练内容不够全面。在演练情景设定上，多针对单一突发事件类型，对次生灾害场景的设计较少或过于简单。在演练需求定位上，立足突发事件应对全方位、全过程应急能力检验的综合演练较少，演练遵循预先编制的脚本照本宣科，对综合研判、决策指挥能力的检验不足。

（4）演练保障有待加强。在经费保障上缺乏财政预算，演练经费申请和筹措较为仓促。在人员组成上缺乏专业的人才，多为临时指定人员负责演练工作。越是小型的生产经营单位，保障不足的情况越是突出，与实际需要相差甚远。此外，随着应急演练的不断深入，应急演练场景中经常出现高空、水下、地下、深山、高温等极端条件，极端条件下通信设备设施、录像设备等的可靠性仍是制约应急演练成效的关键因素。

3.3.4　我国应急演练的发展趋势

3.3.4.1　情景构建理念不断深入

重大突发事件情景构建是支撑应急准备能力建设的一种方法和思路，广泛应用于公共安全领域的应急预案体系管理、应急演练设计、应急体系规划等应急准备行动。近年来，情景构建技术在应急管理领域的研究和应用中发挥着越来越重要的作用，以情景构建为应急准备重点的工作已成为欧美发达国家应急管理体系中最重要的组成部分，我国关于应急管理系统化工作的研究也逐渐从传统的“预测—应对”模式向“情景—应对”模式转变。

以灾害情景构建为主线的应急预案管理流程，更为明确风险评估、预案编制、应急演练等各环节的目标任务，确保预案更为实用。通过构建灾害情景，更为直接获取灾害可能造成的破坏及损失信息，从而更为精准获知灾害所需的保障资源，为制定预案提供了参考依据；而且情景还能为应急演练提供更为真实的环境感受，确保有关演练更为简练和直接，去掉不必要的程序化内容，以保证实战指导意义。虽然在我国大多数地方政府和企业的应急演练中，情景构建理念还停留在演练情景设想的初级应用水平，还未形成规范、完善的“情景—任务—能力”逻辑框架，但随着我国情景构建理念、方法、技术相关研究的不断深入，情景构建理念在各级应急演练中的应用将会越来越深入和成熟。一方面，政府领导的情景构建技术攻关成果将为情景构建理念的深入应用提供坚实的基础。2015 年，国家安监总局将“重大事故情景构建及应急演练关键技术”作为年度科技攻关技术，开始开展重大事故情景构建、应急演练与评估技术研究。随着研究的深入，我国重大事故情景构建系统、应急预案数字化技术及系统、应急演练与评估系统的逐步优化完善，《重特大生产安全事故情景构建技术导则》《安全生产应急准备评估指南》等指导性文件的陆续出台也将为基于情景构建的应急演练和评估提供重要参考。另一方面，学术研究领域针对如何利用情景构建技术更好地设计应急演练方案进行不断的探索和研究，而这些研究成果也将进一步促进情景构建理念在应急演练实践层面的应用。

3.3.4.2 信息化水平不断提升

当前正处于现代信息技术普遍和深入应用的时代，移动互联网、大数据、云计算、物联网、人工智能等新技术蓬勃发展，由此形成的“互联网 +”“智慧 +”等信息化理念在应急管理领域的应用越来越广泛。2019 年，国家应急管理部在应急管理科技和信息化工作会议上要求推进应急管理科技信息化工作跨越式发展。一是要树立“围绕实战、贴近实际、服务实战”理念，实现网络通信互联互通，数据共享共用，加快建设应急管理大数据中心和云计算平台，实现应急管理一张图和应急业务基础支撑，构建应急管理科技信息化支撑体系，夯实发展基础；二是要填补风险感知和网络空白，健全风险监测预警体系，补齐应急指挥通信“最后一公里”短板；三是要推进风险智能研判预警水平、智能辅助指挥水平、装备现代化水平、监管监察现代化水平、本质安全生产水平上台阶，提升服务应急管理现代化水平。随着应急管理科技信息化工作的逐步深入，应急演练信息化水平也将不断提高。一方面，应急演练的内容必将涉及对应急管理信息系统可靠性的检验；另一方面，信息技术的发展也将推动演练情景设计、演练评估、演练开展形式等多方面的发展，促使应急演练的实效性不断提高。

3.3.4.3 演练规模进一步扩大

应急演练规模主要体现在事件类型等级、演练区域范围、演练功能范围、演练人员数量等方面。一方面，在防范化解重大风险的指导思想下，我国对重大突发事件情景构建的重视程度越来越高，如：自然灾害领域的破坏性地震、特大洪涝灾害、暴雪，事故灾难领域的化工园区火灾爆炸、长输油气管线泄漏、大面积停电、民航空难等，公共卫生领域的不明原因传染病疫情、输入性突发急性传染病疫情等，社会安全领域的大规模网络信息安全、大规模群体性事件等。重大突发事件应急演练往往涉及跨区协同演练、全过程演练以及大规模人员参与，演练规模庞大。另一方面，信息技术的发展使得跨区域、多部门、多线条综合演练成为现实，虚拟现实技术催生的“沉浸式”模拟演练进一步丰富了演练场景，信息技术、虚拟现实技术等技术的发展都将使应急演练规模进一步扩大。

3.3.4.4 通信保障需求不断提高

通信是应急实战和应急演练中的重要保障。一方面，通信系统作为现场信息获取和应急指令下达的媒介，是每一场应急演练的必检项目。我国对应急能力要求的不断提高，极端条件应急演练和大规模应急演练也将成为演练重点，这对应急演练参演人员、演练控制人员、演练评估人员等应急演练组织间通信保障的多样性和可靠性提出了更高的要求。另一方面，应急演练过程记录正朝着全过程、全方位、影像化的方向发展，这一趋势也对无人机等先进信息传输、演练记录装备通信保障提出了新的需求。

4

应急演练的分类与内容

应急演练是对实际突发事件应对过程的模拟，包括常规的应急处置流程和设定的关键事件。开展应急演练是为了检验体制机制、应急预案、应急队伍、应急装备物资、应急基础设施等各项应急准备能力，从而发现问题和薄弱环节。通过开展以应急预案为核心的演练、评估与改进，在检查相关应急职能部门与人员的准备情况和综合应急能力的同时，应急预案本身也能够获得接近于实战的检验，为预案的进一步修订和完善提供科学的依据。应急演练的类型多种多样，演练的内容也极为丰富，需要根据演练目的合理选择演练形式与内容。

本章首先结合国内应急演练实践经验，介绍了实战盲演、混合演练、情景复盘三种最典型应急演练形式的特点和应用实例；随后，根据突发事件应对前、中、后三大环节的具体任务，详尽阐述应急演练的具体内容和演练要点。

4.1 常用的应急演练形式

按照不同方式划分的演练类型在内容上相互交叉，从应急演练实践来看，基于不同标准所划分的各种类型应急演练通常是以相互组合的方式开展。从我国应急预案演练工作相关文件通知和各省、市、地区及企事业单位的演练计划来看，我国各级应急演练尤其强调演练要贴近实战以达到真正检验应急能力的目的。因此，应急演练常以实战为主，且实战盲演因其在提高演练实效方面的突出优势得到越来越广泛的运用。同时，出于对降低演练的人力及时间成本、丰富演练内容、提高演练成效或其他方面的考虑，在实际应急演练工作中常常采用多种形式有效融合的混合演练。此外，情景复盘作为突发事件应对能力分析和宣教科普的有效工具，逐渐成为应急演练的重要补充形式。

4.1.1 实战盲演

实战盲演即“双盲”突袭式应急演练（简称“双盲”演练），是指在不预先通知演练时间、地点和事件类型的情况下检验政府职能部门及企事业单位应急响应联动的协调、组织、控制及处置能力的应急演练活动。“双盲”演练是情景带动式演练，它的组织遵循“四不原则”，即不预先告知具体的演练时间、地点与科目，不预先编排演练脚本，不预先集结演练队伍，不预先进行合成演练。广东、贵州、四川等多个省份早在2012年就开始探索“双盲”演练这一演练形式，其中，广东省是最早大范围开展“双盲”演练的省份，在演练组织方式探索、演练经验积累、演练成果转化等方面取得了突出的成效。2014年，全国安全生产月活动组织委员会办公室、国家安全生产应急救援指挥中心印发《关于深入开展2014年全国安全生产应急预案演练活动的通知》(安组委办〔2014〕7号)，正式将“双盲”演练作为应急预案管理暗查暗访工作的重要形式，随后“双盲”演练在各级综合演练、专项演练中扮演着越来越重要的角色。

“双盲”演练的主要特点包括：演练难度高，实战性强；高度重视信息报告、现场指挥、协同联动和舆论引导；基层单位先期处置和协助处置作用明显；演练准备过程相对普通实战演练简单，成本相对较低。“双盲”演练最大的特点就是在参与者不知情的情况下进行，这种类型的演习因为更加贴近真实情况，所以会将问题更直观地展现出来，对于检验和评估面对突发情况时相关单位的应对方式以及应变能力有重大意义。

4.1.2 混合演练

混合演练是指将不同演练形式有机结合的应急演练。例如，将综合演练和专项演练融合，在综合演练中突出重点专项应急响应功能，这既能检验应急预案流程科学性、应急方案内容合理性、应急队伍协调联动高效性等综合性内容，又能根据需要重点考察特定应急响应功能，达到全面检验、重点考察的效果；将桌面演练和实战演练结合，在培训和预演阶段采用地图推演、沙盘推演、计算机模拟等桌面演练形式，在正式演练阶段采用实战演练形式，或是将实战演练中难以布置的演练场景和难以实现的演练情景用可视化技术展现，这样既能节约成本，又能通过虚拟与现实交互的全方位体验提高演练实效；将检验型演练和示范型演练结合，在检验型演练开展前，先开展应急队伍展示、应急装备技术展示与应用演示、专业处置示范等示范型演练内容，再开展正式的检验型演练，既能同时达到示范和检验的目的，又能在演练前进一步熟悉演练的重点内容，使演练过程更加顺畅。应急演练实践中广泛采用混合演练，实现不同演练形式的优势互补，既有指挥部层面的桌面推演，又有通过应急指挥平台开展指挥调度、队伍拉动、现场处置的实战演练，对战略层面的决策指挥、战术层面的一线处置、现场指挥部与总指挥部前后联动等内容均可有效检验。

混合演练的特点表现在多形式的融合，在充分了解不同演练形式特点和实际演练需求的基础上，采用最佳方式有效融合不同演练形式，能够使混合演练充分发挥不同演练形式的优势，达到“1+1 ＞ 2”的效果。

4.1.3 情景复盘

情景复盘是一种基于历史案例的演练活动，它通过还原历史突发事件发展和应对的总体过程和核心特征，剖析、归纳和总结事件发展演化中的关键要素和重点问题，以达到问题分析、教育警示等作用。情景复盘利用突发事件的历史案例设计事件情景，进行有覆盖全过程又重点突出的复盘演练，能够实现三方面的效果：一是促进系统思考。以“全景回放”的方式重新回顾突发事件发展变化的过程及演化规律，打破专注于某些事件片段或某个事件处置阶段的学习方法，帮助促进系统性、全局性的思考。二是促进深度分析。基于事件全貌来分析和理顺不断变化和相互作用的主要因素，发现事件变化的关键点，深入分析应急响应过程中的限制或障碍因素，进而帮助识别和弥补应急能力短板。三是提高宣教成效。情景复盘通过真人真演、动画模拟及其他情景可视化方式呈现，真实、生动的复刻使人印象深刻，并且情景复盘形成的影像资料便于广泛分享和反复学习，进而扩大宣传的深度和广度。

情景复盘以案例为基础、实景还原的特点，决定了这一演练形式在检验应急预案的效用、发现应急管理短板、提高教育警示成效等方面的优势。但这种演练方式需要从环境维度、事件维度、管理维度来描述事件状态、时空环境和应急管理过程，既要实现全过程、全方位的展现，又要突出事件演化的关键节点，对演练设计的要求较高。

4.2 应急演练的内容

在突发事件应对过程中，存在一些必需的功能和任务，这些功能和任务既是应急预案的核心要素，也是突发事件应急演练的基本内容。主要包括应急准备、应急监测与预警预备、会商研判、应急呼应、应急指挥、通信保障、现场处置、疏散安置、医疗保障、现场管制、舆情管控、现场恢复等。应急演练过程主要是按照应急预案要求完成上述功能和任务的部分或全部内容。

4.2.1 应急准备

应急准备是指为预防突发事件发生、控制突发事件后果所进行的灾前准备工作，可概括为应急体制机制建设、应急制度体系建设、应急能力体系建设三个方面。虽然应急准备并不属于突发事件应急救援工作的内容，却是各项突发事件应急救援工作开展的基础，是突发事件应对的根本支撑，因此也是应急演练中的重要一环。应急准备能力的检验一般通过影像展示、音频介绍、与其他任务融合等形式在应急演练中体现。

4.2.1.1 应急体制机制建设

应急管理体制机制是应急管理体系的基础，通过构建统一指挥、专常兼备、反应灵敏、上下联动应急管理体制，建立健全统一指挥、反应灵敏、协调有序、运转高效的应急管理机制，可不断增强应急管理工作的系统性、整体性、协同性，最大程度发挥中国特色应急管理体系的优越性。

（1）应急管理体制。

应急管理体制是应对突发事件的组织架构，是影响应急管理效率最为关键的因素。我国遵循统一领导、综合协调、分类管理、分级负责、属地管理为主的基本原则，建立统一指挥、专常兼备、反应灵敏、上下联动的中国特色应急管理体制。在应急演练过程中，应急管理体制的检验主要通过影音介绍展现，并在各项应急救援任务的演练中得以体现。应急管理体制的主要内容包括：

①应急管理组织架构。在政府层面，一是县级以上地方各级人民政府成立专门的应急管理部门，乡镇（街道）等基层政权组织设立专门的应急管理办公

室，负责统筹辖区日常应急管理工作；二是建立由总指挥部、专项指挥部、专家组构成的政府应急指挥机构，县级以上地方各级人民政府设立由本级人民政府主要负责人、相关部门负责人、驻当地中国人民解放军和中国人民武装警察部队有关负责人、乡镇（街道）等基层政权组织负责人、驻当地关键应急保障单位（如当地供电局、当地主要通信运营商等）负责人组成的突发事件应急指挥机构，统一领导、协调本级人民政府各有关部门和下级人民政府开展突发事件应对工作，根据需要设立相关类别突发事件应急指挥机构，确保每一类突发事件均有与之对应的组织、协调、指挥机构，同时设立安全生产与突发事件应急专家库；乡镇（街道）等基层政权组织建立由本级人民政府主要负责人、地方人民政府派出机关负责人、驻当地中国人民解放军有关负责人、驻当地关键应急保障单位、基层组织代表组成的突发事件应急指挥机构，在上级总指挥部或专项指挥部的指导下组织辖区突发事件应对工作。

在单位和基层组织层面，一是设立专门的应急管理办公室，统筹本单位或本组织的日常应急管理工作；二是建立由本单位或本组织主要负责人、内部部门科室负责人、内部应急队伍组成的应急指挥机构，在政府和上级单位或组织的指导下组织本单位或本组织突发事件应对工作。

②应急管理队伍。在政府层面，各级人民政府应根据经济社会发展需要，以及辖区人口数量、经济总量、监管对象数量、应急管理工作任务等实际情况，按照人岗相适的原则配齐专职或兼职应急管理人员，建立完整的应急管理队伍，负责日常应急管理工作；各类指挥部应指定总指挥官和副总指挥官，并明确现场指挥官任命机制，建立完整的应急指挥队伍，负责突发事件应急指挥工作。在单位和基层组织层面，各单位或组织应配备专职或兼职应急管理工作人员，明确突发事件应急指挥人员。

③应急管理责任。在宏观层面，按照“统一领导、综合协调、分类管理、分级负责、属地管理为主”的原则，明确人民政府的统一领导责任，应急管理部门的综合协调责任，行业领域主管部门的分类管理责任，基层政权组织的属地管理责任。在微观层面，明确各级党政机关、行业领域、部门单位、基层组织主要领导的应急管理责任，形成完善的应急管理责任体系。

（2）应急管理机制。

应急管理机制是应急管理机构的连接和运行方式。只有建立与应急管理体制相适应、统分结合的应急管理工作机制，才能促进应急管理机制与应急管理体制形成有机整体。在应急演练过程中，应急管理机制的检验主要体现在各项应急救援任务的演练中，同时也会通过影音介绍展现。应急管理机制主要包括以下内容：

①风险防控机制。建立并落实风险调查评估和隐患排查治理双重预防制度，建立风险隐患清单，实行风险分级管控机制。

②监测预警机制。科学布设风险监测网点，建设人工监测、系统监测相结合的全灾种监测预警体系，提升多灾种和灾害链综合监测能力与早期识别能力。

③会商研判机制。健全会商研判制度，明确牵头部门，定期组织风险、形势分析预判；重点时段加强预判、预测，指导做好预先防范工作。

④信息共享机制。健全信息互通共享机制，建立常用报警呼救平台与相关部门的信息分发推送机制；完善突发事件信息公开、发布等制度，积极回应社会关注。

⑤分级响应机制。明确应急响应级别与启动响应层级，细化分级响应程序，做到快速响应；落实突发事件应对处置的属地责任，加强对地方应对处置工作的指导，并做好上下级响应衔接以及应对处置工作。

⑥指挥调度机制。健全应急决策和集中指挥机制，强化扁平化应急指挥与调度机制；完善应急救援力量登记备案和应急值守制度，建立政府部门与相应专业救援队伍间的指挥调度机制。

⑦协调联动机制。理顺应急管理机构与行业主管部门、专项应急指挥机构的协调联动机制；依托区域合作，制定一体化的突发事件防范与应对工作目标，落实协同联动责任，强化区域间的协调联动机制；推动军民融合，强化军地协调、需求对接和资源共享，推进应急管理机制与国防动员机制的有效衔接，完善军地应急联动机制。

⑧物资管理机制。完善救灾物资储备、调拨、紧急采购等制度和资金保障机制；健全突发事件应急征用补偿、损害赔偿机制，鼓励社会力量参与；健全应急物资保障运行机制，强化横向协同、纵向联动，优化应急物流通道，提高应急物资调运效率。

⑨调查评估机制。建立健全自然灾害和生产安全事故调查评估制度和调查处理整改落实情况督办制度，及时开展监督核查，推动措施责任落到实处。

⑩恢复重建机制。统筹制订恢复重建规划和优惠政策，充分发挥保险机制

的事前防灾防损和事后经济补偿作用，完善风险分担机制。

4.2.1.2　应急制度体系建设

应急管理制度是应急管理体制机制有效运行的保障。在应急演练过程中，应急管理制度体系的检验主要通过影音介绍展现，并在各项应急救援任务的演练中加以体现。应急制度体系主要包括法律法规、标准规范、应急预案三大方面。

（1）法律法规。

根据中共中央、国务院印发的《中共中央国务院关于推进安全生产领域改革发展的意见》和《中共中央国务院关于推进防灾减灾救灾体制机制改革的意见》，中共中央办公厅、国务院办公厅印发的《关于推进城市安全发展的意见》《关于深化消防执法改革的意见》和《关于全面加强危险化学品安全生产工作的意见》，制定和修订与风险管控、自然灾害防治、应急预案管理、应急救援队伍建设、应急物资储备等突发事件应对配套的规章制度，建立以宪法为依据、以《突发事件应对法》为基本、以单行法律法规为支撑、相关法律法规共同规范的应急管理法律法规体系。

（2）标准规范。

完善各项应急能力建设标准规范，主要包括：应急预案编制、演练与评估规范，应急避难场所、应急平台建设标准与管理规范，应急疏散和救援以及危险源、危险区域等各类应急标志标识设计与应用规范，值守应急工作规范，突发事件现场指挥官工作规范，现场处置监督管理制度，第一响应标准，突发事件损失报送程序和标准，突发事件损失评估标准，突发事件总结评估规范，等等，完善应急管理体系标准化建设。

（3）应急预案。

对于特定的突发事件，首先，要形成“纵向到底”的预案主干，即从基层组织到乡镇（街道）、区、市、省、国家形成对应的专项应急预案，保证该突发事件发生发展过程中的每一个事件等级均有与之相对的应对方案；其次，要建立“横向到边”的预案分支，即针对该突发事件应对过程中可能引发的次生事件、涉及的关键应急保障工作（主要包括通信保障、电力保障、水源保障、医疗救助保障、应急运力保障等）有对应的专项应急预案；再次，要完善“具体到点”的预案末梢，即对该突发事件应对的每一环节设有针对性的专项或部门预案；最后，要理顺纵向、横向、点之间的衔接机制，形成科学完备的应急预案体系。

4.2.1.3 应急能力体系建设

应急能力是应急管理体制运转效率的集中体现，党的十九届三中全会明确提出，要加强、优化、统筹国家应急能力建设，构建统一领导、权责一致、权威高效的国家应急能力体系。检验应急能力是应急演练的最主要目的，对应急能力的检验体现在各项应急救援任务的演练中，同时也会通过影音介绍展现。应急能力体系主要包括风险防控能力、应急救援能力、科技支撑能力、社会协同能力。

（1）风险防控能力。

风险排查与管控是预防突发事件的前提基础，首先，牢固树立风险管理理念，推动应急管理从事后应对向风险管理转变；其次，应坚持“分类指导、分级管控”原则，细化明确风险分级管控要求，精准施策；最后，应积极推进安全风险网格化管理，加强执法能力建设，强化执法保障，确保风险管控措施有效落实。

监测监控是预防突发事件、快速启动应急响应的有效手段，需整合相关部门资源，构建天空地一体化监测预警体系，逐步实现自然灾害、事故灾难、公共卫生事件、社会安全事件风险的实时综合监测，提高风险感知、早期识别和风险防控的处置能力。

宣教培训是有效应对突发事件的重要保障，一方面，要强化应急管理队伍培训，培养应急管理专业人才队伍，提高各级领导干部应急管理的意识素养、政策水平、理论和实战能力，尤其要关注基层领导干部的初期响应能力建设，加强基层的监测预警、信息报告、协调配合、个体防护等基本能力建设；另一方面，要完善公民安全教育体系，推动安全与应急宣传进企业、进农村、进社区、进学校、进家庭，加强公益宣传，普及安全知识，培育安全文化，开展常态化应急疏散演练，支持引导社区居民开展风险隐患排查和治理，持续推进“第一响应者”的基层培训，提高全民公共安全意识和应急的实战技能，构筑防灾减灾救灾人民防线。

（2）应急救援能力。

①应急队伍建设。以综合应急救援队伍为主力。坚持队伍建设正规化、专业化、职业化方向，建设一支政治过硬、本领高强、作风优良、纪律严明的中国特色综合性消防救援队伍，全面提高防灾、减灾、救灾和保障安全生产等方面的能力。

以军队应急专业力量为突击。推动军民融合，将民兵预备役、国防动员应急保障力量和驻当地部队核化应急队伍等专业应急队伍纳入地方应急力量体系，联建共用，发挥其在城市应急救援行动中的重要支援作用。

以专业应急救援队伍为协同。重点推进自然灾害、危险化学品、建筑、林业、电力、通信、交通、运输、供水、供气、环境监测、特种设备、防汛抢险、水上搜救、卫生防疫、食品药品安全、轨道交通、港口等行业领域专业应急救援队伍建设，健全应急救援队伍相互支援与联动网络，提升特殊环境和恶劣条件下的生命搜救、紧急医疗、特种设备和危化品抢险、疫情处置、应急通信保障等核心应急抢险救援能力。

以社会力量为辅助。依托企事业单位和社会力量，采用共建、合作等方式将具有专业知识、技能和装备的企业应急队伍、社会组织、志愿者组织纳入应急队伍。同时，鼓励和推动公众参与应急志愿服务，建立应急志愿者后备队伍，发挥各类社会力量在专业救援处置、人员抚恤、心理干预等方面的积极作用。

以制度机制为保障。既要完善人员配置、装备配备、日常训练、后勤保障、评估考核、指挥调度、补偿奖励等配套管理制度，推进应急救援队伍标准化建设，又要建立各类应急力量联训联演、联勤联动常态化机制，发挥好各方面力量的协同作用。

②应急资源保障。首先，要有机有效整合防灾减灾、安全生产、消防救援、公共卫生等各方面应急资源，充分利用好已有存量资源，编制应急物资储备规划；其次，要建设区域性应急物资储备中心，完善应急物资分级储备机制，构建实物储备、市场储备、生产和技术能力储备相结合，以市级应急物资储备为核心，以区和区域性应急物资储备为支撑，以市场储备、能力储备为基础，以社会捐助、捐赠和家庭储备为补充的应急物资保障体系；最后，健全各项保障机制，重点健全应急物资保障运行机制，优化水、陆、空应急物流通道，提高应急物资调运效率，逐步完善应急物资征用补偿机制，鼓励社会力量

参与。

（3）科技支撑能力。

①科技创新体系支撑。科技创新是引领发展的第一动力。应急管理科技创新需按照“需求导向、面向实战，前瞻部署、创新驱动，补齐短板、自主要求、开放合作、协同创新”的基本原则，加强在重大基础理论、核心关键技术、先进装备设备、科技创新动能、科技创新队伍、科技创新基地、合作交流等方面的发展与建设。

在重大基础理论研究方面，主要包括三大方面：一是灾害与事故致灾成灾理论，研究灾害与事故形成、演变与致灾理论，分析灾害形成机制，构建灾害演进模型，探索致灾成灾机理，重点突破重大复合型灾害与事故的形成、演进、转化与致灾机理；二是灾害与事故风险识别评估理论，研究构建多灾种、多尺度的灾害与事故风险判识与评估理论体系，构建灾害与事故风险感知、判识、模拟、预测与评估理论，重点突破重大灾害与事故风险早期感知识别、时空演变模拟、定量分析评估等理论与方法；三是次生灾害与事故风险防控与应急管理，研究灾害与事故风险精准防控、灾情科学研判、应急救援与决策指挥理论，构建面向灾害与事故全过程的风险科学研判、资源快速调配和人员多维保护于一体的重大灾害与事故风险的综合防控与应急管理理论体系。

在核心关键技术研发方面，主要包括七个板块：一是灾害与事故风险感知识别，包括灾害与事故风险信息感知、智能识别、快速分析与协调处理等关键技术。二是灾害与事故风险模拟预测，包括灾害与事故情景模拟及预测等关键技术，构建全灾种、全要素、全过程风险时空演变模拟与预测技术体系。三是灾害与事故监测预报预警，包括多灾种、灾害链、复合灾害事故的多时空尺度风险早期探测、灾害预报预警、灾情动态监测等关键技术。四是灾害与事故综合防控，包括“自然—生产—经济—社会—人文协同”的灾害与事故风险隐患智能识别、风险链精准阻断、风险隐患精准防控等关键技术。五是灾害与事故损失评估，包括重大灾害与事故灾情快速研判、损失快速评估、灾情综合评估等关键技术。六是灾害与事故应急救援，包括灾害与事故应急救援需求精准预测、智能调度指挥、高效现场处置与实战化调练、救援人员安全防护等关键技术。七是灾害与事故综合风险管理，包括灾害与事故风险区划、重大复合灾害事故风险链综合防范、巨灾风险转移等关键技术。

在先进装备设备研制方面，重点关注四大领域：一是灾害与事故感知，重点研制致灾因子与灾变过程观测设备，灾害与事故高精度、智能化探测与监测预警装备。二是灾害与事故精准防控，重点研制高危场所无人智能作业装备，矿山井下高速交互智慧解危装备，灾害与事故风险超前探防、智能探测装备与机器人。三是灾害与事故应急救援，重点研制灾害与事故轻量化、精细化、模块化、智能化系列专用应急救援装备与机器人。四是重大火灾高效扑救，重点研制超高层建筑、地下空间、长大隧道、大型综合体、石油化工、森林重特大火灾系列专业扑救装备。

在科技创新动能培养方面，首先，要通过政策引导和支持，努力扩大高校及科研院所的自主权，激发开展应急管理科技工作的积极性和创新力。其次，要围绕应急管理实战需求，统筹谋划应急管理科技创新力量布局，推动设立急需领域的科研机构，补短板、强弱项、求实效，切实提升应急科技支撑能力。此外，还要突出科技企业在科技研发、成果转化、产品研制的主体作用，发挥各级应急管理系统管理人员、专业技术人员的应用作用，推动应急管理科技创新发展。

在科技创新队伍建设方面，坚持人才是第一资源的思想，探索适合应急管理科技创新，有利于科技人才队伍的管理体制机制，打通人才流动、使用、发挥作用中的体制机制障碍，加强高层次创新、青年科技、实用技术等方面的人才队伍建设，造就世界水平的科学家、科技领军人才、高水平创新团队，加大科技人才奖励激励力度，推动形成一支规模适当、结构合理、素质优良的应急管理科技人才队伍。

此外，还应推进科学与工程研究类基地、技术创新与成果转化类基地、基础支撑与条件保障类基地建设，同时加强国际国内合作交流，为科技创新体系建设提供支持与保障。

②智慧应急科技支撑。大数据、云计算、物联网、人工智能等关键技术日新月异，为提高应急管理的科学化、专业化、智能化、精细化水平提供高效技术手段。将上述关键技术与安全生产、防灾减灾、应急管理的业务场景深度结合，建设统一的全国应急管理大数据应用平台，可形成应急管理信息化体系的“智慧大脑”，提高监督管理能力、监测预警能力、救援指挥能力和社会动员能力。

A. 监督管理科技支撑。

基于安全生产监管信息化工程（一期）建设的业务系统，针对新的业务需求，需进行补充建设和升级改造，提升监督管理效率和水平，有效降低重大生产安全事故的发生。一方面，通过建设完善隐患排查治理信息系统，推动企业自查、自改、自报，汇聚企业风险管控、隐患排查治理等制度建设和落实情况，实现对企业日常管理全过程记录和动态分析评估，利用大数据分析技术，让企业开展自查自改自报信息，以及对监管执法业务数据智能化分析，实施分级分类差异化监管执法。另一方面，全面推广安全生产执法系统建设，推动在线执法常态化，提升执法精准化、智能化水平；推广应用智能执法终端，加强图像识别、语义分析等人工智能技术应用，实现风险隐患自动识别、执法标准智能关联、执法文书自动生成，减轻基层执法重复填报数据的负担。

B. 监测预警科技支撑。

升级改造自然灾害综合监测预警系统和安全生产风险监测预警系统，新建灾害综合防治系统，形成并完善从全国到区域、单灾种和多灾种相结合的多尺度、分层次风险监测预警体系。

通过物联感知、卫星感知、航空感知、视频感知、全民感知等途径，构建全域覆盖的感知网络。一是自然灾害感知系统建设，通过对接地震、气象、地质、水旱等既有灾害监测业务系统，对相关信息进行接入综合，感知汇聚各类自然灾害风险数据。二是安全生产感知系统建设，通过接入各省既有安全生产监测系统，感知汇聚企业安全生产风险数据。三是城市安全感知系统建设，通过接入各省既有消防安全相关系统，感知汇聚城市安全风险数据。四是全民感知系统建设，通过网络信息采集和群众主动上报，获取各类以互联网为主要载体的信息资源。

在全方位感知网络的基础之上，一方面，利用应急管理大数据平台汇聚共享各地、各部门感知信息，实现多灾种、全方位、实时动态的风险监测。另一方面，健全国家、省、市、县分级分类监测预警机制，实现风险感知、动态监测、自动预警、应急处置、结果反馈的全流程闭环管理。

C. 救援指挥科技支撑。

一方面，建立完善的业务系统，提升全灾种、全流程突发事件预防和应急处置的智能分析研判水平，为其他各业务功能提供科学、客观、高效的研判分析服务支撑。首先，通过建立集指挥调度、信息发布、预案管理、综合分析研判、辅助决策、总结评估、灾害救助、应急救援子系统于一体的综合信息系统平台，为防灾、减灾和救灾提供及时、有力、精准的支撑，为科学决策指挥提供全面、有效的支持；其次，重点建立单灾种、多灾种事故分析模型，为分析事故影响范围，快速评估事故损失，研判次生衍生事故提供辅助手段；最后，利用大数据分析技术，对突发灾害事故信息、业务系统报警信息和互联网舆情进行综合研判，为打造“一体化”的指挥模式提供辅助决策。

另一方面，构建全方位的终端感知网络，为决策指挥系统分析提供数据支撑。一是应急救援装备感知系统建设，对应急队伍的车辆装备进行物联化升级改造，获取其状态、位置等数据。二是应急救援环境感知系统建设，通过现场感知设备获取现场气象情况、气体浓度、航空视频、三维模型等环境信息，实现对灾害事故现场环境情况的综合感知。三是视频感知系统建设，通过接入各级政府、企业既有视频监控系统和灾害现场临时部署视频资源，构建视频监控、视频指挥、视频会商等功能于一体的感知系统。

D. 社会动员科技支撑。

一方面，利用互联网、微信、微博等移动互联网平台，广泛宣传报道各地应急管理动态，普及防灾、减灾知识，吸引社会公众广泛参与应急管理工作，提高公众防灾避险意识和自救互救能力。另一方面，通过完善和推广值班值守系统、一键通系统，加强对灾害信息员、安全责任人、社会力量的组织管理，充分调动社会公众快速报送灾害事故、风险隐患等信息的积极性，畅通社会动员的渠道，提高社会动员效率。

③应急通信科技支撑。应急通信科技是实现应急管理信息化可持续、高质量发展的必要保证，是应急管理能力现代化发展的重要基石。在总体布局上，应急通信网络可概括为有线信息网、卫星通信网和无线通信网三部分，三张网络通过通信技术实现有机融合，为各类业务终端提供稳定可靠的传输通道。一是应急管理有线网络综合通信和网管建设，主要通过配备应急管理有线信息网骨干网省级节点路由设备，建设统一的网络管理中心，采用分布式架构，实现应急通信系统的纵向、横向分布式部署，各级通信系统通过应急管理有线信息网骨干网实现相互通信，建立覆盖全国各级应急管理部门的应急通信一张网。二是卫星通信网建设，主要包括：建设应急管理部高通量统一接入服务系统、部署车载站和便携站，接入高通量卫星应急通信网，实现应急现场高清视频图像的回传以及百兆及以上高速卫星网络接入；租用天线及射频系统，使用卫星资源为部分区域的远端站提供卫星通信服务；租用卫星主站和卫星资源服务，实现应急管理部中心站与远端站之间的业务传输；建设卫星应急通信综合服务

系统，确保新建高通量卫星应急通信系统无缝接入，实现卫星通信装备统一管理和通信调度。三是无线通信网建设，主要包括：按照“统筹规划、公专互补、固移结合、共建共用”原则，充分利用应急专用无线电频率，在与公安部门沟通协调的基础上，结合应急管理部门通信话务和覆盖需求，采用集约化方式对原有通信网络进行改造、扩容或补盲，满足应急语音通信保障需求；采用宽带通信技术，为重点应急地区或关键设施等建设区域性覆盖的专用宽带数字集群系统，结合 4G、5G 等公共通信网络，满足不同应急场景下图像、视频、数据高速传输、时间校对和位置服务等各类需求，确保全地域、全过程、全天候通信保障畅通。

其中，应急指挥通信体系作为决策者指挥抢险救援的中枢神经，在应急救援中承担着及时、准确传达现场信息的“急先锋”作用，因此是应急通信体系的重中之重。为适应我国特色应急管理体制的要求，应急通信指挥体系需具备应急通信、指挥调度、视频会商、辅助决策等功能，以实现应急指挥扁平化、指挥作战一体化的目标。应急指挥通信装备体系主要包括信息采集、信息传输、现场指挥与辅助保障等四类装备，各类装备的主要功能和装备如下：

A. 信息采集设备主要配备于单兵或固定架设在应急救援现场，实现对灾害事故现场的音频、图像、视频、数据实时采集，通过传输链路回传至现场指挥部 / 前方指挥部和后方指挥部，同时接收指挥部向前方传递的指挥信息，为现场指挥部 / 前方指挥部、后方各级指挥中心做到“第一时间研判、第一时间决策、第一时间救援”提供现场第一手信息支撑。信息采集设备主要包括四类：一是音视频采集设备，如单兵图传、高清摄像机、布控球等；二是无人机设备，包括适用于大范围灾害事故现场空中视频信息采集的机动型无人机，专业化、载重大、续航久的专业型无人机；三是单兵通信设备，包括手持电台、多模融合终端和卫星电话等；四是北斗通信设备，其用于救援机动过程中的通信指挥，分为车载式、背负式、便携式三种。

B. 信息传输装备部署在应急救援现场、现场指挥部 / 前方指挥部、后方指挥部及以上各方的中间区域，其用途是在应急救援现场与各指挥部之间搭建通信传输链路，将现场采集的各类信息回传至现场指挥部 / 前方指挥部及后方指挥部，同时将指挥命令传输至前方应急救援现场，并支持对任务执行情况的实时跟踪与反馈。信息传输装备主要由通信收发终端及通信链路设备组成，包括两大类：一是卫星通信设备，包括卫星便携站、卫星车载站、卫星船载站、卫星机载站和卫星数据终端；二是无线通信设备，包括 LTE 专网基站（LTE 为介于 3G 与 4G 技术之间的一种移动通信技术）、宽带自组网设备、窄带自组网设备和短波电台。

C. 现场指挥装备部署于现场指挥部 / 前方指挥部，其特点是能够快速展开，汇集救援现场至现场指挥部 / 前方指挥部的各类通信链路，将音频、图像、视频等信息统一呈现在指挥终端上，辅助现场指挥员进行决策，并将前方现场的信息经过汇聚后推送至后方指挥部，保持与后方指挥部的通信联络。现场指挥装备即为指挥平台，其由三类装备组成：一是采用拉杆设计、航空防护一体化、开机即用的便携式通信箱；二是采用轻量化指挥调度设计的现场调度台；三是指挥终端，包括与指挥平台配套使用的平板类指挥装备和现场指挥部 / 前方指挥部、后方指挥部的核心指挥装备。

D. 辅助保障装备是通信设备正常工作的基本保障，为各类指挥通信装备提供电力、运输等必要的辅助支持。辅助保障装备可分为供电照明设备和运输设备两大类，前者主要包括便携式应急灯、智能电源箱、UPS 电源箱（不间断电源系统）、便携式发电机等，后者主要指用于各类设备器材运输的助力小推车。

（4）社会协同能力。

新时代社会治理共同体涵盖了党委、政府、公众、社会等不同行为主体，其中，“社会”不仅指社会组织，还包括媒体以及本属于市场领域的企业等主体。社会力量参与是我国“大应急”格局的重要方面，引导社会应急力量有序参与应急管理工作，政府主导、社会协同推进应急能力现代化，使中国特色社会主义制度的优势得以充分展现。

在突发事件应对的各个阶段，社会力量都能发挥其积极作用。在常态风险防控阶段，鼓励社会应急力量重点参与安全知识宣传教育、技能培训和应急演练，协助开展隐患排查和治理，参与风险评估、编制风险分布图、制定应急预案等。在应急救援阶段，注重发挥当地社会应急力量的作用，协同开展专业处置、人员搜救、紧急救援物资运输、受灾人员紧急转移安置、救灾物资接收发放、现场清理、后勤服务保障等工作。在过渡安置阶段，支持社会应急力量开展受灾群众安置、伤病员照料、救灾物资发放、特殊困难人员扶助、受灾群众心理抚慰、环境清理、卫生防疫等工作。在恢复重建阶段，重点支持社会应急力量参与居民住房、学校、医院等民生重建项目，以及参与社区重建、生计恢复、心理康复等恢复工作。

因此，要扎实推进社会应急力量工作创新发展，发挥社会力量的应急协同作用。一是要突出激励扶持，建立健全政府购买服务、考核评估、救援补偿奖励、保险等服务保障政策措施。二是要突出协调联动，完善信息快速上报、力量调用衔接、枢纽型社会应急力量协调等工作机制。三是要突出实战实效，完善训练保障体系，整体提升社会应急力量的管理能力、专业水平和装备水平，引导社会应急力量重心下移到基层。四是要突出规范有序，加强组织领导，强化队伍管理，引导社会应急力量规范有序参与抢险救援行动。

4.2.2 应急监测与预警预备

4.2.2.1 应急监测

突发事件应急监测是对事故现场、事故可能波及区域的气象、有毒有害物质等进行有效监控并进行科学分析和评估，合理预测事故的发展态势及影响范围，避免发生次生或衍生事故。应急监测在救援过程中起着非常重要的决策支持作用，其结果不仅是控制事故现场，制定消防、抢险措施的重要决策依据，也是划分现场工作区域、保障现场应急人员安全、实施公众保护措施的重要依据。即使在现场恢复阶段，也应当对现场和周边区域的大气、土壤、水源等环境进行监测。

应急监测的目标主要包括：气象条件，食物、饮用水卫生，水体、土壤、农作物等中的污染物，可能二次反应的有害物，爆炸危险性和受损建筑垮塌危险性，等等。应急监测工作内容包括：①确定负责监测与评估活动的人员；②整理监测仪器设备、确定监测方法；③设置合适的监测点，对事故发展态势和周边环境进行监测监控；④实时报告监测结果；⑤对土壤、水源等目标进行实验室化验及检验，及时整理监测结果报告。

4.2.2.2 预警预备

预警预备通常指根据监测结果判断突发事件可能发生或即将发生时，依据有关法律法规或应急预案的相关规定，公开或在一定范围内发布相应级别的警报，提前做好准备，并提出相关应急建议的行动。

在常态应急管理工作中，必须建立完善的预警机制，保证在突发事件真正发生之前对可能发生的事故进行预报、预测及开展预先处理。同时，预警作为应急响应的第一步，还必须对接警要求做出明确规定，保证应急响应工作能迅速、准确、有效开展。预警工作主要包括以下内容：

（1）预先明确预警机制。明确规定监测预警的时间范围、空间范围和对象范围；设定预警级别及对应的判断标准；确定通知对象的优先次序、通知人员和通知方式；确定警报解除的标准和程序。

（2）规范接警工作。接警人员一般由总值班人担任，接警人员应做好三项工作：一是问清报警人姓名、单位部门和联系电话；二是问明并记录事故发生的时间和地点、主要危害因素、事故性质、危害波及范围和程度、对救援的要求；三是按规定上报上级人民政府及行业主管部门（必要时可以越级上报），通报当地驻军及可能受到危害的毗邻或者相关地区的人民政府，通知可能受影响的周边单位和社会公众。

当确定进入预警状态后，县级以上地方各级人民政府应按照相关规定，根据即将发生的突发事件的特点和可能造成的危害，选择性采取下列措施：

①启动应急预案。

②加强监测预警。要求有关部门、专业机构、监测网点和负有特定职责的人员及时收集、报告有关信息，向社会公布反映突发事件信息的渠道，加强对突发事件发生、发展情况的监测、预报和预警工作。

③实时分析评估突发事件信息。组织有关部门和机构、专业技术人员、有关专家学者，预测发生突发事件可能性的大小、影响范围和强度以及可能发生的突发事件的级别。

④定时发布信息。定时向社会发布与公众有关的突发事件预测信息和分析评估结果，并对相关信息的报道工作进行管理；及时按照有关规定向社会发布可能受到突发事件危害的警告，宣传避免、减轻危害的常识，公布咨询电话。

⑤准备应急力量与资源。应急救援队伍、负有特定职责的人员进入待命状态，并动员后备人员做好参加应急救援和处置工作的准备；调集应急救援所需物资、设备、工具，准备应急设施和避难场所，并确保其处于良好状态、随时可以投入正常使用。

⑥防范与保护。加强对重点单位、重要部位和重要基础设施的安全保卫，维护社会治安秩序；关闭或者限制使用易受突发事件危害的场所，控制或者限

制容易导致危害扩大的公共场所的活动；确保交通、通信、供水、排水、供电、供气、供热等公共设施的安全和正常运行；转移、疏散或者撤离易受突发事件危害的人员并予以妥善安置，并转移重要财产。

4.2.3 会商研判

会商研判机制贯穿突发事件应急演练的全过程，主要分为三种：

（1）突发事件事先会商研判。在突发事件即将发生前，事件处置牵头部门与其他有关政府部门、相关专家召开会商研判会议，综合有关部门提供的数据信息和相关专家建议，研判突发事件的发展趋势，提出相应防范措施。

（2）突发事件事中会商研判。在突发事件发生过程中，事件处置牵头部门也要及时召开会商研判会议，分析突发事件过程中的各种突发情况，评估突发事件状态，并提出对应措施。

（3）突发事件事后会商研判。在突发事件结束后，要及时召开会商研判会议，判断突发事件是否已经完全结束，人员安置、恢复重建等工作是否完成，现场状况是否满足结束响应的条件。

4.2.4 应急响应

突发事件发生后，各级人民政府及其有关部门、基层组织和单位根据突发事件初判级别、应急处置能力、预期影响后果及其发展趋势进行综合研判，认定达到相应响应级别启动标准的，按规定启动本层级应急响应。对于突发事件本身比较敏感，或发生在重点地区，或重大活动举办、重要会议召开等时期的，可适当提高响应级别。应急响应启动后，可视突发事件事态发展情况，及时调整响应级别。

发生特别重大、重大突发事件，本省相关各级人民政府立即启动应急响应，省人民政府根据情况向国务院或国家相关部门请求支援。省级层面应急响应程度一般由高到低划分为一级、二级、三级、四级，响应分级标准在相关省级专项应急预案、部门应急预案中予以明确。启动一级响应由省突发事件应急委员会主任决定，启动二级响应由各专项指挥部指挥长决定，启动三级和四级响应由牵头部门决定。一级响应由省突发事件应急委员会主任组织指导协调，必要时组织指挥；二级响应由各专项指挥部指挥长组织指导协调，必要时组织指挥；三级和四级响应由牵头部门组织指导协调。对涉及面广、敏感复杂或处置不当后果严重的一般、较大突发事件，不受突发事件分级标准限制，可根据需要启动省级层面相应级别应急响应。以上响应启动程序应根据省级层面应急指挥体制机制变化及时做出相应调整。

地级以上市、县（市、区）人民政府的响应分级，应结合本地实际，参照省级层面响应分级设置，予以明确。

4.2.5 应急指挥

应急指挥是在应对突发事件应对过程中，应急指挥员及其应急指挥机关为达成特定的应急救援处置任务，以应急力量和资源为对象开展的计划组织、协调控制、运筹决策等系列活动。应急救援涉及的工作内容众多，但应急指挥是最关键的内容，也是应急演练的重点内容。

应急指挥涉及指挥者、指挥对象、指挥手段（工具）和指挥信息四大基本要素，这些要素既是开展应急指挥活动的基础，也是应急指挥活动发挥效能的关键。在应急响应和救援处置过程中，应急指挥活动主要包括：

（1）在应急响应初期，根据应急预案规定的响应级别，由指定对象担任指挥人员，建立统一领导的应急指挥机构，以便对事故进行初始评估，确认紧急状态，从而迅速有效地进行应急响应决策、实施应急行动指挥。

（2）在救援处置期间，综合各应急工作组提供的信息，研判当前事故形势及未来事故发展态势，做出应急决策，指挥和协调现场各救援队伍开展救援行动，合理高效地调配和使用应急资源，控制事态发展。

（3）在救援处置结束后，综合研判险情状态，做出险情解除决策，部署善后恢复工作。

4.2.6 通信保障

突发事件应急过程中，应急通信是应急指挥和救援处置的重要保障。应急通信保障体系主要包括两方面：一是构建省市县贯通的应急通信网络保障体系，确保指挥调度扁平高效；二是完善稳定的现场通信保障体系，采用通信保障队与先进可靠的通信技术手段相结合的方式，利用卫星、宽带自组网、窄带通信、4G / 5G 等技术搭建通信保障系统，确保极端条件下应急队伍、现场指挥部 / 前方指挥部、总应急指挥中心通信不断，以保证应急指令准确下达和救援行动及时实施。

突发事件应急通信保障遵循“先重点、后一般”“先抢通、后恢复”的原则，优先保障应急指挥通信畅通。突发事件应急通信保障工作可分为以下三个部分：

（1）通信设施保障。基础电信运营企业组织由运行维护、工程建设及应急机动等人员组成的通信保障队伍前往现场开展应急通信保障，及时抢修损坏电力设施，利用卫星通信、集群通信、车载移动通信等装备搭建空、天、地立体应急通信系统，为应急指挥机构和队伍提供临时通信手段。

（2）通信基站保障。铁塔企业提供基站无线设备及传输设备供电、天线应急挂高等通信基站相关配套服务。

（3）通信设施与基站应急电力保障。当出现计划外的断电情况时，电力企业应优先保障通信设施、基站无线设备及传输设备的应急供电。

4.2.7 现场处置

突发事件应急处置是整个应急管理和应急演练的核心环节。现场应急处置是指突发事件应急救援过程中，按照应急预案规定及相关行业技术标准采取的有效技术与安全保障措施。发生事故后，需要做的工作是在事先准备的基础上，根据事故性质、特点以及危害程度，及时组织有关部门，调动各种应急资源，进行应急处置，以保障人员生命健康和降低财产损失的程度。

4.2.7.1 现场处置的基本原则

突发事件现场处置要根据应急救援工作原则科学施救。应急演练中，现场应急处置内容的策划要严格遵守以下几个原则：①以人为本，减轻危害；②统一领导，分级负责；③快速反应，紧急处置；④协调救助，人员疏散；⑤依靠科学，专业处置。

4.2.7.2 现场处置基本任务

现场处置按实战要求的任务内容进行，事故现场处置基本任务主要有以下三个方面：

（1）控制事态的发展。及时有效地控制事故的蔓延，防止危害的进一步扩大，演练时要按照实战程序控制情景事件的发展。

（2）及时抢救受害人员使之脱离危险。在应急处置行动中，及时、准确、有效、科学地实施现场抢救和安全地转送受害人员，对于稳定病情、减少伤亡、避免更大范围的人员伤害等具有重要意义。

（3）组织现场受灾人员撤离和疏散。演练时，根据预案规定内容，以实战要求及时实施现场人员撤离和疏散。

4.2.7.3 现场处置安排

事故的现场处置需要根据事故类型、特点和规模做出紧急安排。尽管不同事故所需的安排不同，但大多数事故的现场处置都应包括：①设置警戒线；②应急响应人力资源组织与协调；③应急物资设备调集；④针对性的专业处置；⑤人员安全疏散；⑥现场交通管制；⑦现场以及相关场所治安秩序维护；⑧对信息和新闻媒体的现场管理等方面的内容。

总之，现场处置是应急演练过程中最主要的内容，需要做出多方位安排。参与现场处置的各个部门、单位与人员应在现场指挥协调人员的领导下，本着“以人为本”的思想协调行动。通过演练现场处置行动，可以提高应急人员在紧急情况下的应急救援能力，提高现场人员实际发生事故时的逃生能力，加强各级应急组织的突发事件现场处置能力。

4.2.8 疏散安置

应急疏散安置是将危险区域内的人员撤离至安全地带的避难方式。在调查掌握事故周边情况的基础上，制定疏散路线和方向，形成行之有效的应急人员疏散方案，当紧急疏散通知下达后，按方案快速疏散和撤离受影响区域的人员。根据疏散的时间要求和距离远近，可将人员疏散分为临时紧急疏散和远距离疏散。

（1）临时紧急疏散。

临时紧急疏散常见于火灾和爆炸等突发性生产安全事故应急过程中。临时紧急疏散的最大特点在于其紧急性，如果短时间内人员无法及时疏散，就有可能造成严重的人员伤亡。但在紧急疏散过程中，绝不能片面强调疏散速度，如果疏散过程中秩序混乱，就可能造成人员踩踏事故以及车流阻塞现象，甚至导致群死群伤。因此，临时紧急疏散必须关注人们在紧急疏散时的心理和行为特点，兼顾疏散的速度和秩序。

（2）远距离疏散。

远距离疏散的特点是涉及人员多、疏散距离远、疏散时间长。因此，远距离疏散必须事先进行疏散规划，首先通过分析危险源的性质和所发生事故的严重程度与危害范围，确定危险区域的范围；再根据危险区域人口统计数据，确定处于危险状态和需要疏散的人员数量；最后结合危险区域人员结构和分布情况、可用的疏散时间、可能提供的疏散力量、交通工具和所处的环境条件等因素，制订科学的疏散规划。

4.2.9 医疗保障

医疗保障是指调集医疗救护资源对受伤人员采取检伤分类、现场急救、转移救助等措施，同时做好卫生防疫等工作，以最大限度降低人员伤亡程度。医疗卫生保障队伍的主要任务包括：

（1）应急响应。对现场伤亡情况和事态发展做出快速、准确评估，及时制订医疗卫生救援方案，指挥调度现场及辖区内各医疗救护力量启动医疗救助保障工作。

（2）检伤分类。按照“先救命后治伤，先救重后救轻”的原则开展工作，根据国际统一的标准对伤病员进行检伤分类，分别用绿色、黄色、红色、黑色标示轻伤、重伤、危重伤病员和死亡人员。

（3）医疗救助。依据伤员分类，实施相应现场紧急抢救或伤病员转移救助。

（4）卫生防疫。根据防病工作的需要，组织疾病预防控制和卫生监督等有关专业机构和人员，开展流行病学、卫生学调查研究和评价、采样、卫生执法监督，以及相关信息收集、统计等工作，进行科学总结和深入研究，采取有效预防控制措施，防止各类突发事件造成的次生或衍生突发公共卫生事件的发生，确保大灾之后无大疫。

（5）信息统计与发布。收集汇总并上报医疗卫生救援情况和伤病员救助信息，并组织起草和发布医疗卫生救援情况简报。

4.2.10 现场管制

为保障事故现场应急救援工作的顺利开展，在事故现场周围设置警戒区域，实施交通管制，维护现场治安秩序是十分必要的，其目的是要防止与救援无关的人员进入事故现场，保障救援队伍、物资运输和人群疏散等的交通畅通，并避免发生不必要的伤亡。现场管制由事故现场警戒和交通管制两部分组成。

4.2.10.1 事故现场警戒

事故现场警戒是指事故发生后，对事发现场周边实行警戒隔离的安全措施。其任务是保护事故现场、维护现场秩序、防止外来干扰、尽力保护事故现场人员的安全等。事故现场警戒的主要内容为：根据事故现场监测和询问情况，将警戒区域划分为重危区、中危区、轻危区和安全区；在各警戒区设立相应的警戒标志，在安全区视情况设立隔离带，合理设置出入口；严格控制人员、车辆进出。

4.2.10.2 交通管制

交通管制是指出于安全方面的考虑，对区域部分或者全部交通路段的车辆和人员实施疏导、限制或禁止通行等控制措施。交通管制是确保应急处置工作顺利开展的重要前提，其包括三项主要任务：一是根据事件性质、规模和地形地貌，将现场划分为中心封闭区、周边管制区、远端分流区，按不同警戒要求管控现场；二是封闭可能影响演练现场处置工作的道路，开辟救援专用路线和停车场，禁止无关车辆进入现场，疏导现场围观人群，保证现场交通快速畅通；三是根据实际情况在关键道路开设应急救援“绿色通道”，保证应急通信指挥车、应急队伍运输车、装备物资运输车、救护车、人员转移车等应急车辆优先通行。

4.2.11 舆情管控

舆情管控是指在突发事件应急过程中，要加强网络媒体和移动新媒体信息发布内容管理和舆情分析，及时通过权威媒体客观、准确地公布事件及事件应急救援有关信息，与社会公众建立良好的沟通，回应社会关切，迅速澄清谣言，消除社会公众的恐慌心理，避免公众的猜疑和不满，使公众及时了解事件应急救援情况并支持应急救援行动的进行，引导公众依法、理性表达意见，形成积极健康的社会舆论。应做好重大决策宣传解读，深入报道突发事件应对工作的好经验与好做法。

舆情管控有四个关键的环节：一是收集、整理、分析以及核实事件及事件应急救援相关信息，确保信息客观、准确与全面。二是根据实际情况确定信息发布内容、重点和时机。其中，涉及政府秘密、生产经营单位商业秘密以及个人隐私内容要做一定的技术处理。三是确定信息发布渠道，主要包括政府官方媒体、新闻发布会、电视、广播等。四是根据信息发布后公众及救援人员的信息反馈，进行信息后续或补充发布。

在如今这个网络高度发达的时代，突发事件舆情管控工作开展过程中常常面临舆情处置的问题。舆情通常指在突发事件的应对过程中，新闻媒体、社会公众通过各类平面媒体和网络媒体，对于事件本身以及对于管理部门的决策反应和处置行为，表达出并产生一定社会影响的言论。对于突发事件应对过程中出现的舆情，通常有以下几项处置工作：

（1）研判预警。各政府部门对本部门可能引发舆情的突发事件、热点敏感问题，及时搜集掌握有关真实信息，做好应对处置准备，增强工作前瞻性和时效性；舆情应对牵头部门做好网络舆情的日常监控的工作。

（2）快速反应。各政府部门发现相关舆情后，按照应急管理规定时限和逐级报告、双重报告等要求及时上报舆情信息；同时立即启动应急预案，组建专门工作组，制定并落实应急处置措施，于规定时限内以单位或新闻发言人、网络发言人的名义跟帖依法依规告知事实真相、事件处置情况或答疑释惑，及时、有效控制事态，正面、有序引导舆论；此外，在应急处置过程中，还应及时续报有关情况。

（3）分类处置。对媒体出现的相关舆情，在严格执行保密法律法规、新闻宣传纪律等规定的基础上，根据相关工作要求进行分类处置。通常可将舆情分为四类：一是询问、置疑、诉求类；二是对某一突发事件或社会热点、敏感问题恶意传播或炒作类；三是捏造、歪曲或夸大事实，恶意攻击、诽谤，煽动网民闹事或涉嫌网上违法犯罪活动类；四是对推动改革、发展、稳定工作有重要积极意义类。

（4）动态跟踪。各政府部门落实专人对舆情及处置后的事态实行动态跟踪，适时采取应对处置措施，防止舆情危机发生。

4.2.12 现场恢复

现场恢复是指应急处置与救援结束后，在确保安全的前提下，实施有效洗消、现场清理和基本设施恢复等工作。现场恢复是在事故被控制住后进行的短期恢复，从应急过程看意味着应急救援工作的结束，并进入另一个工作阶段，即将现场恢复到一个基本稳定的状态。现场恢复主要包括以下两方面内容：

（1）危险排查与处置。救援队伍对现场进行全面排查，辨识潜在的危险（如余烬复燃、受损建筑倒塌、毒害物质残留等），并采取对应的处置措施，防止事故再次发生。

（2）现场复查和移交。救援队伍对事故现场进行复查，确认无遇险人员、无引起事故的危险因素后，整理器材装备、撤除警戒，做好移交后安全撤离。

5

应急演练的策划与准备

应急演练工作是从演练策划开始的，策划是否科学完善和准备是否充分完备决定了后期的实施、评估和改进能否按预定目标开展，是应急演练能否取得预期成效的基础。在进行正式应急演练前，必须根据应急预案事先对演练相关过程及内容进行详细策划，并编写相应的演练策划方案、演练脚本及其他说明性文件，以将演练策划、演练实施、演练评估与改进几个阶段贯穿起来，保证应急演练真正取得成效。

本章从组织机构的构成、演练策划的步骤和内容、演练脚本的编制方法、演练保障等方面详细介绍了应急演练的前期准备工作，重点阐述了演练需求分析、任务分解、规模确定、方案编制等演练策划的具体内容，详细说明了演练脚本的内容和编制方法。

5.1 应急演练组织机构

突发事件演练的组织机构需要依据对应的应急预案来确定或成立。突发事件应急演练组织机构要成立由相关单位领导组成的演练领导小组，通常下设策划与导调组、宣传组、保障组、技术组、评估组等若干专业工作组，对于不同类型和规模的演练活动，其组织机构和职能可以适当调整。此外，还可根据需要成立现场指挥部。

5.1.1 领导小组

应急演练领导小组负责演练活动筹备期间和实施过程中的领导与指挥工作，包括：确定演练内容、演练形式、演练区域和参演人员，审定演练方案，审批演练重大事项，任命演练活动总指挥与现场总指挥。

演练领导小组组长一般由演练组织单位或其上级单位的负责人担任，副组长一般由演练组织单位或主要协办单位负责人担任，组长、副组长具备调动应急演练筹备工作所需人力和物力资源的权力；小组其他成员一般由各演练参与单位相关负责人担任。在演练实施阶段，演练领导小组组长、副组长可以兼任演练总指挥、副总指挥，负责统一组织、指挥和协调演练涉及的应急决策、人员物资调度、区域外协调联络等工作；现场总指挥负责演练现场各项应急行动实施过程的指挥控制。

5.1.2 策划与导调组

应急演练策划与导调组主要负责应急演练策划、演练方案设计、演练实施的组织协调，负责演练前、中、后的宣传报道，编写演练总结报告和后续改进计划。演练策划与导调组通常由熟悉演练情景应急情况和情景发生地实际情况的人员组成，设策划组、文案组、协调组和控制组。

（1）策划组。策划组分总策划和副总策划，总策划是演练准备、演练实施、演练总结等阶段各项工作的主要组织者，一般由演练组织单位具有应急演练组织经验和突发事件应急处置经验的人员担任；副总策划协助总策划开展工作，一般由演练组织单位或参与单位的有关人员担任。

（2）文案组。文案组在总策划的直接领导下，负责制订演练计划、设计演练方案、编制演练脚本、编写演练总结报告以及相关文档归档与备案等。文案组由演练参与单位的人员组成，成员应具有一定的演练组织经验与突发事件应急处置经验。

（3）协调组。协调组主要负责协调应急演练所涉及的相关单位以及本单位有关部门之间的沟通，负责向各组传达指挥部负责人指令，负责联系和督促各工作组并报告各组救援工作中的重大问题，负责向上一级应急救援部门报告事故情况以及请求援助。协调组成员一般由演练组织单位及参与单位的行政、人事等部门人员组成。

（4）控制组。在应急演练实施过程中，控制组在总指挥的直接指挥下，负责向演练人员传送各类控制消息，解答演练人员的疑问，解决应急演练过程中出现的问题，引导应急演练进程沿着计划方案进行，以达到演练目标。此外，对于重大综合性示范演练或是含观摩人员的演练，控制组还需负责演练内容的解说。控制组的组长称为演练控制人员，可由演练组织单位的负责人或者参演单位的安全主管担任，成员最好有一定的演练经验，也可从文案组和协调组抽调。

5.1.3 宣传组

应急演练宣传组主要负责编制演练宣传方案、整理演练信息、组织新闻媒体和开展新闻发布等工作，其组长一般由演练组织单位宣传部部长担任，成员涉及演练相关单位的宣传部门人员。演练宣传的主要目的包括三方面：一是使参演对象熟悉演练流程和内容，确保演练顺利开展；二是使演练场景内部及周围群众了解演练信息和演练进展，减少不必要的恐慌；三是通过演练期间及过后广泛深入的宣传，加深参演对象、观摩人员、未参与演练与观摩的其他相关宣教对象对同类事件场景应急知识的掌握程度。

5.1.4 保障组

应急演练保障组主要负责应急演练筹备及实施过程中装备物资、场地、经费、安全及后勤保障方案的制订与执行。演练保障组组长和副组长一般由当地安全生产与应急管理部门领导、应急救援指挥中心人员或生产经营单位后勤部门负责人担任，其成员一般是演练组织单位及参与单位后勤、财务、办公等部门人员。

在演练筹备过程中，保障组的主要工作包括：调集演练所需物资装备；购置和制作演练模型、道具、场景；布置演练场地；准备运输车辆等。在演练实施过程中，保障组的主要工作包括：提供演练顺利推进所需的通信、电力保障；维持演练现场秩序，保障人员生命和财产安全。在演练结束后，保障组需负责所用物资的清理归库。此外，保障组还负责演练从筹备到结束全过程人力资源管理及演练经费的使用管理，同时提供演练所需的各种相关后勤保障，并根据需要协助应急演练单位接待领导、专家、观摩人员等。

5.1.5 技术组

应急演练技术组根据演练内容、形式，负责监控演练现场情况及其变化，预测应急演练过程中可能出现的意外情况并给出相应应对方法，制定演练过程中应急处置技术方案和安全措施，并保障其正确实施，确保应急演练正常进行。

技术组组长一般由演练组织单位负有应急管理职责的相关负责人担任或外聘应急专家，必须要有丰富的应急演练经验和应急管理方面的专业知识，其成员一般是参演单位具有相关应急技术和经验的人员。

5.1.6 评估组

应急演练评估组负责应急演练的评估工作，主要包括：设计演练评估方案，对演练准备、组织、实施及其安全事项进行全过程、全方位观察，收集并记录评估所需信息，整理评估结果，撰写演练评估报告，及时提出具有针对性的改进意见和建议。

评估组可由上级部门组织建立，也可由演练组织单位自行组织建立。评估组成员一般由安全生产与应急管理专家、具有一定演练评估经验和突发事件应急处置经验的专业人员、演练组织主管部门相关人员担任，规模较大，演练场景、参演人员较多或实施程序复杂的演练，可设多级评估，并确定总体负责人以及各小组负责人。

5.2 应急演练策划

应急演练策划是指根据年度应急演练规划和应急预案内容，对演练准备、演练实施、演练总结等各阶段中每一个环节的内容和要求进行设计，并形成详细周密的计划，使得演练能够根据策划内容有序进行。应急演练涉及演练目的、演练目标、演练范围、演练规模、参演单位和人员、情景事件及发生顺序、响应程序、评估标准和方法等众多要素，演练策划应在全面考虑所有演练要素的前提下合理设计具体内容，才能保证策划的完整性和可操作性。演练策划遵循一定的程序，首先分析演练需求并确定演练的目的，其次明确演练的具体任务和目标，再次确定演练的规模，最后形成完整的演练工作方案。

5.2.1 确定应急演练需求和目的

应急演练需求分析是指在对区域风险现状、应急管理现状、以往演练记录以及应急预案进行认真分析的基础上，确定本次演练需重点解决的问题、需训练的技能、需检验或测试的设施和装备、需检验和加强的应急响应功能、需完善的应急处置流程、演练需覆盖的范围等内容。

在应急演练需求分析的基础上确定应急演练的目的，明确的演练目的能够使演练方向清晰、演练重点突出，参演人员能够更好地把握行动内容，确保演练的成功举行。

应急演练的目的主要包括以下方面：

（1）检验应急预案，提高应急预案的科学性、实用性和可操作性。

（2）磨合应急机制，强化政府各部门、政府部门与救援队伍、政府部门与企事业单位、企事业单位与企事业单位、企事业单位与救援队伍之间的协调配合。

（3）锻炼应急队伍，提高应急人员在紧急情况下妥善处置突发事件的能力。

（4）教育广大群众，推广和普及应急知识，提高公众的风险防范意识与自救、互救能力。

（5）检验并提高应急装备和物资的储备标准、管理水平、适用性和可靠性。

（6）研究特定突发事件的预防及应急处置的有效方法与途径。

（7）找出其他需要解决的问题。

5.2.2 确定应急演练任务和目标

5.2.2.1 应急演练任务体系

应急演练过程包括演练准备、演练实施和演练总结三个阶段。应急演练是由多个部门和人员共同参与的一系列行为和活动。按照应急演练的三个阶段，可将演练前后应完成的内容和活动分解并整理成20项单独的基本任务，这些任务是应急演练过程中应完成的最基本内容，在演练开展过程中，可根据实际情况，适当增加其他与演练相关的任务内容，但新增内容一定要符合实际需要及应急救援预案的要求。应急演练的 20 项基本任务具体为：①确定演练日期；②确定演练目标和演练规模；③确定演练现场规则；④指定评估人员；⑤安排后勤保障工作；⑥编写演练方案；⑦准备和分发评估人员工作文件；⑧培训评估人员；⑨讲解演练方案与演练活动；⑩记录应急演练人员表现；⑪评估组成员访谈演练参与人员；⑫汇报与协商；⑬编写书面评估报告；⑭演练人员自我评估；⑮举行公开总结会议；⑯通报演练不足项；⑰编写演练总结报告；⑱评价和报告不足项补救措施；⑲追踪整改项的纠正进程；⑳追踪演练目标的实现情况。

5.2.2.2 应急演练目标体系

应急演练虽然是检验应急能力的有效手段，但是由于演练规模、演练真实程度等条件的限制，仅靠一次演练活动难以全面地检验整个应急救援体系的应急能力。应急演练目标体系的建立，是将应急救援工作开展过程中所包含的工作内容和所涉及的工作环节细化成多个具体的演练目标，形成一套系统的目标体系。每次演练活动就一定数量的演练目标进行策划和展开，从而能够分步骤地完成对现有应急能力的检验和改进，保证每次演练质量。应急演练目标体系所包含的 18 种演练目标如下：

（1）应急启动目标。应急启动主要展示通知应急组织、动员应急响应人员的能力。本目标要求演练应急组织不但要采取系列举措，向应急响应人员发出警报，通知或动员有关应急响应人员各就各位，还要及时启动应急指挥中心和其他应急支持设施，使相关应急设施从正常运转状态进入紧急运转状态。

（2）指挥和控制目标。指挥和控制主要展示指挥、协调和控制应急响应活动的能力。本目标要求事故现场指挥人员、应急指挥中心指挥人员和应急组织、行动小组负责人员都按应急预案要求，建立有效的突发事件应急指挥体系，发挥指挥和控制应急响应行动的功能。

（3）事态评估目标。事态评估主要展示获取事故信息、识别事故原因和致害物、判断事故影响范围及其潜在危险的能力。本目标要求应急组织具备通过各种方式和渠道，积极收集、获取事故信息，评估、调查人员伤亡、财产损失、现场危险性以及危险品泄漏等有关情况的能力；具备根据所获信息，判断事故影响范围，以及对居民和环境是否存在长期危害的能力；具备确定进一步调查所需资源的能力；具备及时通知国家、省及其他应急组织的能力。

（4）资源管理目标。资源管理主要展示动员和管理应急响应行动所需资源的能力。本目标要求应急组织具备根据事态评估结果识别应急资源需求的能力，以及整合和调集内外部应急资源的能力。

（5）通信目标。通信主要展示所有应急响应地点、应急组织机构和应急响应人员之间有效联系与通信的能力。本目标要求应急组织建立可靠的主通信系统和备用通信系统，以便与有关岗位的关键人员保持联系。应急组织的通信能力应与应急预案中的要求相一致。通信能力主要体现在通信系统及其执行程序的有效性和可操作性方面。

（6）应急设施、装备和信息显示目标。应急设施、装备和信息显示主要展示应急设施、装备、地图、显示器材及其他应急支持资料的准备情况。本目标要求应急组织具备足够应急设施，且应急设施内装备、地图、显示器材和应急支持资料的准备与管理状况能满足支持应急响应活动的需要。

（7）警报与紧急公告目标。警报与紧急公告主要展示向公众发出警报和宣传保护措施的能力。本目标要求应急组织具备按照应急预案中的规定，迅速完成向周边区域内公众发布有关应急防护措施的命令和信息的能力。

（8）事故控制与现场恢复目标。事故控制与现场恢复主要展示采取有效措施控制事故发展和恢复现场的能力。本目标要求应急组织一方面能及时控制事故源或遏制次生灾害因素，以避免事态进一步恶化；另一方面能在应急响应后期通过清理现场危险有害物质、恢复主要生活服务设施、制定并实施人员返回措施等一系列活动，确认事故威胁完全消除，保护居民健康安全或环境和谐稳定。

（9）公众保护措施目标。公众保护措施主要展示制定并采取公众保护措施的能力。本目标要求组织单位具备根据事态发展、事态危险性质、人群特性等因素选择并实施恰当的公众保护措施。

（10）应急响应人员安全目标。应急响应人员安全主要展示监测、控制应急响应人员面临的危险的能力。本目标要求应急组织具备保护应急响应人员安全和健康的能力，主要强调应急警戒区域划分、个体保护装备配备、事态评估机制与通信活动的管理。

（11）交通管制目标。交通管制主要展示控制交通流量的组织能力。本目标要求应急组织具备管制现场及周边交通流量的能力，主要强调管制分区方案制定、交通控制点设置、执法人员配备和路障清除等活动的管理。

（12）人员登记、隔离与去污目标。通过人员登记、隔离与去污过程，展示紧急情况下人员管理的能力。本目标要求应急组织具备在适当地点（如接待中心）对疏散人员进行污染监测、去污和登记的能力，主要强调与之相关的执行程序、设施、设备和人员的管理。

（13）人员安置目标。人员安置主要展示收容被疏散人员的程序、安置设施和装备，以及服务人员的准备情况。本目标要求应急组织具备在适当地点建立人员安置中心的能力，人员安置中心一般设在学校、公园、体育场馆及其他建筑设施中，要求可提供生活必备条件，如避难所、食品、厕所、医疗卫生与健康服务等。

（14）紧急医疗服务目标。紧急医疗服务主要展示有关转运伤员的工作程序、交通工具、医疗设施和医护人员的准备情况。本目标要求应急组织既要具备将伤病人员运往医疗机构的能力（主要包括检伤分类和伤员转运），也要具备为伤病人员提供医疗服务的能力（主要包括充足的专业医护人员和医疗设施）。

（15）公共信息目标。公共信息主要展示及时向媒体和公众发布准确信息的能力。本目标要求演练组织单位具备向公众发布确切信息和行动命令的能力，即组织方应具备协调其他应急组织，确定信息发布内容的能力；具备及时通过媒体发布准确信息，确保公众能及时了解准确和完整信息的能力；具备谣言控制、澄清不实传言的能力。

（16）全天候应急目标。全天候应急主要展示保持全天 24 小时不间断的应急响应能力。重大事故应急过程可能需坚持 24 小时以上的时间，一些关键应急职能需维持全天候不间断运行，因而组织方应安排两班以上人员轮班工作，并周密安排接班过程，确保应急过程的持续性。

（17）外部增援目标。外部增援主要展示识别外部增援需求和获取外部增援支持的能力。本目标要求应急组织具备及时发现增援需求的能力，同时也考察应急组织与上级政府及其他地区增援机制的建立和运行能力。

（18）文件化与调查目标。文件化与调查主要展示应急过程记录和分析的能力。一方面，本目标要求应急组织能够提供从事故发生到应急响应过程基本结束的详细记录资料，这就要求各类应急组织按有关法律法规和应急预案中的规定，执行记录保存、报告编写等工作程序和制度，保存与事故相关的记录、日志及报告等文件资料，供事故调查及应急响应分析使用。另一方面，本目标要求应急组织具备根据文件资料调查分析事故发生原因并提出应急演练存在不足和改进建议的能力。

一般情况下，以上 18 个目标即是突发事件应急演练目标体系的所有内容。单次演练不要求展示上述的所有目标，但为了检验评估政府及企事业单位应急救援体系应对重大突发事件的能力，应在一定时间内对所有的演练目标进行演练。根据应急演练的目标性质与演练频次的需要，所有演练目标可划分为必要目标、重要目标、备选目标三个层次。

（1）必要目标是应急演练活动的核心目标，直接反映了应急救援体系应对重大突发事件所必须具备的应急能力。应在每一次综合演练中给予充分体现，并要求所有应急相关人员参加。必要目标包括应急启动，指挥和控制，事态评估，资源管理，通信，应急设施、装备和信息显示，警报与紧急公告，事故控制与现场恢复。

（2）重要目标反映应急救援体系的应急响应能力。重要目标在平时的应急演练中不要求全部体现，可根据实际情况在综合演练或功能演练中适当体现，具体需要展示哪些重要目标取决于演练的场景和演练的范围。重要目标包括公众保护措施，应急响应人员安全，交通管制，人员登记、隔离与去污，人员安置，紧急医疗服务，公共信息。

（3）备选目标反映应急救援体系对本区域或本单位内有可能发生的重大突发事件的应急准备能力。备选目标不用经常实施，建议每进行 2~3 次综合演练体现一次。备选目标包括全天候应急，外部增援，文件化与调查目标。

5.2.2.3 应急演练目标的选择

应急演练目标是需完成的主要演练任务及其达到的效果，一般说明“由谁在什么条件下完成什么任务，依据什么标准，取得什么效果”。演练目标应简单、具体、可量化、可实现，每项演练目标都要在演练方案中有相应的事件和演练活动予以实现，并在演练评估中有相应的评估项目判断该目标的实现情况。

应急演练策划组应在需求分析的同时结合已建立的应急演练目标体系来确

定本次应急演练的目标。根据应急工作发展的需要，为满足持续改进处置重大突发事件应急能力的要求，策划组可以适当增添新应急演练目标，但新增应急演练目标应符合下述要求。

（1）新目标应在演练情景事件确定之前确定，以便演练事件符合演练规模的要求。

（2）新目标应当具体，着眼于生产实际。

（3）新目标应叙述准确，避免语义含糊不清。

（4）新目标应可以通过评估准则予以检验和测量。

5.2.3 确定应急演练规模

应急演练的规模指结合实际情况确定的现实可行的边界，演练规模可以小至某个生产装置，也可以大到整个城市甚至整片地域。预先确定应急演练规模，可以更好地对演练资金、演练设施设备及参演人员进行安排和布置，对演练区域人员疏散、交通管制、公众保护措施等进行有效实施，可以确保在现有条件下，对演练做好充分的准备，保证演练活动顺利进行。

确定应急演练规模过程中，需要考虑的因素包括演练目标，演练需要费用预算，生产经营单位可获得的实际资源，情景事件严重程度，演练参与人员技能和经验，演练时间安排，等等。应急演练需要达到的目标越多，需求越多，层次越高，则规模越大，前期准备工作越复杂，成本也越高。应急演练规模主要包括以下要素：

（1）事件类型。根据需求分析结果确定需要应急演练的事件。

（2）地点区域。结合演练、交通及安全等方面的需求，选择一个现实可行的地点区域。

（3）检验功能。列出最需要演练的应急功能、程序和行动。

（4）参演人员。列出需要参与演练的机构和人员。

（5）演练方式。依据法律法规、实际需要及人员具有的经验等因素，确定最适合的演练方式。

5.2.4 编制演练工作方案

演练工作方案是指导演练实施的详细工作文件。演练工作方案由文案组编写，通过评审后由演练领导小组批准，必要时还需报有关主管单位同意并备案。对综合性较强、风险较大的应急演练，评估组要对文案组制订的演练方案进行评审，使演练方案科学可行，最终确保应急演练工作的顺利进行。

根据演练类别和规模的不同，演练方案可以编为一个或多个文件，编为多个文件时可包括演练人员手册、演练控制指南、演练评估方案、演练宣传方案、演练脚本等，分别发给相关人员。对涉密应急预案的演练或不宜公开的演练内容，还要制定保密措施。

（1）演练人员手册。演练人员手册内容主要包括演练概述、组织机构、时间、地点、参演单位、演练目的、演练情景概述、演练现场标识、演练后勤保障、演练规则、安全注意事项、通信联系方式等，但不包括演练细节。可发放给所有参加演练的人员。

（2）演练控制指南。演练控制指南内容主要包括演练情景概述、演练事件清单、演练场景说明、参演人员及其位置、演练控制规则、控制人员组织结构与职责、通信联系方式等，主要供演练控制人员使用。

（3）演练评估方案。演练评估方案内容主要包括演练情景概述、演练事件清单、演练目标、演练场景说明、参演人员及其位置、评估人员组织结构与职责、评估人员位置、评估表格及相关工具、通信联系方式等，主要供演练评估人员使用。

（4）演练宣传方案。演练宣传方案内容主要包括宣传目标、宣传方式、传播途径、主要任务及分工、技术支持、通信联系方式等，主要供宣传组相关人员使用。

（5）演练脚本。演练脚本内容主要包括演练事件场景、处置行动、执行人员、指令与对白、视频背景与字幕、解说词等，可供参演人员和观摩人员使用。由于应急演练脚本详细描述演练全程的具体内容，对顺利推进演练起着重要作用，因此下节将进一步针对应急演练脚本的编制展开介绍。

（6）演练方案。当编制为一个文件时，演练方案除了要涵盖上述五项内容外，还需特别注意明确演练组织协调专员数量及名单、现场工作位置布置及所承担的任务等，以对演练过程进行必要引导，有效组织参演人员协调行动，控制演练各部分按顺序进行，并防止意外事故发生。

5.3 应急演练脚本编制

应急演练脚本是指将演练全过程编写成剧本形式的文件，又称“演练实施计划”或“观摩指南”，对演练程序内容进行详细、通俗的阐述说明，使参演人员清楚明白演练过程，确保演练成功举行。

5.3.1 应急脚本的基本内容

在应急演练脚本的编制过程中，首先应明确脚本的五个要素：目的、演练说明、参与主体、事件和行动。

（1）目的。在进行演练脚本设计时，首先要明确此次应急演练的目的，把握脚本编写的方向，也要让脚本的阅读者和应急演练的参与者对演练的目的有清晰的认识。

（2）演练说明。在很多演练脚本中，演练说明非常重要，起着承上启下的作用。它交代事件的发展进程和处置的进展，便于观摩者对演练的理解。在有的脚本，特别是桌面演练的脚本里，演练说明甚至替代了部分难以实现的场景。例如在某食品安全的演练脚本里，几十名学生出现恶心、呕吐等症状，这一场景就没有真实的模拟，而是通过主持人向大家介绍的。演练说明与电影里的旁白有相似之处，都是为了使观众更好地理解，但它们又存在很明显的不同，旁白可以揭示人物的内心世界，表达心理活动，而演练说明则是很客观地描述上一阶段的结果、现阶段的情况和下一步的行动计划。

（3）参与主体。在指挥者、实施者、保障者、监督者、群众这几类参与主体中，指挥者是整个演练过程的灵魂，一般是领导层，随着事态的发展可能会发生变化。实施者是具体的各项工作的操作人员，包括救援人员、专业技术人员、医护人员等；保障者是保障演练所需资源供应、演练现场秩序维护的辅助人员；监督者负责对整个过程进行监督；群众是应急工作者救助和保护的对象，例如铁路突发事件应急演练中列车上的受困人员。当然由于演练的侧重点不同，这几类参与主体并非都必须出现，例如在停电事故的演练中，如果目的在于考察各电力公司之间的协调配合，受灾群众就不需要出现。

（4）事件。事件是脚本中必不可少的要素，演练脚本一开始就会介绍事件发生的背景，随后的每一步行动都是根据事件的发展情况来安排的，在脚本的最后，事件也会告一段落。

（5）行动。行动是所有参与主体的所作所为，一般来说，演练所关注的就是行动的效率和效果。在演练脚本中，行动的说明与演练说明通常都是穿插的，是整个脚本的主体结构，它包括所有的指令、操作、配合、画面等。

演练脚本的框架一般采取剧幕章节方式，即按照情景事件的发展过程分成若干个剧幕章节，每个剧幕章节又包含若干个小节，每个小节都按一个明确的主题内容来编排，每个主题内容均由开始时间、持续时间、场景地点、场景人物、场景描述、指令与对白等内容组成。另外，为获得更好的演练效果，有的脚本设计完之后会有观摩指南等附件作为相关文档，如果在演练过程中涉及某区域或建筑的结构，通常也会附上相关的地形图或结构示意图。演练脚本的一般内容包括：

（1）演练时间。主要包括演练日期、活动持续时间、每一指令和行动的开始和结束时间等。

（2）场景地点。演练涉及的每一个场景的地点分布，包括控制室、应急指挥中心、救援现场、医疗救护中心等。

（3）场景描述。对每一个场景事件情况、人员行动过程、执行人员职务与姓名等进行视频播放以及解说描述。

（4）指令与对白。通过广播、视频等设备将演练现场的每一项指令、对白及人员行动进行公布。

以上为编写演练脚本时一般应包括的内容，为演练脚本编制内容还应根据现有资源条件以及演练实际情况，适当增加部分内容。附录提供了典型的脚本示例，可供参考。

5.3.2 应急演练脚本的编制方法

应急演练脚本的设计直接关系到这个脚本是否可用，对应急演练的效果产生重要的影响。演练脚本作为应急演练的依据，需要遵循以下设计原则：

（1）可操作性。演练会涉及较多的人力物力，在编写演练脚本时要注意各实施人员之间的配合，既要使应急人员相应的应急能力得到检验和锻炼，又要突出重点，提高效率。同时，演练中所需的各项设备或其他资源必须是可获得的。

（2）针对性。应急演练之前会确定演练的目的，编写演练脚本时要根据目的确定演练的重点，做到主题明确，结构清晰。演练脚本要突出重点环节的设计，全面考虑该环节的各种细节和可能性，以及该环节各参与者的职责和配合，对于非重点环节则可以较为简练。

（3）合理性。首先，时间安排要合理。现实中几天的事件可以压缩到几个小时来进行演练，演练所需要的总时间以及各个阶段所分配的时间要根据演练的重点和事态发展来进行安排，既要保持连贯性，又要有条不紊。其次，参与主体的安排要合理。什么任务由什么部门承担，要与哪些部门合作，都需要在深入思考后合理设计，这样正式演练的时候，参与主体才能各司其职、密切协作，充分发挥自己的作用，提高突发事件应对过程中的处置效率。

应急演练脚本必须主题明确，内容连贯、流畅，有较强的逻辑性。演练脚本的编写有两种基本思路，第一种是按应急监测工作响应程序编排，第二种是按事故情景演变过程编排。

（1）按响应程序编写演练脚本。突发事件应急一般包括预警通知、预案启动、应急待命、应急响应、应急终止等程序与步骤，应急演练脚本可以按此程序与步骤对演练任务分别进行描述，主要描写各个演练阶段起止时间、场景布置、人员动作、情景解说等内容。这一方法比较适用于综合演练脚本的编制。

（2）按事故情景编写演练脚本。有些突发事件演变很快，极短时间内就可能发展到严重状态。因此，演练脚本编写可以直接对事故情景下的某项应急动作进行编排，对预案的某个部分或环节重点演练，同样可以达到锻炼队伍，提高突发事件应急响应能力的目的。这一方法比较适用于动用人力物力少、牵扯面小、灵活机动的单项演练脚本的编制。

演练脚本的编制有多种方法，如表格法、图形法、排序法等。表格法是指以表格形式将演练各场景细节及行动时间等进行记录的文本，内容清楚明了，容易阅读理解；图形法是以图形的形式对演练场景细节进行展示与表述，内容形象生动，但是编制难度较大；排序法是指按照时间或场景重要性的顺序，将演练过程信息一一列举出来的文本格式，内容简单清晰，但是与表格法相比，不易于快速阅读与信息查找。因此，目前演练组织单位普遍采用表格法编制演练脚本。

5.3.3 应急演练脚本编制的注意事项

演练脚本包括演练全过程各个方面的内容，编制时需要考虑多种因素，保证脚本的有效性和实用性，以确保演练顺利实施。演练脚本编制过程中应注意以下五个方面的问题：

（1）保证条理性和完整性。将集中活动场所作为剧幕划分依据，尽量使划分的剧幕涵盖所有应急演练活动，并且各划分剧幕所包含的演练活动没有交叉现象，从而使演练脚本具有条理性和完整性，为演练过程控制打下较好的基础。

（2）保证重点突出和内容翔实。尽量将剧幕内不同内容进行分割，划分成独立小节，明确每个小节的演练内容，统计其需要占用的时间，对每小节的演练要求、要点、具体行为做出描述，从而更清晰地表达演练重点，使每一项应急演练功能内容更具体、任务更明确。同时，便于演练人员更好地了解演练全貌，据此把握策划人员的演练意图，在演练过程中自觉地加强协调联动，促进演练顺利实施。

（3）设置脚本目录。脚本目录是整个演练过程的总纲，对指导各方进行演练活动具有重要作用。参演单位与参演人员可以通过脚本目录快速地了解演练的整个过程，快速地查询相关的演练内容，也使参演单位与参演人员更容易理解、掌握演练策划人员的意图和要求。

（4）明确场景重点人物。演练脚本场景人物应将承担主要应急任务的领导者、指挥者及核心人员列入其中。场景人物的选择不必面面俱到，但关键环节的应急人员必须在脚本中做出明确的安排，这样可使演练过程的控制重点突出，控制更易掌握。

（5）合理设计对白。演练脚本人物对白设计要突出紧急性、用词要符合实战要求，具有真实效果，最好用军事化语言。

5.4　应急演练工作保障

5.4.1　人员和经费保障

演练参与人员一般包括演练领导小组、演练总指挥、总策划、文案人员、控制人员、评估人员、保障人员、参演人员、模拟人员等，有时还会有观摩人员等其他人员。在演练的准备过程中，演练组织单位和参与单位应合理安排工作，保证相关人员参与演练活动的时间；通过组织观摩学习和培训，提高演练人员素质和技能。

演练组织单位每年要根据应急演练规划编制应急演练经费预算，纳入该单位的年度财政（财务）预算，并按照演练需要及时拨付经费。同时对经费使用情况进行监督检查，确保演练经费专款专用，节约高效。

5.4.2　物资和器材保障

应急演练保障组应根据演练需求准备必要的演练材料、物资和器材，制作必要的模型设施等，主要包括：

（1）信息材料，主要包括应急预案和演练方案的纸质文本、演示文档、图表、地图、软件等。

（2）物资设备，主要包括各种应急抢险装备物资、办公设备、录音摄像设备、信息显示设备等。

（3）通信器材，主要包括固定电话、移动电话、对讲机、海事电话、传真机、计算机、无线局域网、视频通信器材和其他配套器材，尽可能使用已有通信器材。

（4）演练情景模型，主要包括桌面演练中涉及的必要模拟场景及装置设施。

5.4.3　场地保障

应急演练组织单位需根据演练方式和内容，经现场勘查后选择合适的演练场地。桌面演练一般可选择会议室、应急指挥中心等场地；实战演练应选择与实际情况相似的地点，并根据需要设置指挥部、集结点、接待站、供应站、救护站、停车场等设施。演练场地应有足够的空间，良好的交通、生活、卫生和安全条件，同时尽量避免干扰公众生产生活。

5.4.4 安全保障

应急演练组织单位应高度重视演练组织与实施全过程的安全保障工作，主要包括以下方面：

（1）大型或高风险演练活动按规定制定专门应急预案，采取预防措施，并对关键部位和环节可能出现的突发事件进行针对性演练。

（2）根据需要为演练人员配备个体防护装备，购买商业保险。

（3）制定演练现场安保措施，必要时对演练现场进行封闭或管制，保证演练安全进行。演练出现意外情况时，演练总指挥与其他领导小组成员会商后可提前终止演练。

（4）对可能影响公众生活、易于引起公众误解和恐慌的应急演练，应提前向社会发布公告，包括演练内容、时间、地点和组织单位，并做好应对方案，避免造成负面影响。

5.4.5 通信保障

应急演练过程中应急指挥机构、总策划、控制人员、参演人员、模拟人员等之间要有及时可靠的信息传递渠道。根据演练需要，可以采用多种公用或专用通信系统，必要时可组建演练专用通信与信息网络，确保演练控制信息的快速传递。应急演练通信系统的保障应注意如下问题：

（1）启用主通信系统及备用通信系统。应急演练过程中，通信交流方面的共性问题是多个无线电通话频率混存，缺乏可协调所有应急响应工作的通信平台。因而，为确保演练时各类信息、指令上传下达的通畅和信息交流渠道的可靠性，演练人员应启用主通信系统和备用通信系统。

（2）保存所有通信信息。演练策划者及组织者应要求所有应急响应机构或组织中负责通信交流的人员保存所有与信息交流有关的文件，包括各类消息和无线电通信日志，以便事后总结经验时使用。

6

应急演练的组织与实施

任何制度、方案、计划的生命力都在于最终能否实施。应急演练组织实施是指组织策划人员在做好策划工作和前期准备以后，根据演练策划方案，通过组织相关资源，执行事先所设定的演练程序和过程。演练组织实施是确保演练活动得以顺利开展、演练过程能够正常进行的关键环节。落实不好演练组织工作，很可能导致演练过程无法有效控制，致使良好的演练策划方案达不到预期目标，甚至使所有演练准备工作功亏一篑。

本章从应急演练动员工作、演练准备确认、演练组织协调、演练启动、演练指挥与行动、演练过程控制、演练解说与记录、演练结束等方面，详细介绍应急演练组织实施各阶段的工作内容、工作要点和工作方法。

6.1 应急演练动员

演练工作组在完成应急演练准备，并对演练组织、演练场地、物资器材、通信、安全等演练保障措施进行最后检查和调整后，应在应急演练开始之前进行演练动员。应急演练动员是指通过各种方式使演练参与人员全面了解演练过程及与自身相关信息，以提高演练积极性和有效性的活动。

演练动员工作主要包含两部分：一是领导小组熟悉演练方案及演练全过程；二是参演人员明确各自工作职责。演练动员工作可通过演练前夕召开演练动员大会来完成，必要时可分别召开演练领导、控制与保障、评估、演练等专项情况介绍会。

6.1.1 应急演练动员大会

应急演练动员大会一般由演练组织单位领导主持，所有参演组织和人员都必须参加，演练动员主要要达到以下几个目的：

（1）说明举行应急演练的原因、目的和意义，使参演组织和人员在思想上引起足够的重视。

（2）提出工作要求，明确任务和职责分工，使参演组织和人员充分做好演练准备。

（3）明确演练牵头部门，给予必要的授权，使演练活动在统一指挥、协调的情况下进行。

（4）确定演练基本原则和要求，如疏散原则、处置要求、通信规则等。

（5）详细说明演练重要细节，如对演练现场管理、安全保障等工作的部署和安排进行说明。

（6）提高参演人员的积极性和对演练的重视，通过各种鼓励措施调动人员积极性，提高人员对演练的重视和关注，以加大演练实施保障力度。

应急演练动员大会将针对演练向参演组织和人员做出全面讲解，是对演练前期准备工作的进一步补充，是对参演人员工作职责的最终确认，能够对应急演练的开展实施起到积极的促进作用。

6.1.2 领导小组工作介绍会

演练领导小组工作介绍会是指由领导小组组长主持、领导小组全体成员参加的会议。该会重点介绍应急演练计划安排，使领导小组熟悉应急预案和演练工作方案，做好各项准备工作。领导小组工作介绍会主要内容包括：①应急演练总体计划安排；②本次演练所依据的应急预案相关内容；③策划的演练工作方案内容；④领导小组所负责的演练指挥、人员任命、重大事项审定与决策等工作。

演练领导小组工作介绍会主要是使领导小组成员对演练进行全面了解，做好相关准备工作，以便把握演练主要动向，对演练过程做出正确判断和指挥，使演练高效、有序地进行。

6.1.3 控制与保障工作介绍会

应急演练控制与保障工作介绍会主要由控制人员和保障人员参加，演练模拟人员和观摩人员也可以参加，了解相关情况。会议详细介绍演练情景事件、现场规则、演练进程等情况，控制人员据此全面掌控演练行动，保证演练安全及行动措施连续进行。控制与保障工作介绍会主要讲解事项有：①演练情景事件清单的所有内容；②所有演练控制人员及联系方式；③各控制人员工作岗位、任务及其详细要求；④有关演练工作的行政与后勤管理措施；⑤演练现场规则，有关演练安全保障工作及措施的详细要求；⑥有关情景事件中复杂和敏感部分的控制细节。

召开应急演练控制与保障工作介绍会的主要目的是向控制和保障人员讲解与其职责相关的工作，保证演练过程始终在可控安全范围内，保证演练能够不间断地按程序进行，保证在出现突发紧急情况时，相关人员做出及时有效的处理。

6.1.4 演练评估工作介绍会

应急演练评估工作介绍会主要由评估组成员参加。会议详细介绍演练过程、情景事件以及演练评估原则、方法等内容，以使评估人员通过介绍会熟悉演练场景，获知有效评估要点。演练评估工作介绍会主要讲解事项有：①演练情景事件清单的所有内容；②演练目标、评估准则、演练规模及演练协议；③演练现场规则，有关演练安全保障工作及措施的详细要求；④评估组成员组成及联系方法；⑤各评估人员工作岗位、职责及其详细要求；⑥评估人员承担某项评估任务所要求的特殊约定；⑦评估方法、评估人员应提交的文字资料及提交时间；⑧评估人员在演练总结阶段应参与的会议。

应急演练评估工作介绍会主要目的是详细阐述相关评估演练场景、评估人员工作相关内容及要求，使评估人员能够对演练过程、人员表现、安全事项等进行全方位观察，记录收集相关信息并对其进行评估，整理总结出有效的评估报告，从而对演练提出针对性的意见和建议。

6.1.5 演练人员工作介绍会

演练人员工作介绍会主要由演练行动实施人员参加。会前向演练人员分发演练人员手册，但是不介绍与演练情景事件相关的内容，而是根据演练策划方案及演练人员手册内容，介绍一些演练人员应该知道的信息，如参与演练的应急组织、演练目标、演练人员各自应承担的具体职责、紧急情况下该如何应对处置、采取模拟方式进行演练行动等。演练人员工作介绍会一般应讲解的内容有：①演练现场规则、有关演练安全保障工作及措施的详细要求；②演练目标和演练范围（应尽量使用通俗语言简要介绍演练目标与演练范围，以避免泄露演练情景）；③演练过程中已批准的模拟行动；④各类参演人员的识别方式；⑤演练开始的初始条件；⑥演练过程中有关的行政事务、后勤管理、联系方式及其他特殊要求。

开展演练人员工作介绍会的主要目的是加强演练人员对自身责任的认识，使演练各项行动按照应急预案和演练方案要求安全顺利实施，做到真正提高演练人员实际应急处置能力，从而达到应有的演练效果。

6.2 应急演练准备确认

演练准备是指为保障演练顺利实施而进行的一系列前期工作，演练准备确认是指在演练开始前对这些前期工作进行检查，确认其准备是否充分、是否满足演练需要的活动。演练准备是演练能否正常举行的必要保障，对演练准备进行确认关系到演练活动能否按期举行、演练过程中安全能否得到进一步保障。因此，演练准备确认工作一定要细致进行。

应急演练准备确认一般包含五个方面的内容：参演人员到位确认，演练所需物资确认，演练技术保障确认，安全保障方案确认和演练前情况通报确认。

6.2.1 参演人员到位确认

参演人员到位确认是指通过检查演练涉及人员情况，确认各参演人员是否各就各位并做好相应的准备工作。所需确认的人员包括演练总指挥、副总指挥、现场指挥人员、控制人员、评估人员、演练人员、观摩人员及后勤保障人员等。参演人员到位确认一般包括三个方面的内容：

（1）参演人员数量的确认。

对参演人员准备情况进行检查和确认时，首先应确认参演人员数量，确保各参演人员数量按照演练策划方案要求全部到位，如果各组织或岗位人员数量未满足方案要求，演练将不能开始。必要时还应确认演练候补人员情况，以应对个别人员因特殊原因而不能参加演练的情况。

（2）参演人员当前身体状况的确认。

确认参演人员数量后，就需要进一步对参演人员身体状况进行检查，确保各参演人员可以参加演练并支撑到演练结束。参演人员身体状况对演练实施有很大影响，应及时替换当前身体状况不佳或不适合参加演练活动的人员，以免影响演练进程。

（3）参演人员对具体职责了解情况的确认。

参演人员对具体职责了解情况的确认是演练准备确认最主要方面，参演人员对各自所承担的演练职责了解程度直接关系到相关行动能否顺利实施。因此，当某些人员对自身相关行动任务及演练情况的了解不满足演练要求时，应及时对其进行培训、教育或替换为其他能胜任的人员。

6.2.2 演练所需物资确认

演练物资主要包括演练过程中的救援、通信、显示器材，交通运输、安全警戒工具，演练涉及人员生活保障设施设备等。与真实应急情况不同，演练活动是按照演练策划方案进行的，物资需求较为明确，物资确认只需要满足演练方案物资需求清单即可。演练所需物资确认一般从两个方面进行——演练所需设备设施数量上的确认和设备设施质量上的确认。

（1）演练物资数量确认。

演练物资数量确认即对演练中所需要动用的设施设备类别、规格及数量进行检查，以保证这些应急物资能够满足演练需求。所要确认的物资大到消防车、应急指挥车、交通运输车等，小到应急人员所穿的衣服、口罩及佩戴的标志等，这些物资的检查结果务必一一书面列出并进行需求确认，对确认数量不足的物资要及时补充，以保证演练所需。

（2）演练物资质量确认。

演练物资质量确认是保证该设施设备能正常使用的关键，对演练物资质量的检查也是为了确认其能投入到演练活动当中。有些器材设备是保障演练安全及演练正常进行必不可少的，如通信器材，一旦在演练过程中失效，就会造成演练指挥人员无法顺利下达指令、控制人员不能有效控制现场等，进而导致演练终止。同时，对于某些核心器材及重要设施，如通信器材、广播工具及安全防护设备等，为防止出现意外情况而失效，还需要配置相应的备用品以保证演练持续进行。

6.2.3 演练技术保障确认

演练技术保障确认主要是指演练通信保障、交通运输保障、医疗卫生保障、环境监测等技术能力的确认。涉及演练技术方面的行动必须由相关领域专家或经过培训的人员负责，演练准备确认时要对这些组织或机构的人员进行技术检查，确认其是否具有足够技术和能力保障相关行动的顺利实施。当检查并确认某些技术保障不满足演练要求时，要及时增加或更换相关人员或设备。

6.2.4 安全保障方案确认

安全保障方案确认主要是确认演练安全相关保障措施的准备是否充分、演练安全保障方案是否符合要求，其主要目的是为参演人员提供符合要求的安全防护装备，并采取必要的防护措施，确保所有参演人员和现场群众的生命财产安全。因此，要使演练成功举行，就必须对演练安全保障方案进行检查并确保其内容合理有效，当发现该方案不能完全保障演练安全时，就需要及时修正，以确保演练安全。

6.2.5 演练前情况通报确认

演练前情况通报是指在演练准备过程中将演练基本情况向相关人员进行通报，按照不同通报对象可分为两类——对参演人员的通报和对外界的通报。

（1）对参演人员的通报主要是提醒参演人员有关演练的重要事项，内容如下：①各参演人员在演练当天就位时间及演练预计持续时间；②事故情景介绍（但不应透露演练过程中的具体情景细节）；③演练现场布局基本情况，现场注意事项；④演练过程中对突发事件的处理方法，包括紧急疏散的路线和集合地点；⑤关键岗位人员的联系方式。

（2）对外界的通报可采取张贴告示、派发印刷品等方式进行。如果演练的规模和影响范围较大，可委托电视、广播、报纸这些专业媒体机构负责演练宣传工作，消除当地民众对演练的误解和恐慌，争取各界对演练的支持、配合。对外界通报的内容如下：①演练开始时间、可能持续时间以及演练基本内容；②演练过程中可能对周边生活秩序带来的负面影响（交通管制、噪声干扰等）；③周边公众应注意的事项。

演练前情况通报确认就是检查上述信息是否按要求通报到位，确认各参演人员及周边群众知道相应信息，避免出现意外情况及伤害事件。如果上述确认情况在演练准备过程中未落实到位，应及时予以通报。

6.3 应急演练组织协调

应急演练组织协调是指控制演练过程，组织参演人员协调实施各项行动，使演练活动按照演练程序协调有序进行。演练组织协调的目的是对应急演练现场进行引导和控制，使演练进程顺利发展，同时确保参演人员安全及维持演练现场秩序。

突发事件应急救援工作涉及的人员非常多，且分布很广，涵盖了公安、消防、交警、医疗、环保、财政、后勤等几乎所有的部门。因此，只有建立起合理的组织协调机制，才能真正实现最有效地利用现有人力资源。结合突发事件应急演练的特点，演练组织协调内容包括两个方面——领导小组协调和组织协调专员协调。

6.3.1 领导小组协调

事故应急救援过程中，协调与指挥同时存在，对于现场指挥人员及责任领导来说，协调与指挥工作就显得尤为重要。应急演练领导小组协调是指领导小组成员根据应急预案及演练工作方案的要求，对演练进行整体把握，协调现场冲突并指挥行动。

应急演练领导小组协调人员应具有相当丰富的事故应急和现场管理经验，能够及时下达有效指令，协调解决演练现场各种事件。演练领导小组协调工作的内容包括：①协调并指导演练过程中的所有应急行动；②对演练现场所有应急资源进行协调分配并调用；③提供管理和技术监督，协调演练后勤保障；④协调信息传媒、通信、医疗等部门的应急工作；⑤对演练现场各部门、人员之间的冲突事件进行协调解决；⑥对演练组织协调人员无法处理的突发问题进行协调解决。

演练领导小组协调是从大局出发，针对演练过程中所有行动实施、资源调用、意外冲突等进行协调，保障演练现场秩序，促使演练按计划进行，保证参演人员安全及演练目标的有效实现。

6.3.2 组织协调专员协调

组织协调专员协调是指从应急演练控制人员当中指派部分人员充当组织协调专员，专门负责演练现场人员行动、措施落实的协调工作。组织协调专员协调工作内容包括：①根据应急预案及演练方案说明书的要求，对演练活动整体程序进行引导，使其向预期方向进行；②在参演人员遇到问题出现停滞时，及时为其进行解惑并提示相关演练行动，以保证演练持续进行；③对演练现场部分演练设备设施的使用进行控制和指引，使各部门参演人员协调合理使用；④对演练过程中所有参演人员的行动进行协调控制，在发生意外情况时，能够及时组织相关人员协调处置。

应急演练组织协调需要充分发挥各有关部门、人员的能动作用，促进其相互之间的协调与沟通，以最小的行动投入取得最大的演练效果。特别是在跨区域、跨单位的大型联合演练中，往往会出现应急人员职能交叉或者空白的情况，这就需要对演练人员进行充分协调，规范协调应急组织及人员的行为，使演练的每一个步骤都得到有效实施。

6.4 应急演练启动

演练启动是指在演练正式开始前举行的启动仪式活动。一般情况下，在应急演练活动开始前，都应该举行简短的演练启动仪式，演练涉及的各组织部门及人员都要参加。通过演练启动仪式向参演人员讲解需要补充说明的相关情况，然后由演练总指挥宣布演练正式开始。突发事件应急演练启动工作的内容包括：①向参演人员介绍演练背景、应急演练的目的及必要性；②进一步说明演练注意事项，强调所有参演人员应按照各自职责各就其位，完成相应行动；③以事先设计好的方式将演练情景呈现给参演人员；④由演练总指挥宣布演练开始并启动演练活动。

演练启动仪式是对演练准备工作的简单补充。演练启动仪式可以提高参演人员的演练积极性以及对自身职责与注意事项的熟悉程度，使演练指挥得当，配合有序，圆满完成任务。演练启动仪式结束后，演练总指挥宣布演练开始，参演人员陆续到达自己的岗位，启动并实施演练活动。

6.5 应急演练指挥与行动

6.5.1 演练总指挥指挥行动

应急演练总指挥主要负责演练活动开始、结束、终止以及演练过程中重要指挥指令的下达，负责演练实施全过程的指挥控制，确保演练安全有序进行。演练总指挥带领演练副总指挥、现场总指挥等所有指挥人员，对演练全过程进行把握和控制。在出现特殊或意外情况时，与副总指挥及其他指挥人员临时会商，迅速做出决策；必要时可调整演练方案，尽量保证演练继续进行。

演练总指挥的指令下达及指挥能力强弱决定了整个演练进程发展方向，关系到演练演示程度及演练活动能否顺利进行。因此，演练总指挥最好具有丰富的演练经验，并在演练开始前已对演练过程十分熟悉，具备从整体考虑与把握实际情况的能力。同时，演练总指挥还应该与其他指挥人员沟通协商、协调行动，保证每一项指令的准确性、及时性及有效性。

6.5.2 演练指挥机构行动

应急演练的应急指挥机构一般有多个，如消防救援指挥机构、医疗救助指挥机构、通信保障指挥机构、物资供应及后勤保障指挥机构等。由演练组织单位自行决定或与当地政府部门商量决定，各应急指挥机构组成演练现场应急处置指挥中心，指挥演练实施。

应急演练指挥行动一般是根据演练策划方案的要求，在演练总指挥及现场总指挥的领导下，由各应急机构负责人指挥，相关参演队伍和人员实施。各应急机构的有效指挥与应急响应处置是演练顺利进行的关键，只有参演人员按照演练程序开展相关应急行动，才能保证演练持续进行以及演练过程贴近实战。

应急演练指挥机构除按演练方案的规定完成上情下达、下情上传等常态指挥与控制外，还应密切关注参演人员的表现，在保证演练方向不偏离演练策划方案设计的整体轨道的前提下，允许演练人员适度、机动地“自由演示”。同时，应急演练指挥机构应与演练总指挥之间相互了解与沟通，协调行动，防止出现应急处置行为交叉或者某些演练活动未开展的现象。

6.5.3 演练控制人员行动

演练控制人员的行动均以确保应急演练方案顺利实施、演练活动得到充分展示以及保证演练现场安全为目标。因此，演练控制人员应充分掌握演练方案，按总策划的要求，熟练发布控制信息，协调参演人员完成各项演练行动。

演练控制人员主要任务包括两方面：一是向演练人员传递控制消息，引导演练进行，控制演练进程；二是向总指挥和现场指挥报告演练进展情况和出现的各种问题，保证演练按照总指挥和现场指挥的指令顺利进行。控制人员的作用主要是通过向演练人员传递消息，提醒演练人员终止对情景演练具有负面影响或超出演练范围的行动，提醒演练人员采取必要行动以正确实施演练，终止演练人员不安全的行为，延迟或终止情景事件的演练。

6.5.4 参演队伍行动

参演队伍是指负责不同演练职能人员的组合，包括抢险救援队伍、应急疏散队伍、医疗救助队伍、各志愿者队伍等。参演队伍是完成各项演练活动的主体，参演队伍行动的好坏决定了演练效果的优劣。

参演队伍的主要任务是根据指挥指令和控制指令实施相关应急演练行动。由于各参演队伍所进行的应急行动不同，可能导致演练过程中各项应急行动的不协调、实施时间先后不连续等情况。因此，参演队伍在实施应急行动时，应尽可能按照演练方案规定的程序，根据演练指挥人员下达的指令及控制人员提供的消息进行，以确保演练过程按计划有序进行。

6.5.5 其他参演人员行动

除指挥人员、控制人员和参演队伍外，参演人员主要还包括参演群众、模拟人员、评估人员及观摩人员四类，各类参演人员之间要相互配合，协调行动，按演练方案要求完成整个应急演练活动。

参演人员在演练过程中，由控制人员控制演练时间和进程，传递指导信息给参演队伍、参演群众及模拟人员，然后由参演队伍、参演群众及模拟人员执行相关演练行动；评估人员负责观察和记录演练场景及人员行动情况，必要时可配合控制人员行动；观摩人员主要在看台上观看其他参演人员行动。各参演人员按照演练策划方案的规定，坚守自己的岗位，履行自己的职责，协调行动，促进演练活动的顺利实施。

6.6 应急演练过程控制

突发事件应急演练过程控制主要指演练指挥人员和控制人员全面了解演练过程，引导演练进程，指导演练行动，安排演练时间，调配演练资源，并且在可能的情况下鼓励参演人员自己解决出现的问题，使演练过程的方方面面始终处于有效控制之下。应急演练过程控制主要包括总体控制和重点环节控制两个方面，演练过程控制水平与演练过程主要影响因素的演练准备情况有关。

6.6.1 应急演练过程总体控制

应急演练过程总体控制应注意以下四个方面：

（1）确定演练控制总负责人。在演练开始前指定演练控制总负责人负责整个演练的协调工作，一般这个总负责人都由演练策划的具体负责人担任，演练总指挥应授予该负责人充分权力。

（2）安排好演练过程控制人员。在演练开始前，演练策划人员应当制订一个完整的演练控制计划，设定控制项目，对应每组控制项目安排一组控制人员。如不同组控制人员分别控制事故现场救援处置活动、救援疏散路线、人员安置、演练通信系统、指挥信息传递、现场音视频信号传输与画面切换等活动，具体分组方式和安排人员数量可视演练规模和演练功能的需要而定。

（3）确定演练后勤保障总负责人。指定演练后勤保障总负责人负责与演练相关但又与演练过程关联不密切的工作，以减轻演练控制总负责人的压力。这些工作主要包括演练准备相关事项的协调、演练场地各种车辆的停放与安排、参加演练观摩相关领导和人员的接待与安排、各类新闻媒体记者的接待与安排、演练场所各类物品的准备、后勤事务的协调等后勤保障工作。

（4）演练进展情况早知晓、早通报。在演练过程中，使用两套通信系统，一套用于演练实战，一套用于演练策划人员和演练控制人员之间联系。演练策划人员可专门设计一套演练控制体系，并对演练控制的有关事项进行约定和规定，如应急队伍是否到达、演练的应急功能是否完成、进入到哪一阶段等。演练控制人员提前将演练情况报告演练策划人员，以便于演练策划负责人及时对演练情况做出判断，并决定相应的调整措施。

6.6.2 应急演练过程重点环节控制

应急演练过程重点环节控制主要包括以下六个方面：

（1）演练关键衔接点控制，主要包括接警与核实环节、事故信息通报环节、人员疏散环节等。

（2）参演队伍到达与初期应急行动控制，主要包括各参演队伍到达后与事发地点管理单位应急演练队伍的衔接，演练初期各项行动的相关工作的控制。

（3）气象状况与环境监测行动控制，主要包括监测人员个体安全防护、当地气象状况及周边大气、土壤等环境的监测工作等。

（4）抢险救援行动所需完成时间控制，主要包括搜救、抢救、抢险、洗消等抢险救援行动。

（5）人员疏散组织控制，主要包括车辆通行、人员集结、撤离安置等。

（6）应急演练终止与结束控制，当出现意外情况或演练活动完成时，由指挥人员商讨决定后宣布演练终止或结束。

6.6.3 影响应急演练过程的主要因素

应急演练过程控制的好坏与演练过程影响因素情况有关，演练过程影响因素考虑周全与否是演练控制程度好坏的关键，演练控制是指演练策划人员通过对演练过程中某些关键环节、要点的掌控，充分协调演与练之间的关系，使参演组织和人员尽可能按实际紧急事件发生时的响应要求进行演练，并使演练的每一个重要环节实现良好衔接，力图达到预期演练目的。

影响应急演练过程的主要因素有以下四个方面：

（1）应急演练策划。不切实际的策划和不完整的应急演练方案都将影响应急演练的效果。如情景事件设定是否符合实际情况，事件处置程序是否正确，参演人员组织是否合理，应急物资和器材是否满足应急需求，等等。这些方面若存在问题，都会导致演练响应程序错误、组织机构不健全、人员分工不合理、应急处置方法不正确等问题。

（2）应急演练前期准备。前期准备不充分将直接导致演练延迟举行，无论是人员、物资，还是演练通报、安全保障等准备工作不到位，都会影响到演练活动的正常开展。

（3）应急演练参演人员素质。演练人员的应急意识，演练队伍的应急反应能力，以及各参演单位之间的协调配合能力，都会直接影响到应急演练进程和演练效果。

（4）通信系统的保障。通信器材的型号、规格、数量是否满足要求，通信器材的性能是否可靠，事发地点是否配备移动通信接收系统、卫星通信接收装备，这些情况将直接影响到演练效果。

6.7 应急演练解说与记录

6.7.1 应急演练解说

演练解说是在应急演练实施过程中，通过广播、喇叭扩音等方式对演练全过程进行同步讲解说明的活动。演练解说应做到内容详细，语言简洁，使演练现场人员能够及时了解相关情况。在大型演练活动中，为了使演练过程清楚地展示给现场人员，必须对演练解说环节进行详细策划和安排，使演练解说工作发挥最大效果。

6.7.1.1 演练解说人员

应急演练实施过程中，演练组织单位应安排专门人员进行演练解说。演练解说人员一般应由策划人员在进行演练方案策划时确定，解说人员可以从宣传组抽调，也可以单独安排专门人员，一般安排男女解说员各一名，解说人员的数量和能力能够达到将演练过程情况完全展示给现场人员的要求即可。演练解说人员应具备以下素质：①普通话标准，口齿清晰；②具有演练解说相关经验或经过专门培训；③熟悉演练过程及演练解说词；④遇到突发情况，善于随机应变并进行合理解说。

6.7.1.2 演练解说的内容和要求

演练解说人员讲解过程应与现场实际情况及显示屏显示内容同步进行，且贯穿演练的整个过程，尽量使演练情节及行动表现等通过语音的形式展现给演练现场人员，使演练氛围得到最佳渲染，演练效果得到充分体现。演练解说的内容和要求主要包括：①演练背景描述；②演练进程解说；③各项行动实施情况讲解；④演练氛围和环境渲染。

6.7.2 应急演练记录

演练记录是指在应急演练实施过程中，通过文本、图片和音像等手段对演练过程进行记录的活动。它有利于演练结束后评估演练实施成效、总结演练经验、进行宣传教育等。演练记录工作一般由演练策划人员安排专门人员进行，通常情况下，文本记录由文案组负责，图片音像记录由具有相关经验的专业人员负责实施。演练记录人员分工由记录小组负责人根据需要记录的内容和所采取的记录方式进行安排，并且在演练准备阶段要做好记录人员的培训教育工作，保证记录内容真实全面、客观明朗。

6.7.2.1　演练记录的方式

演练记录的方式可分为图表记录、顺序列举、图片和音像记录。

（1）图表记录。设计各种图表记录演练的各种基础数据，其特点是直观、明了、容易理解。

（2）顺序列举。将演练各程序、各种处置情况按顺序列举出来，其特点是记录全面、细致、条理分明，便于保存。

（3）图片和音像记录。拍摄音像制品记录演练的重要场景，其特点是可以真实地反映当时的演练情况，便于相关单位或相关人员学习、参考、培训和宣传。

6.7.2.2　演练记录的内容和要求

演练记录主要记录演练实际开始与结束时间、演练过程控制情况、各项演练活动中参演人员表现、意外情况及其处置等。演练记录应满足以下基本要求：

（1）客观性。必须客观地记录各种基础数据、图表或拍摄音像资料，真实地反映演练当时的场景，不得有虚假的成分。

（2）全面性。必须全面地反映演练的各个流程、各分场景、各专业救援力量的响应情况，不得有疏漏的地方。

（3）有效性。图片和音像记录由演练策划方案安排的相关专业人员负责，保证画面角度合适，画质和音频清晰，形成有效的多媒体记录材料。

6.8 应急演练结束

6.8.1 演练结束

演练结束是指正常情况下，按照演练策划方案要求，完成演练程序规定的所有内容，由演练总指挥宣布演练停止的活动。

一般情况下，当所有演练行动实施完毕时，由演练总策划发出结束信号，演练总指挥宣布演练结束。演练结束后所有演练参与人员立即停止演练活动，按预定方案集合，由演练总指挥和相关专家进行演练现场讲评，然后按方案要求组织参演人员疏散撤离演练现场，并组织相关人员对演练场地进行清理和恢复。

6.8.2 演练终止

演练终止又称演练非正常结束，是指在演练实施过程中出现意外情况，由演练总指挥宣布演练停止的活动。演练终止一般要由演练领导小组商讨决定，由演练总指挥按照事先规定的程序和指令终止演练活动。

应急演练实施过程中出现下列两种情况时应终止演练：

（1）出现真实突发事件，需要参演人员参与应急处置，影响演练继续进行时，要终止演练，让参演人员迅速回归其工作岗位，履行应急处置职责。

（2）出现特殊或意外情况，短时间内不能妥善处理或解决，导致演练无法继续进行时，可决定提前终止演练。

演练终止往往带有突发性，容易引起参演人员紧张或不知所措，从而导致场面混乱等。因此，当需要终止演练时，一定要做好人员疏散工作，防止出现伤亡事件。

7

应急演练的评估与总结

应急演练评估与总结是一个应急演练完整过程中不可或缺的环节。演练评估是指在全面分析演练记录及相关资料的基础上，对比参演人员表现与演练目标要求，对演练活动及其组织过程做出客观评估，并编写演练评估报告的过程。从应急准备活动的持续改进过程来看，一方面，应急演练评估可以发现应急演练过程中存在的不足和缺陷，便于评估组织提出改进建议和措施；另一方面，规范化的应急演练评估工作可以提升演练人员的处置能力，锻炼演练单位的协同配合能力，规范演练组织的指挥体系。根据评估结果，总结分析应急准备、应急演练工作存在的问题，有利于实现“演练—评估—改进—演练”的可持续性管理，实现应急准备持续改进的机制，进一步加强和规范应急准备体系的建设规划和实施。

本章阐述了应急演练评估和总结工作开展的基本流程和具体工作内容，重点介绍了应急演练评估指标的构建方法和常用的演练评估方法，旨在为各组织建立规范的应急演练评估总结体系提供参考。

7.1 应急演练评估的流程与内容

突发事件应急演练评估是围绕演练任务和目标体系，对参演人员表现、演练活动准备及其组织实施过程做出客观评价，并编写评估报告的过程。在应急演练评估过程中，演练评估组参照事先编制的演练评估方案，对照演练评估表，细致观察演练活动组织过程及参演人员行动，深入分析演练记录及相关资料，开展演练“目标—差距”分析，得出客观全面的评价。应急演练评估不仅能够发现应急演练组织方面的不足，促使演练组织单位不断优化应急演练的流程与方法，提高应急演练的实用性和适用性，提升其应急演练组织能力；更重要的是，能对应急体制、应急机制、应急预案的科学性和可靠性进行客观分析并提出相应完善建议，引导参演人员思考应急工作存在的问题和改进的途径，进而促进应急能力的整体提升。完整的应急演练评估是一个从评估准备到获取、分析、评价事实，再到提出建议的全过程，其基本环节是评估准备、评估实施和评估总结。

7.1.1 演练评估准备

演练评估准备是应急演练计划和准备工作的重要环节，主要包括创建评估组、制订评估方案、开展评估培训、准备评估材料等方面的内容。其中，创建合理的演练评估组是演练评估工作开展的基础；演练评估方案是演练工作开展的根本遵循，科学完善、可操作性强的演练评估方案是演练评估工作顺利开展并取得实效的关键；有效的评估培训和充分的材料准备是演练评估工作顺利开展的保障。由于演练评估组的创建已在5.1.6小节进行了详细介绍，本节不再赘述。

7.1.1.1 演练评估方案制订

（1）前期准备。

在制订应急演练评估方案之前，演练评估组应做好以下准备工作：

①前期资料收集。主要收集有关法律、法规、标准及有关规定和演练活动所涉及的相关应急预案和演练文件，演练单位的相关技术标准、操作规程或管理制度，相关事故应急救援典型案例资料，其他相关材料。

②分析评估需求。依据演练计划、演练方案等文件，提取有关演练情景、演练任务、演练目标、演练规模等要素，分析评估对象、评估方法、评估人员、辅助手段等方面的需求。

③初步确定评估方案内容。在演练需求分析的基础上，初步确定评估工作的内容、程序、拟采取的方法以及为了有效观察演练所需要的工具、主要技术和人员等。

（2）演练评估方案的内容。

应急演练评估方案能够为应急演练评估工作确立连贯的行动程序和指南，评估方案是编制评估手册或评估指南的重要依据，通常评估方案的内容也是评估手册的主要内容。评估方案应以有关法律、法规、标准、规定和演练活动所涉及的相关应急预案和演练文件为主要依据，参考其他相关资料制定。应急演练评估方案主要包括以下内容：

①概述。演练模拟的事故名称、发生的时间和地点、事故过程的情景描述、主要应急行动、评估人员组织结构与职责等。

②目的和原则。阐述演练评估的主要目的和应遵循的总体原则。

③工作流程。阐述演练评估工作的组织实施过程，主要包括总体工作流程和各部分工作内容。

④评估方法和指标。结合实际情况选择合适的评估方法，遵循科学性、可操作性、目的性和指导性的总体原则，建立评估指标和评估标准。此部分是评估工作的关键，将在 7.2 节、7.3 节进行具体介绍。

⑤评估内容。演练准备和实施情况的评估内容，通常包括应急演练的指挥、决策和执行，信息沟通与媒体应对，以及演练组织行为等方面内容。

⑥信息获取。说明演练评估所需的各种信息类型、获取方式、获取渠道。

⑦组织实施。主要阐述演练评估工作的组织实施过程和具体工作安排，主要包括各评估人员的定点位置、责任区域和具体工作内容等。

⑧附件。演练评估所需相关附件，如主要评估表格及相关工具、关键人员的联系方式、评估人员的位置分布示意图等。

7.1.1.2 评估培训与材料准备

评估培训有两种主要形式：一是 6.1.4 节所述的演练评估工作介绍会，会上演练组织或策划人员介绍演练方案以及组织和实施流程，并可进行交互式讨论，进一步明晰演练流程和内容；二是评估组内部的专题培训会。专题培训会的主要内容包括：①演练组织和实施的相关文件；②演练评估方案、演练单位的应急预案和相关管理文件；③熟悉演练场地、相关演练设施，了解有关参演部门和人员的基本情况，掌握相关技术处置标准和方法；④其他有关内容。

根据演练需要，准备评估工作所需的相关材料、器材，主要包括演练评估方案文本、演练评估表格、演练情况记录表、文具、通信设备、计时设备、摄像或录音设备、计算机或相关评估软件等。

7.1.2 演练评估实施

应急演练评估的实施过程应遵循实事求是、科学考评、依法依规、以评促改的基本原则，具体实施过程可分为实施准备和过程记录两个阶段。

7.1.2.1 实施准备

在应急演练开始前，演练评估人员需提前到达指定地点，根据演练评估方案的安排做好演练准备工作。在实施准备过程中，需要确认以下几点：①评估所需材料和器材齐全，器材性能良好；②评估人员站位准确，能够全面覆盖观察对象，且不影响参演人员行动；③各评估人员均已准备就绪。

7.1.2.2 过程记录

在应急演练开始后，演练评估人员通过观察、记录和收集演练信息和相关数据、信息和资料，观察演练实施及进展、参演人员表现等情况，及时记录演练过程中出现的问题。在观察过程中，最关键的是要尽量站在客观角度去观察，避免先入为主、个人偏见等因素的影响。同时，观察记录过程中，不能做出参与演练、与演练人员交谈等影响和干预演练进程的行为。只有在确保不影响演练进程且有必要的情况下，评估人员才能进行现场提问并做好记录。

每个评估员对演练情况进行准确、细致、全面、完整的记录，对了解参演人员的行动非常关键，这些记录将成为应急演练评估的基础和根据。因此，评估员要善于观察演练，广泛收集数据，并且保留这些原始、准确的观察记录和笔记。总体来说，评估人员至少应当观察、记录各参演人员的以下行为：

（1）监测和评价模拟场景主要事件的情况。

（2）对初始场景采取的行动。

（3）做出的关键决定及收集的信息、做决定的时间。

（4）偏离预案的做法及实施步骤。

（5）缓解突发危急情况的行动和结束的时间。

（6）发出的指令及指挥处置的方式和结果。

（7）是否有预案或程序影响参演者的表现。

（8）演练目标如何实现或者哪些还没有实现。

（9）导致参演者没有达到能力目标或实现关键任务的明显原因或根本原因。

（10）参演者创造性解决问题的活动和改进建议。

（11）参演者之间的沟通。

（12）利用资源的情况。

（13）使用或执行预案、政策、程序或法律法规的情况，以及促使形成结果的任何其他因素。

7.1.3 演练评估总结

7.1.3.1 评估总结的基本形式和内容

演练评估总结主要包括现场点评、参演人员自评和评估组评估三种形式。

（1）现场点评。在演练的一个或所有阶段结束后，由演练总指挥、总策划、专家评估组长等在演练现场有针对性地进行讲评和总结。内容主要包括本阶段的演练目标、参演队伍及人员的表现、演练中暴露的问题、解决问题的办法等。

（2）参演人员自评。演练结束后，由演练单位组织各参演小组或参演人员进行自评，总结演练中的优点和不足，以及演练收获及体会。同时，演练评估人员应参加参演人员自评会并做好记录。

（3）评估组评估。演练结束后，演练评估组负责人应组织召开专题评估工作会议，分析收集的数据（主要包括演练过程中获取的数据信息、现场点评、参演人员自评等），讨论交流意见，明确存在问题并提出整改要求和措施。这一阶段的主要内容包括以下几点：

①总结观察记录情况。首先，由各评估人员按演练时间顺序对每一项评估项目的观察情况、记录情况及其他资料获取情况进行介绍，并初步分析实际情况与计划情况的差别，评述获取数据信息与评估所需数据信息间的差距；其次，汇总各评估员针对各演练评估项目收集到的数据和信息，由评估组一同分析评估人员的观察过程是否符合程序规定，以及观察结果是否符合演练评估的要求；最后，对演练过程中的成功之处和暴露的问题进行总结。

②分析问题根源。检查每一项没有很好完成的关键任务和能力指标，分析参演人员在演练过程中展示的行动和演练目标间的差距，并从主、客观两方面探寻每个事件发生或没有发生的直接原因、间接原因和根本原因。

③形成改进的建议。结合演练目标，针对演练中的重大发现或突出问题、演练任务完成情况以及演练表现，提出在预案修订、组织优化、设施投入、宣教培训等方面的整改建议或改进措施。

7.1.3.2 评估报告的编制

应急演练评估报告的基本特点是全面客观、重点突出。一方面，演练评估报告是对演练情况的总结，也是向参演单位和参演人员就其在演练中的表现提供的反馈与评价，应当详细说明各项演练任务完成的情况和评价结果的客观依据；另一方面，演练评估报告应突出演练的重点、亮点和关键问题，达到全面评估、重点突出、详略得当的总体要求。

应急演练评估报告的内容一般包括以下几个方面：

（1）演练的组织：承办单位、演练形式、演练模拟的突发事件名称、发生的时间和地点、事故过程的情景描述、主要应急行动等。

（2）演练评估过程：演练评估工作的组织实施过程和主要工作安排。

（3）演练情况分析：依据演练评估表格的评估结果，从演练的准备及组织实施情况、参演人员表现等方面具体分析好的做法和存在的问题，并从演练目标的实现、演练成本效益等方面展开分析。

（4）改进的意见和建议：对演练评估中发现的问题提出整改的意见和建议。

（5）评估结论：对演练组织实施情况的综合评价，并给出优（无差错地完成了所有应急演练内容）、良（达到了预期的演练目标，差错较少）、中（存在明显缺陷，但没有影响实现预期的演练目标）、差（出现了重大错误，演练预期目标受到严重影响，演练被迫中止或终止，造成应急行动延误或资源浪费）等评估结论。

（6）相关附件：如评估方法详细介绍、评估表、其他佐证材料等。

7.2 应急演练评估指标体系

科学合理的评估指标体系是全面评估应急演练实施成效的关键。在演练评估准备阶段，演练评估组应召集有关方面和人员，根据演练总体目标和各参演机构的目标，以及具体演练情景事件、演练流程和保障方案，明确演练评估内容及要求，建立详细的评估指标体系。

7.2.1 评估指标体系建立的原则和依据

7.2.1.1 评估指标体系建立原则

一组既独立又相互关联且能较完整地表达评估要求的评估指标组成了评估指标体系，这个体系就是评估系统的内容经过层层分解而形成的层次分明的结构。评估指标体系的建立原则可总结如下：

（1）科学性原则。

科学性是任何指标体系设计中都应遵守的最基本原则，它主要体现在理论和实践相结合，以及所采用的科学方法等方面。设计评估指标体系时，首先要有科学的理论做指导，使评估指标体系能够在基本概念和逻辑结构上严谨、合理，抓住评估对象的实质，并具有针对性。同时，评估指标体系是理论与实际相结合的产物，无论采用哪种定性、定量的方法，都必须是客观的抽象描述，必须抓住最重要、最本质且最有代表性的东西。对客观实际的抽象描述越清楚、越简练、越符合实际，科学性就越强。

（2）系统优化原则。

评估对象必须用若干指标进行衡量，这些指标是互相联系和互相制约的。有的指标之间有横向联系，反映不同侧面的相互制约关系；有的指标之间有纵向关系，反映不同层次之间的包含关系。同时，同层次指标之间要尽可能地内容分明，避免若干组、若干层次的指标体系相互有内在联系，体现出很强的系统性。指标数量的多少及其体系的结构形式以系统优化为原则，即以较少的指标（数量较少、层次较少）较全面系统地反映评估对象的内容，既要避免指标体系过于庞杂，又要避免单因素选择，追求的是评估指标体系的总体最优或满意。

评估指标体系要统筹兼顾各方面的关系，由于同层次指标之间存在制约关系，在设计指标体系时，应该兼顾各方面的指标。设计评估指标体系应采用系统的方法，例如系统分解和层次分析法，由总指标分解成次级指标，再由次级指标分解成次次级指标，并组成树状结构的指标体系，使体系的各个要素及其结构都能满足系统优化要求。也就是说，通过各项指标之间的有机联系和合理的数量关系，体现出对上述各种关系的统筹兼顾，达到评估指标体系的整体功能最优，得到客观和全面的评估系统的输出结果。

（3）目的性原则。

任何评估指标体系的构建都具有一定目的，没有目的就很难构建出评估指标体系。有了明确的目的，才能避免评估指标体系建立过程中的盲目性、随意性，使评估指标体系的建立过程科学、有效地进行。应急演练评估指标体系的建立目的在于对演练过程的各个环节运行情况做出合理、科学的评估，为应急管理者规范应急演练过程、提高应急能力提供参考。

（4）开放性原则。

开放性原则指的是评估指标体系不仅要在时间上能够延续，而且要尽量地做到在内容上可以扩展。一个通用的演练评估指标体系不可能涵盖众多不同类型的演练评估的所有内容，因此，通用的演练评估指标体系只能是开放性的，为评估者在评估过程中具体掌握指标留下一定的余地。开放性原则的另一个含义是不断地相互借鉴，可以是国家间的相互借鉴，可以是地区间的相互借鉴，也可以是不同部门的相互借鉴，通过借鉴不断地修正评估指标体系的内容，充实和完善评估指标体系。

（5）可操作性原则。

可操作性是评估指标体系的生命，理论上再全面、再精致的评估指标体系，若没有可操作性就形同虚设。评估指标体系的可操作性有几层含义：一是该评估指标体系可以为不同部门制定各种具体的演练评估指标体系提供指导；二是评估指标体系要繁简适中，在能基本保证评估结果的客观性、全面性的条件下，评估指标体系应尽可能简化，减少或去掉一些对评估结果影响甚微的指标；三是该指标体系要立足于我国现状，选取的指标要符合实际情况且可描述或量化，便于实际操作实施。

（6）指导性原则。

评估的目的不仅是单纯评出名次及能力的大小，更重要的是引导和鼓励被评估对象向正确的方向和目标发展。应急演练评估指标的设计，可为加强和提高参演者应对生产安全的能力提供导向性作用。

7.2.1.2 指标体系的建立依据

在遵循基本原则的基础上，主要依据我国突发事件处置相关法律法规、国内外处置突发事件的标准流程和工作程序、应急预案确定的要素和措施以及具体的演练方案等内容建立应急演练指标体系。

（1）演练评估的最主要目的是发现在突发事件应急过程中存在的问题，因此，应当首先了解标准的突发事件处置流程、工作程序和工作内容，才能建立起科学的评估指标体系。

（2）对演练的评估不仅是对演练组织的评估，也是对应急预案的评估，因此，应依据应急预案确定评估指标体系。应急预案的内容因突发事件类型不同可能有所差异，但基本涵盖处置突发事件的基本原则和全过程，主要包括方针与原则、总体策划、应急准备、应急响应、灾后恢复等要素。其中，应急预案的核心内容包括职责分配、监测预警、应急响应、应急处置、灾后恢复、保障措施、应急资源等。

（3）演练是根据演练方案建立起来的，因此，在建立演练评估指标体系时既要依据应急预案，也要依据演练方案。如果演练方案设计得比较简单，不符合预案的要求，那么仅仅依据演练方案建立的评估指标体系就失去了意义：评估的结果可能符合演练方案的要求，但是因为失去了预案这个应对突发事件方案的基础，评估指标体系对实际的突发事件应对起不到应有的作用。所以建立生产安全应急演练评估指标体系时，只有同时兼顾演练方案和应急预案，才具有可操作性。

7.2.2 评估指标体系的构建方法

评估指标体系是对组织演练的水平和演练所涉及各项应急能力的描述，是帮助相关单位或人员查找问题、改善不足、提高能力的重要手段。如图 7–1 所示，根据突发事件应急演练的特点和设计思想，可以将演练评估指标体系的构建大体分为以下四个步骤：

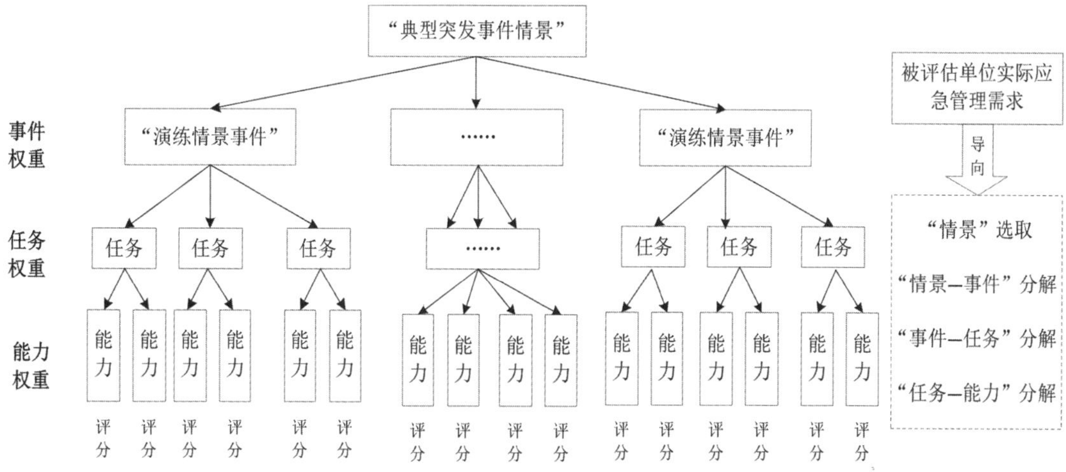

图 7-1 应急演练评估指标体系构建技术路线

（1）确定应急演练“情景”。该环节是整个应急演练和演练评估的前提，一般是由演练组织单位结合自身的应急管理需求进行确定，可以参考美国《国家应急规划情景》（National Planning Scenarios，NPS）或其他相关应急管理机构发布的文件，从中抽取部分适合自身应急管理需求的“情景”，以此作为下一步应急演练所针对的“典型情景”。

（2）确定“演练情景事件”。在第一步确定的“情景”基础上，梳理构成“情景”的若干具有代表性的“情景事件”，譬如：“地震情景”下有“大批房屋倒塌事件”“化工园区危化品泄漏事件”“堰塞湖事件”“大规模停电事件”等，通常需要演练组织结合所管辖对象和范围的具体情况去选取有代表性的“事件”，从“情景”中抽取的“情景事件”将作为下一步“任务分解”的“事件”前提。

（3）确定“演练情景事件任务”。在第二步确定的“情景事件”基础上，梳理应对该类事件所需完成的应急任务。在这一阶段，演练组织单位需根据自身实际情况，结合一些以往同类事件案例资料，参考美国《通用业务列表》（Universal Task List，UTL）或其他相关应急管理机构发布的文件去选取有代表性的“任务”。通常，此部分确定的“任务”由于粒度不同，会产生大量不同层级且数量众多的任务，因此，可以把“任务”进一步向下分解为“子任务”等。这一环节确定的“任务”将作为下一步“能力分解”的“任务”前提。

（4）确定“演练情景事件任务能力”。在第三步确定的“情景事件任务”

基础上，梳理、分析完成该任务所需具备的“应急能力”。此部分内容需要由演练组织单位、参演单位共同根据分析确定，确定过程中可以参考美国《目标能力列表》（Target Capabilities List，TCL）或其他相关应急管理机构发布的文件。这一阶段确定的“能力”即是应急演练评估中最底层、最直接的评价目标，是专家评分、实验测试、模型推算等专业分析手段和工具的直接对象。

7.3 应急演练评估方法

应急演练评估方法一般可分为定性评估与定量评估。定性评估不采用数学方法，而是根据评价者对评价对象平时的表现、现实的状态或文献资料的观察和分析，直接对评价对象做出定性结论的判断，比如：“是”或“否”、“达到”或“未达到”等。定性评价强调观察、分析、归纳与描述，应急演练的定性评估重在评价组织工作是否到位，比较演练的目标与实际效果是否一致。定量评估是通过建立数学模型，并用数学模型计算出分析对象的各项指标及其数值的一种方法。定量评估重在得出量化的评估结果，其思想为：将复杂系统拆解成多个指标，按照一定方式将指标量化，再按照一定的方法将量化值结合，综合得到评估结果。

实际上，定性分析与定量分析应该是统一且相互补充的。一方面，定性分析是定量分析的基本前提，没有定性的描述，定量就会变得盲目且毫无价值；另一方面，定量分析使定性描述更加科学、准确，它可以促使定性分析得出广泛而深入的结论。因此，应急演练评估通常采用定性分析和定量分析相结合的评估方法。用于应急演练评估的方法很多，如评价表法、层次分析法、模糊综合评价法、灰色关联度评估法、人工神经网络、遗传算法、关键绩效指标法、平衡计分卡等。但在应急演练评估实践中，评价表法的应用最为广泛，层次分析法和模糊综合评价法在部分规模较小、演练分析要求较高的应急演练评估中应用较多，其余评估方法较为少见。

7.3.1 评价表法

评价表法是指对照预先制定好的评估表格，对相应项目的完成情况给出定性或定量评价的方法。根据评价结论形式，可分为定性的评价表法和定量的评价表法两种。

评价表的制定要科学客观，能够全面反映演练目标和评估要素，评估人员需依据实际情况在短时间内填写表格，也可以增加指标或在备注栏写明演练过程中存在的问题，必要情况下，可在演练结束后反复观看演练细节和录像，以便做出更深入的分析。为更全面地对演练工作进行评估并不断改进，也可以制作参演人员意见反馈表格收集反馈意见。评价表没有固定样式，但是评估要素要有目的性、有针对性地选择，不同演练可有针对性地制作合适的评估表格。

7.3.1.1 定性的评价表法

定性的评价表法最突出的特点是：完全采用清晰准确的文字描述评估项目和评估结果，评估人员能够根据描述迅速做出判断，且评估结果一目了然，便于找出演练的优点与不足之处。以应急演练准备情况评估表（见表 7–1）、应急演练策划方案评估表（见表 7–2）、应急演练实施情况评估表（见表 7–3）、应急响应与处置情况评估表（见表 7–4）和应急演练绩效评估表（见表 7–5）为例，给出应急演练定性评价表的参考形式。

表 7–1 应急演练准备情况评估表

<table>
<tr><th colspan="6">评估任务Ⅰ：应急演练准备情况评估</th></tr>
<tr><td colspan="6">演练名称：</td></tr>
<tr><td colspan="3">评估日期：</td><td>开始时间：</td><td colspan="2">结束时间：</td></tr>
<tr><td colspan="3">演练地点：</td><td colspan="3">评估对象：</td></tr>
<tr><td colspan="3">评估人员：</td><td colspan="3">联系方式：</td></tr>
<tr><td>序号</td><td>指标</td><td>评估细则</td><td colspan="2">评估结果</td><td>备注</td></tr>
<tr><td rowspan="3">1.1</td><td rowspan="3">组织机构</td><td rowspan="3">机构组成完善，功能设置合理，满足演练需求，有领导组、策划组、执行组等</td><td>□组成完善</td><td>□组成不完善</td><td rowspan="3"></td></tr>
<tr><td>□功能合理</td><td>□功能不合理</td></tr>
<tr><td>□满足需求</td><td>□不能满足需求</td></tr>
</table>

（续上表）

<table>
<tr><th>序号</th><th>指标</th><th>评估细则</th><th colspan="2">评估结果</th><th>备注</th></tr>
<tr><td rowspan="4">1.2</td><td rowspan="4">演练规划</td><td rowspan="4">演练规划满足法律法规要求，结合当地行业企业生产安全实际情况，符合规划原则，规划内容明确具体</td><td>□满足法律法规要求</td><td>□不满足法律法规要求</td><td rowspan="4"></td></tr>
<tr><td>□切合实际需求</td><td>□不切合实际需求</td></tr>
<tr><td>□符合规划原则</td><td>□不符合规划原则</td></tr>
<tr><td>□内容明确具体</td><td>□内容不明确具体</td></tr>
<tr><td rowspan="3">1.3</td><td rowspan="3">应急预案</td><td rowspan="3">突发事件应急预案体系完善，内容全面、充实、具体，实时更新且可操作性强</td><td>□预案体系完善</td><td>□预案体系不完善</td><td rowspan="3"></td></tr>
<tr><td>□内容全面具体</td><td>□内容不全面具体</td></tr>
<tr><td>□可操作性强</td><td>□可操作性不强</td></tr>
<tr><td rowspan="3">1.4</td><td rowspan="3">装备设备</td><td rowspan="3">装备设备数量、质量满足国家规定和救援需求，先进适用，管理、维护、调用较好</td><td>□满足规定和需求</td><td>□不满足规定和需求</td><td rowspan="3"></td></tr>
<tr><td>□具有先进性</td><td>□不具有先进性</td></tr>
<tr><td>□管理维护较好</td><td>□管理维护较差</td></tr>
<tr><td rowspan="3">1.5</td><td rowspan="3">人员配置</td><td rowspan="3">参演各类人员配置全面、有专业人士，数量充足、素质较高，能即时待命</td><td>□配置全面</td><td>□配置不全面</td><td rowspan="3"></td></tr>
<tr><td>□数量质量较优</td><td>□数量质量较差</td></tr>
<tr><td>□确保即时待命</td><td>□不能确保即时待命</td></tr>
<tr><td rowspan="2">1.6</td><td rowspan="2">资金准备</td><td rowspan="2">资金投入总量充足，分配合理，能保障演练正常运转</td><td>□资金总量充足</td><td>□资金总量不充足</td><td rowspan="2"></td></tr>
<tr><td>□资金分配合理</td><td>□资金分配不合理</td></tr>
<tr><td>1.7</td><td>其他补充项</td><td></td><td></td><td></td><td></td></tr>
<tr><td colspan="2">任务 I 的综合评述</td><td colspan="4"></td></tr>
</table>

表 7–2　应急演练策划方案评估表

<table>
<tr><th colspan="6">评估任务Ⅱ：应急演练策划方案评估</th></tr>
<tr><td colspan="6">演练名称：</td></tr>
<tr><td colspan="3">评估日期：</td><td>开始时间：</td><td colspan="2">结束时间：</td></tr>
<tr><td colspan="3">演练地点：</td><td colspan="3">评估对象：</td></tr>
<tr><td colspan="3">评估人员：</td><td colspan="3">联系方式：</td></tr>
<tr><td>序号</td><td>指标</td><td>评估细则</td><td colspan="2">评估结果</td><td>备注</td></tr>
<tr><td rowspan="2">2.1</td><td rowspan="2">需求分析</td><td rowspan="2">分析当前实际情况，确立待解问题、待检功能等需求</td><td>□实情分析合理</td><td>□实情分析不合理</td><td rowspan="2"></td></tr>
<tr><td>□需求设置合理</td><td>□需求设置不合理</td></tr>
<tr><td rowspan="2">2.2</td><td rowspan="2">演练目的</td><td rowspan="2">确立的演练目的明确具体，通过演练将能够基本实现</td><td>□目的明确具体</td><td>□目的不明确具体</td><td rowspan="2"></td></tr>
<tr><td>□目的范围合适</td><td>□目的范围不合适</td></tr>
<tr><td rowspan="2">2.3</td><td rowspan="2">任务与目标</td><td rowspan="2">演练任务明确、具体、合适，演练目标明确并具有针对性</td><td>□任务明确合适</td><td>□任务不明确合适</td><td rowspan="2"></td></tr>
<tr><td>□目标具有针对性</td><td>□目标不具针对性</td></tr>
<tr><td rowspan="2">2.4</td><td rowspan="2">演练规模</td><td rowspan="2">演练规模合适，与目的目标一致，与实际能力相匹配</td><td>□匹配目的目标</td><td>□不匹配目的目标</td><td rowspan="2"></td></tr>
<tr><td>□在掌控范围内</td><td>□脱离掌控范围</td></tr>
<tr><td rowspan="2">2.5</td><td rowspan="2">情景事件</td><td rowspan="2">情景事件与演练整体情况符合，过程描述恰当合理</td><td>□符合演练情况</td><td>□不符合演练情况</td><td rowspan="2"></td></tr>
<tr><td>□过程描述合理</td><td>□过程描述不合理</td></tr>
<tr><td rowspan="3">2.6</td><td rowspan="3">演练程序</td><td rowspan="3">演练程序中的各要素完善全面，操作内容真实、合理、可行，形成清晰的书面材料</td><td>□基本要素完善</td><td>□基本要素不完善</td><td rowspan="3"></td></tr>
<tr><td>□操作内容合理</td><td>□操作内容不合理</td></tr>
<tr><td>□有程序方案表</td><td>□无程序方案表</td></tr>
<tr><td rowspan="3">2.7</td><td rowspan="3">安全保障</td><td rowspan="3">全面分析演练过程中的安全问题，制订详细安全保障方案，方案充实、合理、可行</td><td>□安全问题分析全面</td><td>□安全问题分析不全面</td><td rowspan="3"></td></tr>
<tr><td>□有安全保障方案</td><td>□无安全保障方案</td></tr>
<tr><td>□安全保障方案合理</td><td>□安全保障方案不合理</td></tr>
<tr><td rowspan="2">2.8</td><td rowspan="2">参演人员</td><td rowspan="2">参演人员与队伍安排全面、合理，任务明确具体</td><td>□人员分配合理</td><td>□人员分配不合理</td><td rowspan="2"></td></tr>
<tr><td>□任务明确具体</td><td>□任务不明确具体</td></tr>
</table>

（续上表）

序号	指标	评估细则	评估结果		备注
2.9	方案说明	情景说明等各类方案说明书完善，内容充实具体	□各类说明书完善	□各类说明书不完善	
			□内容充实具体	□内容不充实具体	
2.10	脚本编制	编制应急演练脚本，脚本编制合理、内容清楚合适	□有应急演练脚本	□无应急演练脚本	
			□脚本编制合理	□脚本编制不合理	
2.11	其他补充项				
任务Ⅱ的综合评述					

表 7–3　应急演练实施情况评估表

评估任务Ⅲ：应急演练实施情况评估					
演练名称：					
评估日期：		开始时间：		结束时间：	
演练地点：		评估对象：			
评估人员：		联系方式：			
序号	指标	评估细则	评估结果		备注
3.1	演练动员	召开演练动员大会、形式丰富，动员内容全面合理，取得较好的动员效果	□有演练动员大会	□无演练动员大会	
			□动员内容合理	□动员内容不合理	
			□动员效果较好	□动员效果不好	
3.2	演练培训	对参演人员进行演练培训，培训方式、内容、力度适宜，取得较好的教育培训效果	□有教育培训环节	□无教育培训环节	
			□培训内容合理	□培训内容不合理	
			□培训效果较好	□培训效果不好	
3.3	准备确认	对演练准备情况进行确认，确认内容全面、工作深入细致	□有准备确认工作	□无准备确认工作	
			□工作深入细致	□工作不深入细致	

（续上表）

<table>
<tr><th>序号</th><th>指标</th><th>评估细则</th><th colspan="2">评估结果</th><th>备注</th></tr>
<tr><td rowspan="2">3.4</td><td rowspan="2">组织协调</td><td rowspan="2">协调员与领导小组协调解决演练筹备中存在的问题</td><td>□协调员工作顺畅</td><td>□协调员工作不畅</td><td rowspan="2"></td></tr>
<tr><td>□领导小组协调顺畅</td><td>□领导小组协调不畅</td></tr>
<tr><td rowspan="2">3.5</td><td rowspan="2">演练启动</td><td rowspan="2">演练顺利启动，各参演人员和队伍现场待命并准备充分</td><td>□有演练启动仪式</td><td>□无演练启动仪式</td><td rowspan="2"></td></tr>
<tr><td>□人员队伍准备充分</td><td>□人员队伍准备不充分</td></tr>
<tr><td rowspan="2">3.6</td><td rowspan="2">过程控制</td><td rowspan="2">演练过程各环节在控制下顺利开展，高效处理意外事件</td><td>□演练过程进展顺利</td><td>□演练过程进展不顺</td><td rowspan="2"></td></tr>
<tr><td>□意外事件处理高效</td><td>□意外事件处理效率低</td></tr>
<tr><td rowspan="3">3.7</td><td rowspan="3">现场解说</td><td rowspan="3">安排适宜的现场解说，解说员水平较高，解说内容清晰明了、适合现场气氛</td><td>□安排了现场解说</td><td>□没有安排现场解说</td><td rowspan="3"></td></tr>
<tr><td>□解说员水平较高</td><td>□解说员水平不高</td></tr>
<tr><td>□解说内容清楚合适</td><td>□解说内容不清楚合适</td></tr>
<tr><td rowspan="2">3.8</td><td rowspan="2">现场记录</td><td rowspan="2">演练记录形式丰富，记录内容能真实全面还原演练过程</td><td>□记录方式丰富合适</td><td>□记录方式缺乏或单一</td><td rowspan="2"></td></tr>
<tr><td>□记录内容真实全面</td><td>□记录内容不真实全面</td></tr>
<tr><td rowspan="2">3.9</td><td rowspan="2">宣传报道</td><td rowspan="2">全过程对内外宣传报道，信息发布及时、营造良好气氛</td><td>□安排了宣传报道</td><td>□没有安排宣传报道</td><td rowspan="2"></td></tr>
<tr><td>□宣传报道效果良好</td><td>□宣传报道效果不理想</td></tr>
<tr><td rowspan="2">3.10</td><td rowspan="2">演练结束或终止</td><td rowspan="2">发布演练结束或终止信号，演练正常结束后人员迅速撤离；意外终止后迅速撤离人员，即时进入备战状态</td><td>□正常结束情况下参演人员有效撤离</td><td>□正常结束情况下参演人员不能有效撤离</td><td rowspan="2"></td></tr>
<tr><td>□意外终止情况下参演人员迅速撤离</td><td>□意外终止情况下参演人员不能迅速撤离</td></tr>
<tr><td>3.11</td><td>其他补充项</td><td></td><td></td><td></td><td></td></tr>
<tr><td colspan="2">任务Ⅲ的综合述评</td><td colspan="4"></td></tr>
</table>

表 7–4 应急响应与处置情况评估表

评估任务Ⅳ：应急响应与处置情况评估						
演练名称：						
评估日期：			开始时间：	结束时间：		
演练地点：			评估对象：			
评估人员：			联系方式：			
序号	指标	评估细则	评估结果			备注
4.1	预警与通知	情景事件发生后，能够做到有效监测、预警、报警工作，接警后能够及时通知相应单位	□监测预警迅速有效	□监测预警缓慢低效		
			□报警接警迅速有效	□报警接警缓慢低效		
			□迅速通知相应单位	□通知各单位不够迅速		
4.2	应急指挥、协调与决策	领导小组反应迅速，对救援队伍进行统一指挥，对应急处置中的问题进行综合协调，做出正确有效的决策	□反应迅速	□反应不迅速		
			□能进行统一指挥	□不能有效地统一指挥		
			□能进行综合协调	□不能有效地综合协调		
			□能做出有效决策	□不能做出有效决策		
4.3	应急响应	各参与现场应急救援与处置的人员和队伍接到紧急通知后到达事故现场的应急响应时间，以及对处置事故灾害的准备情况	□消防抢险组	□反应快	□反应慢	
			□医疗救护组	□反应快	□反应慢	
			□安全疏散组	□反应快	□反应慢	
			□安全警戒组	□反应快	□反应慢	
			□后勤保障组	□反应快	□反应慢	
			□环境监测组	□反应快	□反应慢	
			□专家技术组	□反应快	□反应慢	
			□其他应急小组	□反应快	□反应慢	
4.4	装备部署	应对突发事件的各种装备能迅速部署并有效展开救援	□装备迅速部署到位	□装备未迅速部署到位		
			□装备能有效救援	□装备不能有效救援		
4.5	应急通信	应急通信系统能迅速部署并投入使用，能满足应急需求	□迅速部署并使用	□不能迅速部署并使用		
			□能够满足应急需求	□不能够满足应急需求		
4.6	应急监测	能有效评估事故性质、监测事故发展态势及潜在危害	□有效监测事态发展	□不能有效监测事态发展		
			□有效监测事故危害	□不能有效监测事故危害		

（续上表）

<table>
<tr><th>序号</th><th>指标</th><th>评估细则</th><th colspan="3">评估结果</th><th>备注</th></tr>
<tr><td rowspan="3">4.7</td><td rowspan="3">警戒与管制</td><td rowspan="3">在事故现场能够有效地进行警戒，划定警戒区域，进行交通管制并维护好现场秩序</td><td>□有效划定警戒区域</td><td colspan="2">□没有划定警戒区域</td><td rowspan="3"></td></tr>
<tr><td>□交通管制合理有效</td><td colspan="2">□交通管制效果不够好</td></tr>
<tr><td>□现场秩序维护较好</td><td colspan="2">□现场秩序维护不够好</td></tr>
<tr><td rowspan="2">4.8</td><td rowspan="2">疏散与安置</td><td rowspan="2">事故影响范围内人员进行有效疏散，安置到避难场所</td><td>□疏散决策正确有效</td><td colspan="2">□疏散决策不合理</td><td rowspan="2"></td></tr>
<tr><td>□人员安置迅速妥当</td><td colspan="2">□人员安置不迅速妥当</td></tr>
<tr><td rowspan="2">4.9</td><td rowspan="2">医疗卫生</td><td rowspan="2">医疗卫生部门迅速启动，抢救伤员并监测控制现场卫生</td><td>□人员抢救迅速得力</td><td colspan="2">□人员抢救不迅速得力</td><td rowspan="2"></td></tr>
<tr><td>□现场卫生控制良好</td><td colspan="2">□现场卫生控制不够好</td></tr>
<tr><td rowspan="8">4.10</td><td rowspan="8">现场处置</td><td rowspan="8">各参与事故现场应急救援的应急救援队伍和人员能够实施有效救援，顺利完成各自职能范围内的各项应急处置工作，有效控制事故</td><td>□消防抢险组</td><td>□处置好</td><td>□处置差</td><td rowspan="8"></td></tr>
<tr><td>□医疗救护组</td><td>□处置好</td><td>□处置差</td></tr>
<tr><td>□安全疏散组</td><td>□处置好</td><td>□处置差</td></tr>
<tr><td>□安全警戒组</td><td>□处置好</td><td>□处置差</td></tr>
<tr><td>□后勤保障组</td><td>□处置好</td><td>□处置差</td></tr>
<tr><td>□环境监测组</td><td>□处置好</td><td>□处置差</td></tr>
<tr><td>□专家技术组</td><td>□处置好</td><td>□处置差</td></tr>
<tr><td>□其他应急小组</td><td>□处置好</td><td>□处置差</td></tr>
<tr><td rowspan="3">4.11</td><td rowspan="3">协调联动</td><td rowspan="3">有效开展各部门、上下级、内外的协作联动，协作方式合适，效果较好</td><td>□各部门协作顺畅</td><td colspan="2">□各部门协作不畅</td><td rowspan="3"></td></tr>
<tr><td>□上下级协调顺畅</td><td colspan="2">□上下级协调不畅</td></tr>
<tr><td>□内外协调联动顺畅</td><td colspan="2">□内外协调联动不畅</td></tr>
<tr><td rowspan="3">4.12</td><td rowspan="3">公众引导</td><td rowspan="3">及时与公众沟通，有效与外界传媒交流，采用恰当方式正确引导舆论，避免恐慌和猜疑</td><td>□及时与群众沟通</td><td colspan="2">□没有及时与群众沟通</td><td rowspan="3"></td></tr>
<tr><td>□有效与传媒交流</td><td colspan="2">□没有有效与传媒交流</td></tr>
<tr><td>□方式恰当、效果较好</td><td colspan="2">□方式不当、效果不好</td></tr>
<tr><td rowspan="3">4.13</td><td rowspan="3">现场恢复</td><td rowspan="3">事故处置结束后，有效处理遗留隐患，设备设施撤离并归还入库，将事故现场恢复原样</td><td>□有效处理遗留隐患</td><td colspan="2">□没有处理遗留隐患</td><td rowspan="3"></td></tr>
<tr><td>□设备设施及时撤离</td><td colspan="2">□设备设施撤离不及时</td></tr>
<tr><td>□事故现场高效复原</td><td colspan="2">□事故现场复原不及时</td></tr>
<tr><td>4.14</td><td>其他补充项</td><td></td><td colspan="3"></td><td></td></tr>
<tr><td colspan="2">任务Ⅳ的综合述评</td><td colspan="5"></td></tr>
</table>

表 7–5　应急演练绩效评估表

<table>
<tr><td colspan="6">评估任务Ⅴ：应急演练绩效评估</td></tr>
<tr><td colspan="6">演练名称：</td></tr>
<tr><td colspan="3">评估日期：</td><td>开始时间：</td><td colspan="2">结束时间：</td></tr>
<tr><td colspan="3">演练地点：</td><td colspan="3">评估对象：</td></tr>
<tr><td colspan="3">评估人员：</td><td colspan="3">联系方式：</td></tr>
<tr><td>序号</td><td>指标</td><td>评估细则</td><td colspan="2">评估结果</td><td>备注</td></tr>
<tr><td rowspan="2">5.1</td><td rowspan="2">物资绩效</td><td rowspan="2">应急物资的提供符合现场需求、浪费较少，效果较好</td><td>□满足现场需求</td><td>□不满足或超过需求</td><td rowspan="2"></td></tr>
<tr><td>□使用合理、浪费较少</td><td>□使用不合理、浪费较多</td></tr>
<tr><td rowspan="3">5.2</td><td rowspan="3">装备绩效</td><td rowspan="3">装备设备的提供符合现场需求，损耗小，救援效率高，效果优良</td><td>□满足现场需求</td><td>□不满足或超过需求</td><td rowspan="3"></td></tr>
<tr><td>□损耗小</td><td>□损耗大</td></tr>
<tr><td>□效率高、效果好</td><td>□效率不高、效果不理想</td></tr>
<tr><td rowspan="2">5.3</td><td rowspan="2">人员绩效</td><td rowspan="2">人员投入满足现场需求，在演练中发挥了相应价值</td><td>□满足现场需求</td><td>□不满足或超过需求</td><td rowspan="2"></td></tr>
<tr><td>□发挥出应有价值</td><td>□未发挥出应有价值</td></tr>
<tr><td rowspan="2">5.4</td><td rowspan="2">资金绩效</td><td rowspan="2">资金投入满足现场需求，使用合理，浪费少，效果好</td><td>□满足现场需求</td><td>□不满足或超过需求</td><td rowspan="2"></td></tr>
<tr><td>□使用合理、浪费较少</td><td>□使用不合理、浪费较多</td></tr>
<tr><td rowspan="2">5.5</td><td rowspan="2">演练效果</td><td rowspan="2">演练目标基本达到，任务完成，取得较好的演练效果</td><td>□目标达到、任务完成</td><td>□未完全实现目标任务</td><td rowspan="2"></td></tr>
<tr><td>□积累了较多经验</td><td>□未积累经验</td></tr>
<tr><td>5.6</td><td>提升策略</td><td>通过演练发现了存在的问题，研究提出了对应提升策略</td><td>□对存在的问题提出了较好的提升策略</td><td>□对存在的问题没有提出有效提升策略</td><td></td></tr>
<tr><td>5.7</td><td>其他补充项</td><td></td><td></td><td></td><td></td></tr>
<tr><td colspan="2">任务Ⅴ的综合述评</td><td colspan="4"></td></tr>
</table>

7.3.1.2　定量的评价表法

定量的评价表法是定性评估表的改进形式，它在定性评估表的指标基础上，将评估等级用 1~5 进行标度，再通过简单的计算而获得量化的评估结果。这一方法的最大特点是综合了定性分析与定量分析的优势，且计算过程简单，能够快速得出不同演练阶段、不同演练功能小组及演练整体的评估值，便于分析和比较。以参演人员意见反馈表为例，表 7–6 中的赞同度评分部分即为应急演练定量评价表的基本形式。

表 7–6 参演人员意见反馈表

参演人员意见反馈调查		
演练名称：		
填表人姓名：	隶属单位：	联系方式：
演练角色：	填表日期：	
一、请尽可能详细地回答以下几个问题		
1. 列出你认为应急指挥组做得非常好的决定或决策，至少两项。		
2. 列出整个演练活动你觉得可以改进或修改的地方，至少两项。		
3. 演练对你个人而言最具挑战性的是什么？		
4. 你认为你所在的应急组织在演练中的整体表现情况如何，有何改进的建议？		
5. 你认为和你联系较为紧密的应急组织表现情况如何，有何改进建议？		
6. 你认为当前的应急预案、应急处置、日常训练应该做出怎样的改变或补充？		
7. 通过演练，你对应急工作有何建议和意见？		
8. 其他更多更具针对性的问题。		

（续上表）

二、通过评分来表达你对以下观点的赞同度，1 分表示强烈反对，5 分表示非常赞同		得分
1. 您所在队伍的应急演练准备很合理、很充分。	1 2 3 4 5	
2. 您所需执行的任务策划很合理、很全面。	1 2 3 4 5	
3. 您认为演练组织得很好、很有条理。	1 2 3 4 5	
4. 事故情景设计很好、很真实。	1 2 3 4 5	
5. 您所执行的任务受到高效决策的指挥。	1 2 3 4 5	
6. 您所在队伍能高效地完成应急处置任务。	1 2 3 4 5	
7. 您所在队伍能和上级、其他队伍、其他单位顺畅协调联动。	1 2 3 4 5	
8. 您所用的装备设备合适、先进，能满足应急处置的要求。	1 2 3 4 5	
9. 您所在的队伍职责分工清晰、明确、合理。	1 2 3 4 5	
10. 您所在队伍所需应急资源调度及时、充分、合理。	1 2 3 4 5	
11. 您和所在的队伍在本次应急演练后提高了实战能力，达到了演练目的。	1 2 3 4 5	

（1）定量的评价表法中评估值的计算方法如下：

某一阶段得分＝该阶段指标项得分总和 / 指标数量

各小组得分＝各阶段适用指标总得分 / 评估指标数

某一阶段指标项得分＝该阶段各小组指标项得分 / 小组数量

演练总体得分＝各阶段得分之和 / 阶段数量得分

（2）定量的评价表法中等级的划分标准如下：

得分≥ 4.5 分，优秀；

4 分≤得分＜ 4.5 分，良好；

3.5 分≤得分＜ 4 分，中等；

3 分≤得分＜ 3.5 分，合格；

得分＜ 3 分，不合格。

7.3.2 层次分析法

7.3.2.1 方法概述

层次分析法（Analytic Hierarchy Process，AHP）的基本思想是：根据具体问题的实质和决策要求达到的目标，将问题分解成不同的组成因素，并按照各因素间的相互关联、影响和隶属关系，将各因素按不同层次聚集组合，形成一个多层次的分析结构模型，再将这些因素之间的关系加以条理化，并确定不同类型因素的相对重要性，从而把最底层和最高层的相对重要权值或相对优劣顺序排列出来，最后将这些结果作为决策判断的依据。

在解决实际问题时，若某个实际问题涉及 n 个因素，需要知道每个因素在整体中各占多大比重，当确切依据不充分时，只有依靠经验判断。但是只要 $n \geqslant 3$，任何专家都很难说出一组确切数据。层次分析法就是从所有元素中任取两个元素进行对比，将“极端重要”“强烈重要”“明显重要”“稍微重要”“同等重要”“不重要”等定性语言量化，引入函数 $f(x, y)$ 表示对总体而言因素 x 比因素 y 的重要性标度。若 $f(x, y) > 1$，证明 x 比 y 重要；若 $f(x, y) < 1$，证明 x 比 y 不重要；若 $f(x, y) = 1$，证明 x 与 y 同样重要；两两比较的常见九分制标度见表 7–7。

表 7–7　成对因素比较的九分制比例标度及其含义

标度	含义
1	两个因素相比，一个与另一个同等重要
3	两个因素相比，一个比另一个稍微重要
5	两个因素相比，一个比另一个明显重要
7	两个因素相比，一个比另一个强烈重要
9	两个因素相比，一个比另一个极端重要
2，4，6，8	上述两相邻判断的中间值

层次分析法的实施步骤如下：

（1）分析系统中各因素的关系，建立评估对象的递阶层次结构。

按属性不同，问题所包含的因素可以划分为最高层、中间层和最底层，如图 7–2 所示。最高层通常只有一个元素，它是问题的预定总目标，也称目标层。中间层为实现总目标而采取的措施、方案和政策，可由若干层次组成，包括所需考虑的准则、子准则，也称准则层。最底层为实现目标可供选择的具体措施及方案，也称方案层。

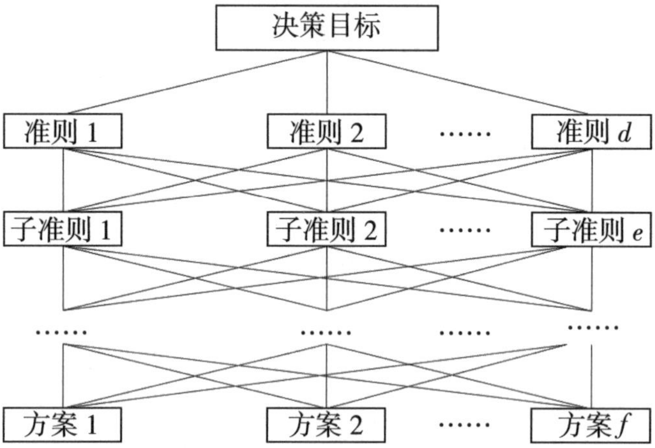

图 7–2　评估对象梯阶层次结构示意图

（2）同层各元素对于上层元素的重要性进行两两比较，构造判断矩阵。

确定 n 个因素 $X=\{x_1,x_2,\cdots,x_n\}$ 对目标的权重，即每次取两个因素 x_i 和 x_j，以 a_{ij} 表示 x_i 和 x_j 对上层元素的影响之比，得到两两比较判断矩阵，用 A 表示，如表 7–8 所示。

$$A=(a_{ij})_{n\times n} \tag{7–1}$$

式中：$a_{ij}>0,\ a_{ji}=\dfrac{1}{a_{ij}}\ (i\neq j)$，$a_{ij}=1\ \ (i,j=1,2,\cdots,n)$。

表 7–8　标准判断矩阵表

A	A_1	A_2	A_3	…	A_n
A_1	1				
A_2		1			
A_3			1		
⋮				1	
A_n					1

（3）计算在单一准则下，被比较元素对于该准则的相对权重。

①计算标准判断矩阵 A 的每一行元素 a_{ij} 的乘积 M_i。

$$M_i = \prod_{j=1}^{n} a_{ij},\ i,j = 1,2,\cdots,n \tag{7-2}$$

式中：n 表示矩阵 A 的阶数，也即该级指标个数。

②计算 M_i 的 n 次方根 $\overline{W_i}$。

$$\overline{W_i} = \sqrt[n]{M_i} \tag{7-3}$$

③对向量 $\overline{W} = [\overline{W_1}, \overline{W_2}, \cdots, \overline{W_n}]$ 做归一化处理。

$$W_i = \overline{W_i} / \sum_{i=1}^{n} \overline{W_i} \tag{7-4}$$

式中：$W_i = [W_1, W_2, \cdots, W_n]^{\mathrm{T}}$ 即为所求的特征向量，也即评估要素的权重向量。

④计算判断矩阵的最大特征值 $\lambda_{\max}$。

$$\lambda_{\max} = \sum_{i=1}^{n} \frac{(AW)_i}{nW_i} \tag{7-5}$$

$$AW = \begin{bmatrix} (AW)_1 \\ (AW)_2 \\ \vdots \\ (AW)_n \end{bmatrix} = \begin{bmatrix} a_{11} & a_{12} & \cdots & a_{1n} \\ a_{21} & a_{22} & \cdots & a_{2n} \\ \vdots & \vdots & & \vdots \\ a_{n1} & a_{n2} & \cdots & a_{nn} \end{bmatrix} \cdot \begin{bmatrix} W_1 \\ W_2 \\ \vdots \\ W_n \end{bmatrix} \tag{7-6}$$

⑤计算指标的平均权重 W_i。

对于每个评估要素，k 个专家会得到 k 个权重分布，若第 j 个专家对指标 i 给出的权重值记为 W_{ij}，则指标 i 的权重取 k 个权重值的数学平均值，见公式（7–7）：

$$W_i = \frac{1}{k}\sum_{j=1}^{k} W_{ij}\ (i=1,\ 2,\ \cdots,\ n;\ j=1,\ 2,\ \cdots,\ k) \tag{7-7}$$

（4）对判断矩阵进行一致性检验。

人们对复杂性事物进行两两比较时可能出现判断偏差或自相矛盾，因此，需要对判断矩阵进行一致性检验，检验判断矩阵是否有满意的一致性，即计算随机一致性比率 CR，需满足 $CR < 0.10$。当 $CR < 0.10$ 时，表明判断矩阵具有

满意的一致性水平，检验通过，计算结果可用于评估；否则还需要对判断矩阵进行调整，直到满足以上条件。*CR* 的计算公式如下：

$$CR = CI/RI \quad (7\text{–}8)$$

式中：*CI* 表示判断矩阵的一致性指标，由式（7–9）计算可得；*RI* 表示判断矩阵同阶平均随机一致性指标，取值见表 7–9。

$$CI = (\lambda_{max} - n) / (n-1) \quad (7\text{–}9)$$

式中：*n* 表示矩阵 *A* 的阶数。

表 7–9　矩阵同阶平均随机一致性指标 *RI* 取值表

矩阵阶数	1	2	3	4	5	6	7
RI 值	0.00	0.00	0.52	0.89	1.12	1.25	1.35
矩阵阶数	8	9	10	11	12	13	14
RI 值	1.42	1.46	1.49	1.52	1.54	1.56	1.58

（5）计算综合评估指数，划分评估等级。

一致性检验合格后，把相关数据代入数学模型式（7–10），即可得到评估指数，采用百分制，评估等级划分如表 7–10 所示。

$$Z = \sum_{i=1}^{f}(W_i \frac{1}{m}\sum_{j=1}^{m} F_{ij}) \quad (7\text{–}10)$$

式中：*m* 表示参与指标参数评分的专家个数；*f* 表示最底层评估要素的个数；W_i 表示各个指标 *i* 权重值（i=1，2，…，*f*）；F_{ij} 表示第 *j* 个专家对指标 *i* 的实际评分值（j=1，2，…，*m*），$0 \leqslant F_{ij} \leqslant 100$。

表 7–10　评估等级划分

评估等级划分	状态描述	评估分值区间	对策
Ⅰ	优秀	[90，100]	保持
Ⅱ	良好	[75，90]	适当加强
Ⅲ	一般	[50，75]	加强
Ⅳ	较差	[25，50]	急需加强
Ⅴ	很差	[0，25]	迫切需要加强

7.3.2.2 案例分析

采用层次分析法对某石化企业组织的一次苯储罐泄漏特大事故应急演练进行绩效评估，此次演练评估的递阶层次结构评估要素体系见图 7–3。

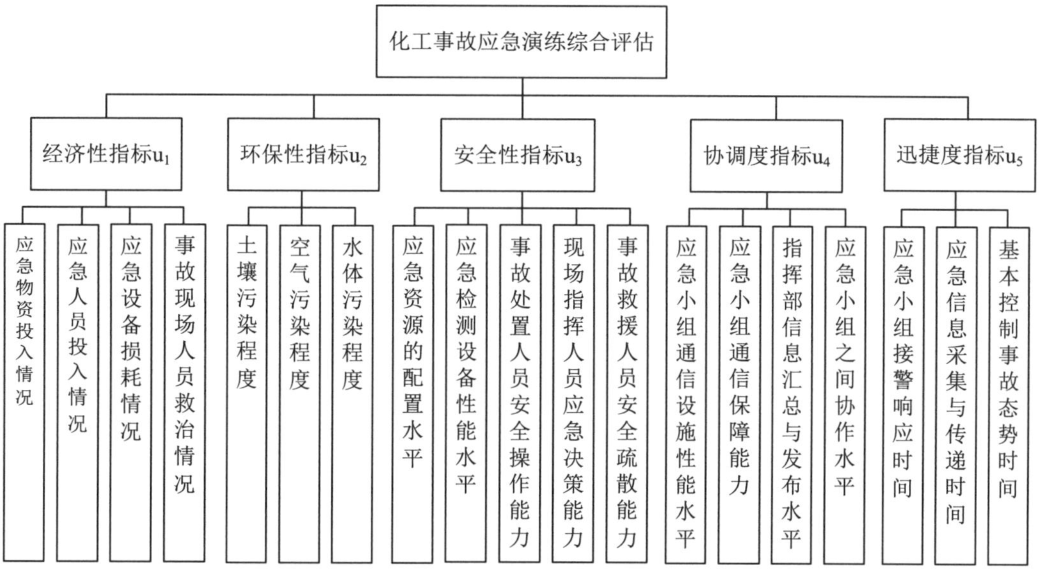

图 7–3 苯储罐泄漏特大事故应急演练绩效评估指标体系

征询十位业内专家的意见，通过两两比较，逐层建立判断矩阵，计算判断矩阵的特征向量，其中一位专家针对一级评估要素建立的判断矩阵如下：

$$\begin{bmatrix} 1 & 3 & 1/5 & 3 & 5 \\ 1/3 & 1 & 1/5 & 3 & 5 \\ 5 & 5 & 1 & 6 & 7 \\ 1/3 & 1/3 & 1/6 & 1 & 3 \\ 1/5 & 1/5 & 1/7 & 1/3 & 1 \end{bmatrix}$$

运用 Matlab 设计程序对判断矩阵进行特征向量计算和一致性检验，程序输入及输出结果见图 7–4：

```
请输入应急演练评估的初始判断矩阵 A（n 阶）
A=[1 3 1/5 3 5; 1/3 1 1/5 3 5; 5 5 1 6 7; 1/3 1/3 1/6 1 3;1/5 1/5 1/7 1/3 1]
    0.208 4
    0.133 5
    0.546 8
    0.072 6
    0.038 6

    5.418 8

此矩阵的一致性可以接受!
CI=
    0.104 7

CR=
    0.093 5
```

图 7-4　层次分析法程序输入及输出结果

从程序计算可以看到该矩阵满足一致性检验要求，特征向量为：

$$W_1^* = [0.208\,4, 0.133\,5, 0.546\,8, 0.072\,6, 0.038\,6]^T$$

依次对其他专家给出的判断矩阵进行运算，再取平均值，得到一级指标的权重为：

$$W_1 = [0.208, 0.147, 0.524, 0.080, 0.041]^T$$

运用同样方法，可得到各级指标权重和总的评估结果如表 7-11 所示。

表 7-11　层次分析法评估数据表

总指标	总分	一级指标及权重	一级分值	二级指标及权重	专家打分
化工事故应急演练综合评估	86.162	u_1（0.208）	85.829	u_{11}（0.119）	80.9
				u_{12}（0.229）	81.5
				u_{13}（0.055）	87.7
				u_{14}（0.597）	88.3
		u_2（0.147）	82.171	u_{21}（0.107）	84.2
				u_{22}（0.670）	84.9
				u_{23}（0.223）	73.0

（续上表）

总指标	总分	一级指标及权重	一级分值	二级指标及权重	专家打分
化工事故应急演练综合评估	86.162	u_3（0.524）	87.591	u_{31}（0.084）	84.6
				u_{32}（0.047）	84.0
				u_{33}（0.350）	87.5
				u_{34}（0.360）	89.8
				u_{35}（0.160）	84.9
		u_4（0.080）	87.668	u_{41}（0.136）	89.4
				u_{42}（0.244）	90.0
				u_{43}（0.076）	87.3
				u_{44}（0.543）	86.4
		u_5（0.041）	80.962	u_{51}（0.270）	89.0
				u_{52}（0.122）	88.9
				u_{53}（0.608）	75.8

根据评估表可知化工事故应急演练综合评估指数为 86.162，对应等级为良好，需要采取的措施是适当加强。其中存在问题比较大的是迅捷度，其评估指数最低，只有 80.962，接近一般水平，因此，在今后演练及实战中应当重视完成任务的速度。

7.3.3 模糊综合评价法

7.3.3.1 方法概述

模糊综合评价法（Fuzzy Comprehensive Evaluation，FCE）是建立在模糊数学的基础之上的评估方法。论域 U 中的模糊集合 B 是以隶属函数 μ_B 为表征的集合，即 μ_B: $U \to [0,\ 1]$，对任意 $\mu \in \mu_B$，$\mu_B(\mu) \in [0,\ 1]$，称 $\mu_B(\mu)$ 为元素 μ 对于 B 的隶属度，它表示 μ 属于 B 的程度。$\mu_B(\mu)$ 的值越接近于 1，表示元素 μ 属于 B 的程度越高，当 $\mu_B(\mu)=1$ 时，表示 μ 完全属于 B；$\mu_B(\mu)$ 的值越接近于 0，表示 μ 属于 B 的程度越低，当 $\mu_B(\mu)=0$

时，表示 μ 完全不属于 B。该评估方法主要用于不易量化的多层次、多因素复杂系统。模糊综合评价模型流程图如图 7–5 所示。

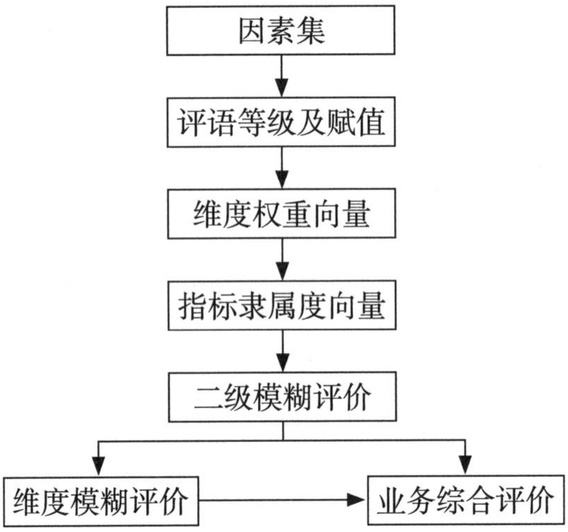

图 7–5　模糊综合评价模型流程图

模糊综合评价法的具体实施步骤为：

（1）确定因素集；

（2）确定评语等级及赋值；

（3）确定维度权重向量和指标权重向量，如图 7–6 所示：

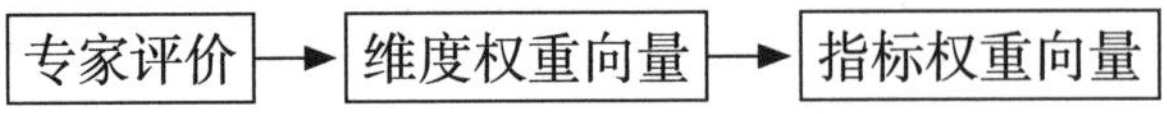

图 7–6　权重向量的确定流程图

（4）确定指标隶属度向量，如图 7–7 所示：

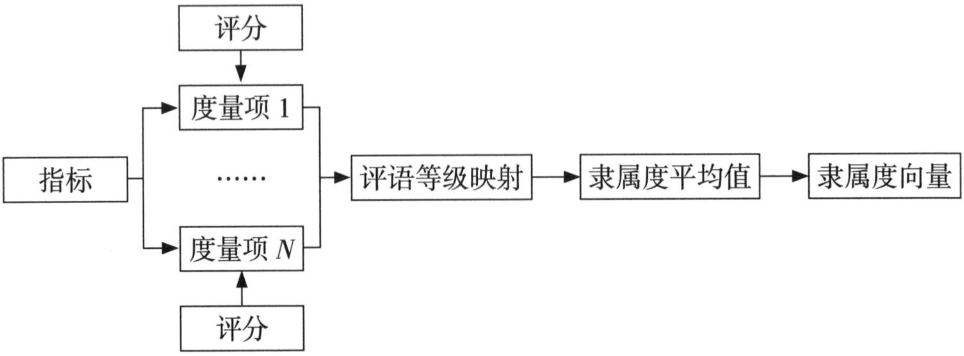

图 7–7　隶属度向量的确定流程图

（5）维度模糊评价，如图 7–8 所示：

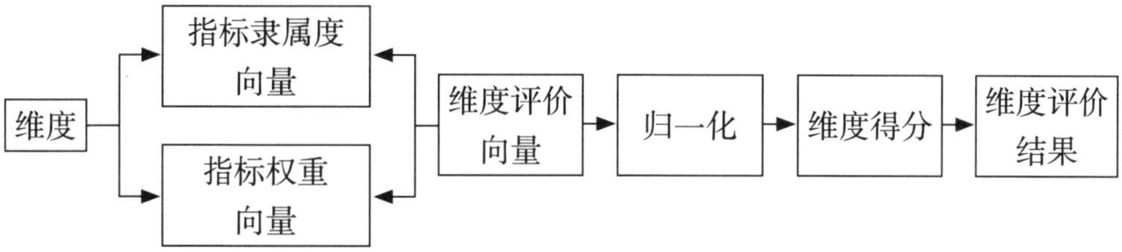

图 7–8 维度模糊评价流程图

（6）业务综合评价。

7.3.3.2 案例分析

采用模糊综合评价法对某油库应急演练效果进行评估。该油库应急演练体系可划分为三个维度：应急演练结构及编写，应急演练实施和参与效果，应急演练讲评及反馈。每个维度可以用相应的指标来刻画，而每个指标又可以用相应的度量项来度量。该油库应急演练体系划分后的结果如表 7–12 所示。

表 7–12 油库应急演练体系划分表

维度	指标	度量项
应急演练结构及编写	演练目的	符合实际程度
		可实现程度
	内容的针对性和实用性	针对性
		实用性
应急演练实施和参与效果	安排清晰、合理、易懂	清晰度
		合理度
		简单易懂性
	重点突出，切合实际	重点突出程度
		实用程度
	新颖度，吸引力	方法新颖生动程度
		吸引力
	参与人员所获，安全意识	参与人员受益度
		提高安全意识程度

（续上表）

维度	指标	度量项
应急演练讲评及反馈	组织管理，团结协作	组织管理有序度
		团结协作程度
	点评	点评一针见血
		点评有所获
	管理实施的总体工作	反馈满意程度
		脚本细化程度

评估油库应急演练每个指标所对应的度量项。先要由油库应急演练方面的专家对油库应急演练体系中所有度量项进行百分制打分，然后根据度量项得分与评语等级之间的映射关系进行等级映射。度量项得分与评语等级的映射关系如表 7–13 所示。根据相关文献资料，本次油库应急演练效果评估采用 5 级评语等级赋值，如表 7–14 所示。

表 7–13 度量项得分与评语等级映射关系表

得分	[100，90]	（90，75]	（75，60]	（60，40]	（40，0]
评语等级	很好	好	一般	差	很差

表 7–14 5 级评语赋值表

评语等级	很好	好	一般	差	很差
赋值	95	82.5	67.5	50	20

根据 11 位油库应急演练专家的权重划分结果，取均值可知油库应急演练体系的维度权重向量为：$A=(0.35, 0.35, 0.30)$。同理，也可以求得各维度下相应指标的权重向量为：$A_1=(0.50, 0.50)$，$A_2=(0.20, 0.27, 0.33, 0.30)$，$A_3=(0.40, 0.15, 0.45)$。

以维度二——应急演练实施和参与效果所对应的第一个指标，即“安排清晰、合理、易懂”为例来说明指标隶属度向量是如何确定的。“应急演练实施和参与效果”的 3 个度量项中，每一个度量项都由 11 位油库应急演练专家进行百分制评分，并将该度量项的得分与评语等级映射表进行映射，如表 7–15 所示。根据映射结果计算每一个度量项在各个评语等级下的隶属度的平均值，所得结果是指标安排清晰、合理、易懂的隶属度向量，如表 7–16 所示。

表 7–15 维度二第一个指标对应度量项评语等级结果

评语等级	很好	好	一般	差	很差
清晰度	0.18	0.62	0.10	0.05	0.05
合理度	0.15	0.62	0.13	0.07	0.03
简单易懂性	0.22	0.68	0.07	0.02	0.01

表 7–16 维度二第一个指标隶属度向量

评语等级	很好	好	一般	差	很差
向量	0.18	0.64	0.10	0.047	0.03

同理，可得 3 个维度所对应的所有指标的指标隶属度向量，如表 7–17 所示。

表 7–17 所有维度对应的指标隶属度向量

评语等级	很好	好	一般	差	很差
指标隶属度向量	0.11	0.65	0.15	0.50	0.04
	0.38	0.16	0.325	0.07	0.07
	0.18	0.64	0.10	0.047	0.03
	0.03	0.32	0.38	0.18	0.09
	0.025	0.065	0.175	0.59	0.145
	0.75	0.12	0.545	0.15	0.11
	0.11	0.57	0.24	0.05	0.03
	0. 175	0.665	0.075	0.04	0.045
	0.06	0.13	0.32	0.35	0.14

以维度二——应急演练实施和参与效果为例来说明是如何进行维度模糊评价的。“应急演练实施和参与效果”这一维度包括四个指标，分别是：①安排清晰、合理、易懂；②重点突出，切合实际；③新颖度，吸引力；④参与人员所获，安全意识。根据表 7–17 所有维度对应的指标隶属度向量，进而可以得到该维度的二级模糊关系矩阵：

$$R_2 = \begin{pmatrix} 0.18 & 0.64 & 0.10 & 0.047 & 0.03 \\ 0.03 & 0.32 & 0.38 & 0.18 & 0.09 \\ 0.025 & 0.065 & 0.175 & 0.59 & 0.145 \\ 0.75 & 0.12 & 0.545 & 0.15 & 0.11 \end{pmatrix}$$

因为该维度相应指标的权重向量为：A_2=（0.20, 0.27, 0.33, 0.30），则该维度应急演练实施和参与效果的评估向量为：$B_2=A_2\times R_2$，经归一化计算后可得 B_2=（0.21, 0.21, 0.26, 0.23, 0.09），则“应急演练实施和参与效果”的维度模糊评价得分为：

$$S_2 = \frac{\sum_{i=1}^{5} b_{2i}^2 w_i}{\sum_{i=1}^{5} b_{2i}^2} = 70.1（分）$$

其中，b_{2i} 表示维度评估向量 B_2 的元素；w_i 表示本次油库应急演练效果评估所采用的 5 级评语等级赋值。从而得到“应急演练实施和参与效果”维度的评估得分为 70.1 分，评估结果所对应的评语等级为“一般”。

通过评估向量 B_2 可知，“应急演练实施和参与效果”评估的结果为“很好”占 21%，评估结果为“好”占 21%，评估结果为“一般”“差”和“很差”分别占 26%、23% 和 9%。其他各维度的评估方法相同，最终，各维度综合评分和评估结果如表 7–18 所示。

表 7–18　各维度综合评分和评估结果

维度	应急演练结构及编写	应急演练实施和参与效果	应急演练讲评及反馈
综合评分	74.5	70.1	73.9
评估结果	一般	一般	一般

由维度模糊评价法可以计算出油库应急演练三大维度的评估向量，由此可

以构成一级模糊关系矩阵：

$$R=\begin{pmatrix}B_1\\B_2\\B_3\end{pmatrix}=\begin{pmatrix}0.20 & 0.33 & 0.19 & 0.23 & 0.05\\0.21 & 0.21 & 0.26 & 0.23 & 0.09\\0.10 & 0.39 & 0.25 & 0.18 & 0.08\end{pmatrix}$$

根据权重向量的确定，可以知道维度权重向量为：$A=$（0.35, 0.35, 0.30）。则油库应急演练综合评估向量为：$B=A\times R$，经归一化计算后可得：$B=$（0.17, 0.31, 0.23, 0.22, 0.07），则油库应急演练综合得分为：

$$S=\frac{\sum_{i=1}^{5}b_i^2 w_i}{\sum_{i=1}^{5}b_i^2}=72.5\text{（分）}$$

其中，b^2_i 表示维度评估向量 B 的元素；w_i 表示本次油库应急演练效果评估所采用的 5 级评语等级赋值。从而得到应急演练实施和参与效果该维度的评估得分为 72.5 分，评估结果所对应的评语等级为“一般”。

通过评估向量 B 可知：油库应急演练评估的结果为“很好”占 17%，评估结果为“好”占 31%，评估结果为“一般”“差”和“很差”分别占 23%、22% 和 7%。

7.3.4 其他评估方法

关键绩效指标法（Key Performance Indicator，KPI）、平衡计分卡（Balanced Score Card，BSC）等也是较为常见的绩效评估方法。KPI 方法把对绩效的评估简化为对几个关键指标的考核，将关键指标当作评估标准，它能够发现存在的关键问题，并能够快速找到问题的症结所在，不至于被过多的旁枝末节所缠绕。因此，KPI 方法可以将考核从无关紧要的琐事中解脱出来，从而更加关注整体绩效指标、重要工作领域及个人关键工作任务。

BSC 方法是一种全新的企业综合测评体系，核心思想是通过财务、客户、内部流程及学习与发展四方面指标之间的相互驱动的因果关系展现组织的战略轨迹，实现“绩效考核—绩效改进以及战略实施—战略修正”的战略目标过程，它把绩效考核的地位上升到组织的战略层面，使之成为组织战略的实施工具。

KPI 方法和 BSC 方法在企业绩效管理中得到很好的运用，但这些方法在应急演练绩效评估中的运用还缺乏研究。应急演练评估方法还需要不断扩展和完善，从而促使评估结果更科学可靠，对应急管理工作的积极作用更加明显。

7.4 应急演练总结流程与内容

应急演练总结是在演练结束后，由演练策划组根据演练记录、演练评估报告、应急预案及相关总结材料对演练进行系统和全面的总结，并形成演练总结报告。演练总结报告应在规定的期限内完成，报送上级部门及当地政府，抄送各参演应急组织。

7.4.1 演练总结工作流程

演练总结一般在演练结束后的一到两天内进行，有助于参演人员全面、清晰地思考演练过程中所遇到的问题，做出深刻分析并提出解决办法，形成一份具有指导意义的总结报告。演练总结工作的一般程序如图 7–9 所示。

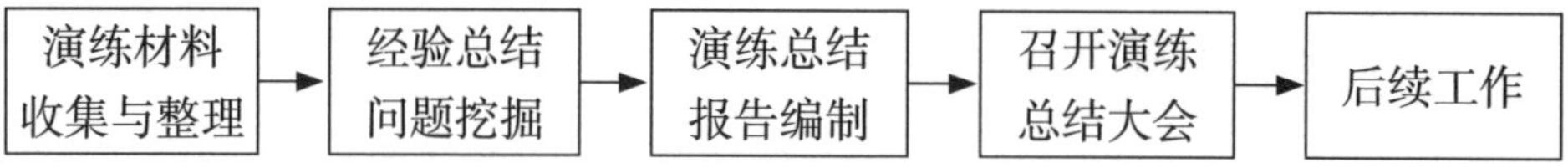

图 7–9　突发事件应急演练总结一般程序

由文案组成员整理应急演练全过程资料，各部门、各单位整理与之相关材料，以便能够更加全面、深刻地展开演练总结工作。演练总结过程中的核心工作如下：

7.4.1.1 充分挖掘问题，分析内在原因，找到解决办法

应急演练领导小组、各参与部门、各参与单位根据演练评估结果、现场记录、自身表现情况等，充分挖掘出演练准备、演练实施、演练评估等演练组织全过程和预警通知、应急响应、应急处置、现场恢复等应急全过程中所存在的不足，逐个详细记录在案。针对演练中存在的问题，演练领导小组、各部门、

各单位认真分析内在原因，将问题划分为不足项、整改项、改进项，并通过自身实践找到适宜的解决办法，框架如图 7–10 所示。

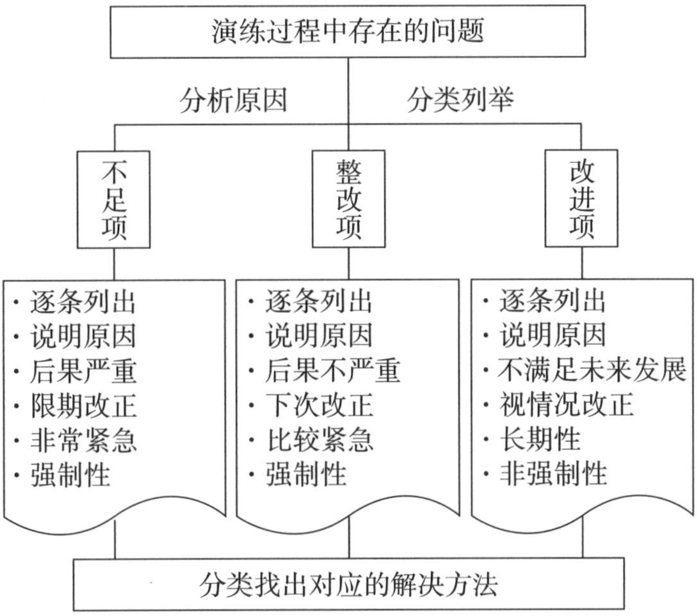

图 7–10　突发事件应急演练过程中存在的问题分析框架

（1）不足项。不足项是指在应急演练过程中发现的、在真实事故发生时将严重影响事故处置或致使事故后果难以控制的问题。不足项应在规定的时间内予以纠正，当问题被确定为不足项时，需进行详细说明，给出纠正措施、建议和完成期限。例如，在演练过程中出现的报警不及时、应急资源不足等都属于不足项，需规定期限整改。

（2）整改项。整改项是指在演练过程中发现的、单独存在的不会严重影响事故处置或致使事故后果难以控制的问题，以及在应急演练时致使演练出现较大缺陷的潜在问题。整改项应在下次演练前给予纠正。两种情形的整改项可成为不足项：一是某应急组织中存在两个以上整改项，其共同作用可构成严重威胁；二是某应急组织在两次以上演练过程中反复出现前次演练识别出的整改项。例如，演练过程中个别参演人员不服从调配、参演人员安排不当、演练方案不完善等都属于整改项，需要在下次演练之前予以改正。

（3）改进项。改进项是指应急演练过程中发现的应予以改善的问题，改进项不同于不足项和整改项。该项可能满足当前需求，但不能确定能否满足未来发展需求，或者还有达到更好效果的提升空间但短时间内难以突破，需制订长期发展计划，不要求强制整改。例如，应急救援装备科技含量不够高，事态预测不精确等问题属于改进项。

7.4.1.2 内部综合讨论，总结形成报告

内部综合讨论是形成良好演练总结报告的关键，由领导小组、各部门、各单位组织各自人员开展，一般应在演练结束后立即进行。内部综合讨论会主持人根据所掌握的材料，既要肯定积极表现，又要明确演练过程中发现的问题，更要严肃指出表现欠佳人员。参与讨论会的人员在会上进行自我总结和反省，最主要的是围绕演练过程中存在的不足项、整改项、改进项等问题进行综合讨论和研究，提出实质性的解决办法，明确操作对象、操作人、操作期限，安排人员对讨论会进行详细记录，讨论会记录表样式可参考表 7–19。

表 7–19 内部综合讨论会议记录表样式

<table>
<tr><td colspan="3">演练名称：</td><td colspan="3">总结单位：</td></tr>
<tr><td colspan="3">会议时间：</td><td colspan="3">会议地点：</td></tr>
<tr><td colspan="6">与会人员：</td></tr>
<tr><td colspan="6">演练过程中的优良表现</td></tr>
<tr><td>序号</td><td colspan="3">表现内容</td><td>涉及单位</td><td>优秀人员</td></tr>
<tr><td>1</td><td colspan="3">演练人员能够把演练当作真实事件来处理</td><td>所有参演人员</td><td>×××</td></tr>
<tr><td>2</td><td colspan="3">指挥人员始终沉着指挥，不慌乱，做出正确决策</td><td>应急指挥小组</td><td>×××</td></tr>
<tr><td>3</td><td colspan="3">……</td><td>……</td><td>……</td></tr>
<tr><td></td><td colspan="5"></td></tr>
<tr><td colspan="6">演练过程中存在的不足</td></tr>
<tr><td colspan="6">一、不足项</td></tr>
<tr><td>序号</td><td>内容</td><td>内在原因</td><td>主要对策</td><td>整改单位</td><td>整改期限</td></tr>
<tr><td>1</td><td>不能与指挥中心取得联系</td><td>应急通信线路及联络人不够</td><td>增加指挥中心联络线路与联络员</td><td>指挥中心与当地电信部门</td><td>×××</td></tr>
<tr><td>2</td><td>……</td><td>……</td><td>……</td><td>……</td><td>……</td></tr>
<tr><td></td><td></td><td></td><td></td><td></td><td></td></tr>
</table>

（续上表）

二、整改项					
序号	内容	内在原因	主要对策	整改单位	整改期限
1	广播系统音量不够，比较嘈杂	未调试，无备用设备，无扩音器	增加备用设备与扩音器，使用前先调试	演练策划组、工程部、维修部等	×××
2	……	……	……	……	……
三、改进项					
序号	内容	内在原因	主要对策	整改单位	整改期限
1	事故扩展范围及对人员伤害后果难以确定	缺少计算模型和仿真系统	加强技术研究，引进仿真系统	安全部门	×××
2	……	……	……	……	……
四、备注栏					

内部综合讨论会议结束后，应急演练领导小组、各参演部门、各参演单位根据讨论记录和相关资料分别撰写各自的演练总结报告。报告没有固定格式，主要包含演练背景信息、成功经验、不足之处、改正策略等方面内容，内容要符合客观实际，能体现各单位对自身表现的深入思考，在具备高度的同时还要具备较强的可操作性。随后，文案组根据演练记录、演练评估报告、应急预案、各单位提交的演练总结报告等材料，对演练进行系统和全面的总结，并形成整体的演练总结报告。

7.4.1.3 召开应急演练总结大会

由演练单位牵头组织召开应急演练大会，应急演练领导小组、各参演部门、各参演单位都应参加。会上，领导小组宣读演练总结报告，各部门或单位宣读各自的演练总结报告，表彰在演练中做出突出贡献的部门、单位及个人，处罚或批评在演练中违纪或处置不力的部门、单位及个人。

7.4.2 总结报告主要内容

演练总结报告没有固定形式，其主要要素包括：应急演练的情景、地点、时间、气象等基本信息；参与应急演练的组织机构情况；应急演练计划与演练方案要点；应急演练实施的整体情况；演练中存在的问题及原因；演练中获取的经验和教训；应急工作的改进措施及建议等。演练总结报告需高度凝练，通常可将上述要素概括为基本情况、突出成效、存在问题及原因、改进计划四大部分，重点突出、详略得当地进行总结。

演练总结报告与演练评估报告联系紧密又有所区别。不管是演练评估报告还是演练总结报告，都需要对演练情景、演练形式、演练组织机构、演练方案要点、演练目标及完成情况、优缺点、改进建议等关键内容进行介绍，但两者的侧重点有所不同。演练评估报告侧重于详细分析演练组织实施情况，评估目标的完成情况，根据评估结果剖析演练中暴露出的问题及原因，是演练总结报告的重要参考。演练总结报告是对演练准备、实施全过程的全面总结，需全面概括、重点突出、高度总结，既要涉及演练背景及组织实施的全部要点，又要重点参考演练评估报告中的评估结论和建议，结合各部门、单位内部综合讨论情况进一步总结出演练的突出成效、不足项、整改项和改进项。

7.5 应急演练总结的后续工作

7.5.1 应急演练考核与奖惩

应急演练考核与奖惩是指演练组织单位对参演单位、人员进行考核，依据实际表现进行相应奖励和惩罚。对在演练中表现突出的单位及个人，给予表彰和奖励；对不按要求参加演练或影响演练正常开展的，给予批评和惩罚。

演练考核与奖惩制度应由策划人员在编制策划方案时确定，演练组织单位安排人员根据演练记录及考核制度对各参演部门、单位、人员进行考核，演练总结结束后公布考核结果。考核结果的宣布视情况而定，在进程较快情况下，可在应急演练总结大会上当众宣布，后续工作在会后实施；在进程较慢情况下，可在总结大会后通过其他方式宣布考核结果并进行后续工作。

7.5.2 资料整理与成果运用

7.5.2.1 应急演练资料归档和备案

应急演练活动全部结束后，演练组织单位应将演练计划、演练方案、演练评估报告、演练总结报告等资料归档保存。对于由上级有关部门布置或参与组织的演练，或者法律、法规、规章要求备案的演练，演练组织单位应当将相关资料报有关部门备案。

应急演练资料的归档与备案工作一般由演练文案组负责，其他人员协助开展，保证演练资料的完整归档与备案。归档与备案过程中，按资料内容、性质、形式等进行分类与编号，并制定相关目录及登记文件，再统一装订或密封归档，然后移交给档案部门进行保管。通常，整理并归档的资料可分为以下类型：①演练策划系列材料；②演练评估报告系列材料；③演练总结系列材料；④相关图片、视频、音频资料。

7.5.2.2 应急演练成果的运用

演练成果是指通过演练所取得的成功经验和改进建议，演练成果是应急演练工作的结晶，也是促使应急工作不断优化、应急能力不断提升的重要因素。演练成果的运用体现在以下五个方面：

（1）对演练中暴露的各种问题，演练单位应当及时采取相应措施予以改进，消除、减少或控制突发事件应急管理工作中存在的隐患和缺陷。

（2）对演练过程中表现不佳的组织和个人，及时进行针对性教育和培训，加强相关人员应急能力。

（3）对应急救援预案中的不足、不合理之处，进行修正和改正，完善应急救援预案。

（4）对应急装备、器材和物资的配备、储存、维护、调用等方面的不足之处，有计划地加强。

（5）加强演练的宣传工作，鼓励其他单位加强演练工作，提高公众防灾意识和自救、互救能力等。

在执行过程中，要做好演练成果运用的记录工作，建立任务表格并注明运用时间、内容、效果等，保证演练成果能够真正运用于突发事件应急管理实践。此外，为落实总结评估所指出的问题，达到改进工作的目的，演练策划组应指定专人，负责对演练中发现的不足项和整改项的纠正过程实施追踪。对逾期不整改的组织或部门，应采取行政措施给予警告。对于已做出整改的组织和部门，委派专家对其进行核查，经核查通过的组织和部门，由专人对该项做出最终整改报告并备案；若仍不能通过，则继续令其在时限内整改并给予警告，如有必要，可向其上级部门反映。

8

典型案例

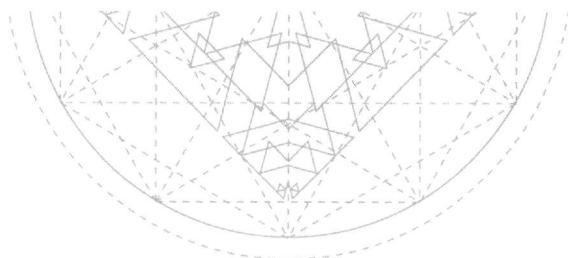

本书前面各个章节已详细介绍了应急演练的功能定位和演练分类与特点，并阐明了应急演练前期准备、组织实施、评估总结全过程的工作内容、工作要点和工作方法。在实际应急演练中，演练背景的差异性、实际情况的复杂性等因素将直接影响应急演练结果，使应急演练的具体开展过程呈现程序性、多样性与灵活性相结合的特点。

本章将选取广东省近期开展的典型应急演练案例，对不同形式、不同功能的应急演练开展过程进行分析，以加强读者对应急演练的理解。

8.1　广东省应急管理厅关于基层防汛工作实战推演

8.1.1　演练背景及目的

广东省属于东亚季风区，降水充沛，洪涝灾害经常发生，台风的影响也较为频繁，因此防汛是广东省防灾减灾领域的重点工作。为认真贯彻习近平总书记关于防灾减灾救灾工作的重要指示批示精神，落实省委省政府有关防汛工作部署，广东省主要领导决定于 2020 年 4 月 29 日，由广东省三防办、省应急管理厅组织开展 2020 年基层防汛工作实战推演。本次演练主要通过视频播放、现场连线、实地处置的方式，全面检验基层防汛工作“测报防抗救”全过程、全链条，进一步压实基层三防责任，完善三防指挥体系，磨合防汛工作机制，规范应急处置流程，提升应急救援能力，强化群众防灾意识。

8.1.2　演练情景

本次演练以 2019 年河源“6・10”洪灾为背景，聚焦监测预警、会商研判、决策指挥、避险处置和应急救援等基层防汛工作的重点、难点，设置工作部署、压实责任、隐患排查、检查督导、预测预报、水库调度、会商研判、启动响应、预置力量、转移群众、安置管理、解救学生、危桥管控、地灾处置、综合救援等 32 个情景。

8.1.3 演练领导机构

本次演练由广东省三防办、省应急管理厅、河源市三防指挥部联合主办，连平县三防指挥部、上坪镇政府、内莞镇政府承办，河源市应急救援队伍，连平县三防指挥部、应急管理局、公安局、自然资源局、水务局、住建局、气象局、消防救援大队，上坪镇政府、内莞镇政府，显村、旗石村，以及广东省公安厅警务飞行队、广东广播电视台、省应急管理厅通信保障团队参与。

8.1.4 演练过程

本次演练可概括为灾前准备、预警预报、救援处置三大板块。

8.1.4.1 灾前准备

以播放录像片和视频连线的形式展现，时长约 23 分钟。其中，各段录像片分别由广东电视台、河源市、连平县负责录制。灾前准备的主要内容包括：

（1）防汛工作部署（通过播放录像片的形式展现）。国家、省防总召开三防工作会议，对今年三防工作进行全面再动员、再部署、再落实；河源市、连平县分别召开了三防工作会议，层层进行动员部署，开展防大汛、抢大险、救大灾各项准备工作。

（2）防汛工作落实情况检查（通过播放录像片和视频连线的形式展现）。河源市三防总指挥通过视频连线向广东省三防总指挥汇报河源市当前三防工作情况；河源市委、市政府主要领导检查防汛工作；广东省应急管理厅值班室通过值班值守系统抽查连平县值班带班情况。

（3）隐患排查（通过播放录像片和视频连线的形式展现）。河源市水务局组织对水库进行检查；连平县自然资源局、县住房城乡建设局、县文广旅体局按职责分工分别开展灾害隐患排查；广东省应急管理厅副厅长通过视频连线的方式检查上坪镇应急管理（三防）规范化建设情况。

8.1.4.2 预警预报

以播放录像片、电话连线和“现场演练 + 实时视频传播”的形式展现，时长约 9.5 分钟。其中，各段录像片分别由广东电视台、河源市、连平县负责录制。预警预报的主要内容包括：

（1）预测预报（通过播放录像片的形式展现）。广东省气象局发布重大气象快报；广东省应急管理厅发布重大天气通告和风险警示，启动每日一研判、每日一调度、每日一检查、每日一报告、一事一处置的灾害天气应对“五个一”机制，加密研判和视频调度；河源市、连平县气象部门分别通报重大天气情况，分别提前组织强降雨形势会商，并通过短信、电视、广播等方式向公众发布降雨提醒信息。

（2）调度水库泄洪（通过播放录像片的形式展现）。河源市水务部门按照三防指挥部授权，对枫树坝水库提前进行防洪调度，通过预排预泄，腾出水库库容，做好拦洪错峰的准备，确保龙川县城及下游行洪安全。

（3）会商研判（通过“现场演练＋实时视频传播”的形式展现）。连平县应急指挥中心，县委县政府召开强降雨防御工作会商研判会，部署相关工作。

（4）启动响应（通过播放录像片的形式展现）。连平县三防指挥部启动防汛Ⅳ级应急响应，气象、水文部门加强监测预报，及时发布预警信息；水务部门加强防洪调度，做好山洪灾害监测预警工作；自然资源部门加强地质灾害隐患点巡查，重要点位落实专人盯守；应急管理部门加强值班值守，通知乡镇提前做好人员转移准备工作。

（5）预置队伍物资（通过“现场演练＋实时视频传播”的形式展现）。河源市、连平县三防指挥部提前调派应急抢险队员、冲锋舟、橡皮艇等抢险装备前往上坪镇、内莞镇待命。

8.1.4.3 救援处置

以播放录像片、视频连线、电话连线、现场演练＋实时视频传播的形式展现，时长约 46.5 分钟。其中，各段录像片分别由广东电视台、河源市、连平县负责录制。救援处置的主要内容包括：

（1）紧急部署（通过播放录像片和电话连线的形式展现）。连平县气象局发布暴雨黄色预警，根据应急响应与气象、水文等部门预警信号挂钩机制，县三防指挥部同步将防汛应急响应等级提升为Ⅲ级；连平县三防办通过值班值守系统向责任人发出预警信息，打电话给上坪镇、内莞镇、大湖镇等地进行点对点提醒；连平气象台发布暴雨橙色预警，县三防指挥部将防汛应急响应等级提升为Ⅱ级，县长分别电话连线上坪镇、内莞镇镇长，了解现场情况，部署相关工作；内莞镇、上坪镇连夜部署，动员镇干部分头入村，加强督导；上坪镇党委书记电话连线旗石村主任了解大席河水情。

（2）转移群众（通过播放录像和“现场演练 + 实时视频传播”的形式展现）。连平县气象台发布暴雨红色预警，县三防指挥部同步将防汛应急响应等级提升为Ⅰ级；大席河下游的显村村委会响起急促的警报声，村主任立即召集在村委会集结待命的村干部进行部署；显村组织人员转移，拉响警报器、敲响大铜锣发出预警，通知群众避险，村干部、民兵分工转移相关人员。

（3）安置管理（通过播放录像和“现场演练 + 实时视频传播”的形式展现）。河源市加强应急避护场所建设情况简介；人员转移后，对危险房屋“上一把锁，贴一张封条，设一条警戒线”；镇、村干部开展安置点管理工作，防止人员擅自返回遇险。

（4）救援抢险（通过播放录像和“现场演练 + 实时视频传播”的形式展现）。主要分为两大部分：①旗石小学师生 200 人被困，连平县三防指挥部在正常通信信号中断的情况下组织力量开展抢险救援；连平县组织对全县重点道路、桥梁、隧道、地质灾害点加强安全管控措施，设置安全警戒标识，落实专人盯守，禁止车辆通行；连平县组织交警对危桥等进行双向值守，对不听劝阻的群众和车辆进行劝返。②龙川县因持续强降雨，发生多处山体滑坡，引发了一系列地质灾害，贝岭镇米贝村多处房屋受损，道路交通中断，通信中断，人员被困。广东省应急管理厅协调省政府飞行服务队紧急调派直升机飞往贝岭镇米贝村，开展物资投送、人员转移等救援工作；广东省应急管理厅调集应急通信保障车到现场，恢复现场通信；广东省应急管理厅派出无人机对灾区进行空中勘察，将现场勘察绘制图回传至省应急管理厅指挥中心，无人机升空巡察现场灾情，对塌方现场进行三维建模，为工兵打通道路提供资料；解放军工程兵某部抢险救援，打通了通向贝岭镇米贝村的道路，武警部队、消防救援、应急救援队、公安特警、民兵、社会应急力量等救援力量迅速开展应急救援。

（5）救援情况汇报（通过视频连线的形式展现）。连平县前方指挥部视频连线广东省应急管理厅，报告现场救援情况，宣布险情解除。

8.1.5 演练总结

此次演练中，涉及省市县镇村 5 级行政区、7 个不同地点、13 个实地演练环节，省、市、县相关部门，镇、村及其他相关单位，以及参演群众共600多人，动用直升机2架，无人机6架，冲锋舟8艘，通信设备32套，各类车辆56台，是近年来广东省参演层次最全、演练地点最多、场景内容最丰富、处置情形最复杂、投入科技手段最先进的一次防汛综合性演练。此次演练的主要特点和成效可概括为“五立足、五结合”，具体如下：

（1）立足全灾种全链条，平时预防与战时抗救相结合。此次演练的32个场景完整展现了防汛工作的“测报防抗救”全过程、全链条，其中26个场景属于“测报防”，6个场景属于“抗救”。演练充分体现了以防为主、防抗救相结合的防灾减灾救灾新理念，体现了落实责任、能力建设、会商研判、预报预警、隐患排查、转移避险等日常环节在防汛工作中的重要性，体现了直升机定点救援、无人机精准投送、三维全景航拍建模等高科技手段对综合救援的强力支撑。

（2）立足规范应对，情景复盘与流程再造相结合。演练以河源市2019年“6·10”特大洪灾过程为时间轴，既真实复盘当时的情景，又重新规范整个防汛工作流程。通过组织会商研判、水库防洪调度、启动应急响应、预置队伍物资、提前转移危险区域群众、安置点安全管理、多灾种综合救援、应急通信恢复等内容演练，让基层掌握防汛工作“是什么、干什么、怎么干”，让群众明白洪水危害有哪些、预警信号是什么、灾害来了怎么办。

（3）立足上下联动，上级指挥协调与基层落细落实相结合。演练通过视频会商系统、值班值守系统、“应急一键通App”、应急通信车、卫星电话等信息化手段，构建横向到边、纵向到底的应急指挥网，确保省市县镇村五级高效联动。演练中，按照防汛工作“省指导、市统筹、县组织、镇村落实”的原则，省动员部署、加强检查、指导救援，市全程统筹、科学调度、预置力量，县会商研判、发布预警、组织救援，镇村开展巡查、转移人员、做好安置管理工作，有效发挥了应急管理体系整体效能，形成了防汛工作强大合力。

（4）立足问题导向，固化长效机制与解决突出问题相结合。此次演练对监测预报预警、应急指挥、危险区域人员转移、断网断电断路条件下应急通信保障等重难点问题进行攻关。在监测预报预警问题上，进一步健全完善县级应急管理部门与水利、自然资源、气象、水文等监测预报部门协作联动机制，及时向镇村发布雨情、水情、山洪和地质灾害风险等信息，彻底打通“预警信息最后一公里”。在基层应急指挥方面，形成了“一图四表”（防汛抗洪救灾转移安置人员应急预案作战图、特殊群体临灾转移责任台账、灾害点排查表、泥砖房汛期排查表以及削坡建房排查表）挂图作战机制。在危险区域人员转移问题上，进一步完善“县领导联系镇、镇领导联系村、村干部联系户”制度，细化联系对接的时机、内容、方式等。重点落实特殊群体临灾转移“四个一”工作机制，针对独居老人、留守儿童、伤残人士行动不便的情况，摸索形成了“集中精干力量、优先分批转移、全程车辆护送”的好做法。在“三断”条件下应急通信保障问题上，形成了“系留无人机多点升空、网络跨接跳跃传输”的新战法。

（5）立足以练促建，演练培训与能力建设相结合。通过演练，强化行政村防灾减灾救灾“十有”标准建设，配齐大喇叭、铜锣、手摇报警器、应急通信等设备，完善避险安置点设施。在沿河村庄安装水位自动监测报警设备，建立上下游联动预警机制，有效提高中小河流洪水自主发现和早期预警能力。推进乡镇应急（三防）规范化建设，修订完善应急预案，补充防汛物资器材，统一防汛工作台账，使基层防汛救灾能力有较大提升。

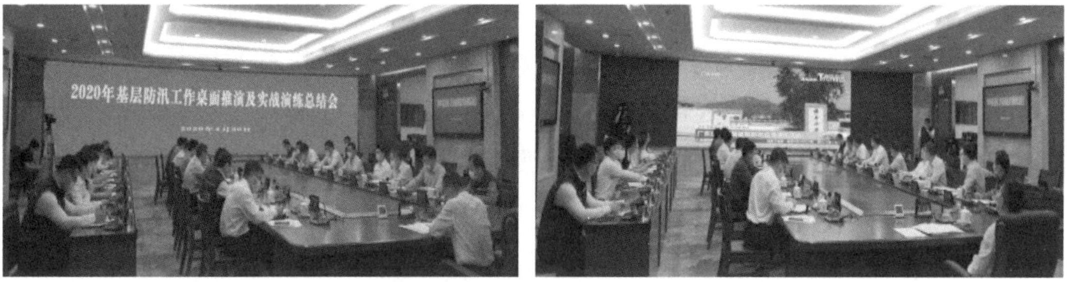

图 8–1　2020 年基层防汛工作桌面推演及实战演练总结会现场

8.2　广东省清明节期间森林防灭火工作落实情况桌面推演

8.2.1　演练背景及目的

清明将至，各地祭祀活动频繁，加之春耕生产和野外踏青进入高峰期，林区农事用火、民俗用火、生产生活用火将明显增加，野外火源管控难度加大，极易引发森林火灾。

2020 年 3 月 10 日，中共中央政治局常委、国务院总理李克强对森林草原防灭火工作做出重要批示。批示指出：森林草原防灭火事关人民群众生命财产安全和国家生态安全。当前，我国大部分地区将陆续进入森林草原春季防火期。各地区各有关部门要坚持以习近平新时代中国特色社会主义思想为指导，认真贯彻党中央、国务院决策部署，统筹抓好新冠肺炎疫情防控和森林草原火灾防范工作。要坚持预防为主、防灭结合、高效扑救、安全第一的方针，按照“打早、打小、打了”的原则，压实各级各环节责任，衔接好“防”和“救”的责任链条，坚决防范森林草原重特大火灾。要突出重点区域，加强监测预警、火源管控，及时排查消除隐患，防火于未燃之时、成灾之前。进一步完善指挥体系和协调机制，加强力量建设和实战演练，发挥各方优势，强化协同配合，形成整体合力，为促进经济平稳发展、保障人民群众生命财产安全提供有力支撑。

2020 年 3 月 10 日，广东省森林防灭火指挥部召开 2020 年全体成员第一次会议，会议指出，经综合预测，2020 年广东省气候呈偏旱年景的气象特征，春季干旱少雨，降水量同比将减少两成，森林火险等级将普遍偏高。广东省森林防灭火指挥部对疫情防控期间特别是清明节期间森林防灭火工作做出重要部署：在监测预警方面，通过抓好监测预警，确保火险早预报、火情早发现，第一时间采取防灾避险措施；在措施落实方面，对风险隐患开展大排查，强化群防群治、网格化管理，切实管住人为火源；在应急处置方面，做好组织指挥、人员配备、物资装备、通信联络和后勤保障等各项准备工作，做到“打早、打小、打了”；同时，抓好宣传教育，守住森林防火工作的第一道防线。

为进一步贯彻落实李克强总理在全国森林防灭火工作电视电话会议的指示精神，检验各地清明节期间森林防灭火各项工作落实情况，广东省森林防灭火指挥部决定于 2020 年 3 月 27 日开展森林防灭火演练，重点检查清明期间各级责任人森林防灭火工作责任落实情况与基层森林防灭火工作措施落实情况，检验发生森林火情后各级应对森林火灾的动员能力和处置能力。

8.2.2 演练情景

此次演练有两项重点任务：一是检查清明期间森林防灭火工作责任落实情

况和基层森林防灭火工作落实情况；二是检验各级政府和相关部门的森林火灾的动员能力和处置能力。其中，第二项任务设定的演练情景为：村民违规用火引发森林火灾。由于火场地形复杂，风力较大，植被为纯松林，火强度大，已燃烧两个小时，目前火情尚未得到控制，镇扑火指挥部请求上级增援。同时，森林灭火处置过程中遇到队伍通信中断问题，相关保障队伍实施应急通信保障。

8.2.3 演练领导机构

本次演练由广东省森林防灭火指挥部办公室、省应急管理厅、省林业局、清远市政府联合组织。

8.2.4 演练过程

本次演练采取“桌面推演 + 现场处置”的形式开展，广东省森林防灭火指挥部副总指挥、省林业局局长在省指挥中心通过视频连线系统指挥演练，现场演练由广东省连州市、保安镇、卿罡村及两级森林消防队伍、林业站和有关人员实施。演练分为工作部署与落实、值班值守、火源管控、火情处置四个阶段。

8.2.4.1 工作部署与落实

以播放录像片和视频连线的形式展现，时长约 9 分钟。工作部署与落实部分的主要内容包括：

（1）森林防灭火工作部署（通过播放录像片的形式展现）。清远市、连州市召开全市森林防灭火工作会议；保安镇、卿罡村分别召开森林防灭火工作会议，迅速落实上级工作要求，对清明节期间森林防灭火工作进行全面动员部署；连州市森林防灭火指挥部办公室组织有关成员单位，召开清明节期间森林火险形势分析研判会。

（2）森林防灭火工作落实情况检查（通过播放录像片和视频连线的形式展现）。广东省林业局局长视频连线连州市副市长，连州市副市长汇报连州市森林防火检查工作落实情况。

（3）森林防灭火宣传工作开展情况检查（通过播放录像片的形式展现）。

为了做好清明节期间森林防灭火工作，连州市开展丰富多彩的森林防灭火宣传工作，利用电视媒介循环播放公益广告及防灭火预警信息。

8.2.4.2 值班值守

以播放录像片和视频连线的形式展现，时长约10分钟。值班值守部分的主要内容包括：

（1）各级政府落实值班值守工作（通过播放录像片的形式展现）。各级政府落实24小时值班和领导带班制度，特别是在清明节重点时段，乡镇党政至少有一名主要领导在岗带班，统筹做好应急值守工作；保安镇政府结合疫情防控要求，制订清明节期间森林火灾应急处置方案，落实各项应急处置责任。

（2）上级政府检查基层森林防灭火工作落实情况（通过播放录像片和视频连线的形式展现）。广东省森林防灭火指挥部办公室视频调度连州市专业森林消防队伍靠前驻防力量，通过连州市森林消防队长的口头汇报和录像展现连州市专业森林消防队伍靠前驻防情况；广东省应急管理厅抽查县（市）级清明期间森林防火值班情况；广东省森林防灭火指挥部办公室抽查镇级清明期间森林防火值班情况。

8.2.4.3 火源管控

以播放录像片和视频连线的形式展现，时长约10分钟。火源管控部分的主要内容包括：

（1）连州市火源管控工作开展情况（通过播放录像片的形式展现）。连州市组织市政府督查室、应急、林业、民政等相关部门组成督导检查组到镇村一线，深入山边林边和疫情防控、森林防灭火临时检查站，监督检查工作落实情况，层层传导压力，压实镇村责任。

（2）上级政府检查基层森林防灭火工作落实情况（通过播放录像片和视频连线的形式展现）。广东省应急管理厅厅长视频连线连州市市长，就清明期间森林防火工作情况进行交流和指导；在清明节前夕，保安镇镇村干部、护林员指导开展清坟边、清林边、清地边、清隔离带、清旅游景区内可燃物的“五清”整治行动；连州市市场监管、应急、公安等部门，对全市销售烟花爆竹点进行暂时封存；护林员对在森林防火区内违规焚烧田边草、果园草、烧荒烧灰的行为，进行及时劝阻；对护林员在巡山护林中的违规行为及时纠正和批评教育；公安民警、镇村干部、护林员在临时检查站检查、登记过往车辆和人员，收缴火种、烟花爆竹、香烛纸钱等，并派送鲜花、礼炮用于祭扫。

8.2.4.4 火情处置

以播放录像片和视频连线的形式展现，时长约 25 分钟。火情处置部分的主要内容包括：

（1）监测预警与接警出动（通过播放录像片和视频连线的形式展现）。一方面，保安镇政府值班领导接到火情报告，卿罡村发生一起森林火灾；镇领导马上调度镇村森林消防半专业队伍前往扑救，同时报告连州市森林防灭火指挥部；镇领导马上赶赴现场，靠前指挥。另一方面，广东省应急管理厅监测人员向领导报告卫星监测情况：清远市连州市保安镇有一个热点，经核查反馈为山火，当地正组织扑救。

（2）应急指挥与现场处置（通过播放录像片和视频连线的形式展现）。保安镇主要领导请求连州市森林防灭火指挥部派出专业森林消防队伍支援灭火；镇政府、公安人员转移在山里养殖的 10 名群众；成立现场指挥部，指定现场指挥官，专家制订扑火方案；连州市专业森林消防队伍根据指令开展灭火工作；扑火队长向现场指挥官报告通信联系中断情况，现场指挥官下令立即启动应急通信保障。

（3）应急结束与火场清理（通过播放录像片和视频连线的形式展现）。明火全部扑灭，现场指挥部部署专业队伍清理余火，半专业队伍看守火场，防止死灰复燃；场指挥官在省厅应急指挥车上向省指挥长报告火场扑救情况。

图 8–2　广东省清明期间防灭火工作桌面推演现场

图 8–3　演练指挥部通过视频连线系统指挥现场演练

8.3　广东省铁路地质灾害突发事件应急处置联动机制实战演练

8.3.1　演练背景及目的

2020 年 3 月 30 日 11 时 40 分许，由济南开往广州的 T179 次客运列车（实载 800 余人）正常行驶至京广铁路湖南郴州永兴县境内时发生脱轨，列车机车后第一节车厢起火，9 节车厢发生侧翻，事发后车上乘客全部疏散。此次事故共造成 1 人死亡、4 人重伤、120 余人受伤，初步判断为泥石流滑坡引起列车侧翻。

党中央、国务院领导同志批示，要求深刻吸取事故教训，抓细抓实安全防范措施，坚决遏制重特大事故，有效防控各类灾害，切实维护人民群众生命财产安全，为疫情防控和经济社会发展营造安全稳定环境。一是立即组织铁路沿线地质灾害排查治理；二是深入开展铁路运输安全专项整治；三是深化重点行业领域安全风险隐患排查治理；四是认真做好防灾减灾和应急处置。

根据上级领导的重要批示，2020 年 4 月 4 日，广东省领导同志在清明期间安全防范会商研判会上明确指示，由省应急管理厅会同省公安、自然资源、卫健、气象、消防、铁路等部门组织一次铁路地质灾害突发事件应急处置联动实战演练，进一步增强全省铁路地质灾害风险防范意识，畅通铁路地质灾害信息报送渠道，建立健全突发事件预警机制，提升各部门联合应对铁路地质灾害处置能力，做到一旦发生突发事件，能快速响应、科学应对、及时高效妥善处置，确保人民群众生命财产安全。

8.3.2 演练情景

本次演练时间为 2020 年 4 月 20 日，地点设于广东省三茂铁路云浮支线大降坪—云浮站间 K29+820 处。本次演练重点检验地质灾害排查、信息联动和应急救援三部分内容，演练情景设置为：4 月以来，粤西地区连降暴雨，持续性强降水导致土壤含水量极高，山洪、泥石流、山体滑坡事故频发，广东省应急管理厅组织省自然资源厅、省气象局等相关部门研判强降雨防御形势，部署防御措施；4 月 20 日，三茂铁路云浮支线大降坪—云浮站间 K29+820 处发生山体滑坡塌方，大量塌方体覆盖铁路线，严重威胁即将通过的 57002 次客运列车的行驶安全。

8.3.3 演练领导机构

本次演练由广东省应急管理厅牵头，云浮市政府、省公安厅、省自然资源厅、省交通运输厅、省气象局、省消防救援总队、广州铁路监督管理局、广铁集团等单位参与。由云浮市成立铁路地质灾害突发事件应急处置联动机制实战演练领导小组，演练设现场指挥部，并设置七个功能组，分别为风险排查组、现场抢险组、医疗救护组、交通管控组、新闻舆情组、通信保障组、综合协调组。

（1）现场指挥部。现场指挥部设现场总指挥、现场常务副总指挥和现场副总指挥，由云浮市委市政府、云浮市应急管理局主要领导担任。主要职责为：根据总指挥的指示，进行现场处置行动的指挥。

（2）风险排查组。风险排查组由云浮市自然资源局相关人员、群测群防人员、110 接报中心、大降坪站信号楼工作人员、广铁集团三茂铁路云浮支线腰古车间值班人员组成。主要职责为：配合省自然资源厅做好第一阶段地质灾害排查的录像工作，做好第二阶段信息联动的现场演练工作。

（3）现场抢险组。现场抢险组由云浮市消防救援支队、广铁集团抢险救援队伍、当地某矿业公司工程抢险队伍和地方抢险队伍组成。主要职责为：地方抢险队伍、广铁集团抢险救援队伍在第一时间开展自救行动，云浮市消防救援支队和工程抢险队伍赶赴现场后，根据现场指挥部的指令和灾损情况现场研判，科学制订施救方案。

（4）医疗救助组。医疗救助组由云浮市卫生健康局工作人员和医院医护人员组成。主要职责为：根据现场指挥部的指令，对列车上受伤的乘客进行现场救治，按疫情防控要求组织防护、洗消工作。

（5）交通管控组。交通管控组由云浮市公安局、市交通运输局和高峰街道的相关人员组成。主要职责为：根据现场指挥部的指令，对事故现场周边进行管控，落实“10 公里控制、5 公里警戒、1 公里禁入”管控措施，并用大巴车对乘客进行转移（注：转移在实际演练中不做动作）。

（6）新闻舆情组。新闻舆情组由云浮市委宣传部主要领导和工作人员、云浮广播电视台工作人员和云浮日报工作人员组成，主要职责为：根据应急演练脚本安排，对第一阶段的地质灾害排查部分进行提前录制，并对第二、第三阶段的演练进行录制及现场跟拍（现场主要为新闻拍摄），做好新闻采访和报道、舆情处置和政策法规宣传工作。

（7）通信保障组。保障组由云浮市工业和信息化局主要领导和工作人员与中国移动、中国电信、中国联通、铁塔公司、云浮供电局相关工作人员组成，主要职责为：做好通信及电力保障工作。

（8）综合协调组。综合协调组由云浮市应急管理局主要领导和工作人员、云城区应急管理局主要领导和工作人员和高峰街道的相关人员组成，主要职责为：制定演练子方案，完善演练脚本，发布前期的会议通知和演练通告，搭建现场指挥部等，做好前期沟通联系、协调演练的各项工作。

8.3.4 演练过程

8.3.4.1 演练前准备

（1）发布通告，宣传解释。由云浮市应急管理局负责，通过新闻媒体向社会发布演练通告，并通过媒体宣传政策法律。

（2）演练预演。各参演单位于 2020 年 4 月 18 日、19 日上午进行两场演练预演。

（3）演练现场及相关准备。由云浮市应急管理局联合参演单位做好演练相关准备，主要包括：提前设计好演练的各个环节，将准备好的演练所需的材料发给各演练功能组，并对参演人员进行培训；对现场进行布置，并演练前一天对附近的居民进行通知，以免引起不必要的恐慌；在主要干道附近设置“前方演练，车辆慢行”的标志，在正式演练时禁止无关车辆进入现场；各参演队伍落实对讲机应答人员。

（4）各参演队伍预先到指定地点集中。所有参演队伍于演练前 1 小时依次在大降坪铁路货场、三茂铁路云浮支线大降坪—云浮站间 K29+820 处集中并签到，各组负责人就演练具体流程作部署。

8.3.4.2 演练开展过程

演练过程主要分为地质灾害排查、信息联动、应急响应三大板块。

（1）地质灾害排查。

以播放录像片的形式展现，时长约 5 分钟。由省自然资源厅负责，云浮市应急管理局、广铁集团配合提供素材。

本阶段的主要内容包括：粤西地区出现极端恶劣天气，省气象局发布气象监测预报，省应急管理厅组织有关部门会商研判，部署防御应对措施；云浮市群测群防人员对地质灾害隐患点（含铁路沿线）、削坡建房风险点进行实地巡查并做巡查记录；上门为村民发放“地质灾害防灾明白卡”等宣传资料；动员、协助受威胁群众转移避险；全省 42 个地质灾害隐患点实时监测；靶向发布地质灾害预警信息，省交通运输厅、广州铁路监督管理局、广铁集团等单位根据预警信息开展铁路沿线灾害险情巡查排查。

（2）信息联动。

以实战演练的形式展现，时长约 17 分钟。由广东省应急管理厅应急指挥处统筹协调，广铁集团牵头组织实施，云浮市政府、省公安厅、广州铁路监督管理局等单位参与。

本阶段的主要内容包括：当地一名群测群防人员在三茂铁路云浮支线大降坪站附近巡线时，发现一处山体滑坡塌方，造成一小段铁轨被塌方体掩埋，随即拨打 110 报警（视频图像同步传输至指挥部）；云浮市公安局接警中心接报后，立即启动应急联动机制，将险情第一时间通报广铁集团应急指挥中心（视频图像同步传输至省应急指挥中心）；广铁集团启动应急响应机制，调取沿线列车运行情况，对险情进行研判，采取紧急措施，连线云浮段铁路调度台，并通过大坪车站值班人向列车司机发出调度指令，扣停即将通过塌方点的57002次列车（视频图像同步传输至指挥部），同时将险情报送省应急管理厅；57002次列车驾驶员接到调度指令后，紧急制动，将列车驻停在距离塌方点×××米处，化解险情（视频图像同步传输至指挥部）。

（3）应急响应。

以实战演练的形式展现，时长约10分钟。广东省应急管理厅应急支援处统筹，广铁集团救援力量、云浮市救援力量负责。

本阶段的主要内容包括：险情出现后，省应急管理厅会同云浮市政府、省公安、卫生等部门及广铁集团立即启动铁路突发事件应急处置联动机制。广铁集团部署铁路救援力量参与处置；云浮市迅速前置救援力量，派出消防救援队伍、医疗急救队伍赶赴现场进行险情处置；云浮市公安局对事发点进行现场管控，保障救援力量有序进场（视频图像同步传输至指挥部）；专业救援力量对事故现场进行清障，打通铁路运输线，57002次列车安全通过（视频图像同步传输至指挥部）；针对网上出现的负面舆情，省应急管理厅政策法规和新闻宣传处及时发布险情处置信息，进行舆情管控。

8.3.5 演练总结

此次演练中，省、市、县相关部门和铁路系统共336人参与，共动用救援专业车辆32辆、其他救援装备146部。此次演练采取“实战+桌面推演”的方式进行，内容丰富，环节复杂，场景逼真，多点联动，多线条并行，组织协调和技术保障难度较大。铁路部门、云浮市和省有关部门克服困难，严密组织，加强配合，演练取得了良好效果，基本达到了检验预案、磨合机制、锻炼队伍、明确信息沟通流程和完善应急准备的预期目标，对防范和处置类似突发事件具有较强的示范意义。此次演练的主要成效可概括为六大方面，具体如下：

（1）强化了应急值班和信息报送工作协同。铁路和地方政府相关部门以练为战，加强应急值班和信息报送工作沟通协调，严格落实24小时值班和领导干部带班制度，畅通信息报送渠道，充分发挥各级值班室“承上启下、联系左右、沟通内外”的重要作用，优化突发事件信息处置程序，减少紧急情况下不必要的中间环节，确保事件信息和指挥调度指令能够快速有效流转，打破跨部门信息报送的“中梗阻”，推动突发事件信息报送提质增速。

（2）创新了混合演练的应急演练模式。演练坚持以防为主，地质灾害排查和信息联动均是防范事故灾害的重要环节，改变了过去演练就是练救援的传统做法，实行防、抗、救全过程演练。另外，此次演练实行桌面推演与现场处置相结合、线上远程观摩与线下应急行动相结合、情景构建与实战实练相结合、多层级与多线条相结合的创新方式，用低成本、短时间、高效率的方式实现了全员参与、全民动员，相关行业受检验、相关队伍受锻炼、相关人员受教育。

（3）完善了铁路突发事件信息处置机制。铁路部门会同公安、应急、自然资源、卫健等部门，对现有的涉铁路自然灾害应急响应联动机制进行了梳理，按照提升应急响应和救援处置效率的要求，结合工作实际，优化了信息报送流程，明确21个地级以上市在110接报铁路突发事件信息后，第一时间报送至广铁集团应急指挥中心，统一铁路部门接报电话并合理压减指挥调度层级，确保应急指挥扁平高效，以上工作成果在此次演练中得到了较好的体现和检验。此次演练信息流转和应急处置高效快捷，从地质灾害巡查员报警到列车安全驻停，实际用时仅4分50秒。

（4）强化了各类应急力量的协调联动。演练筹备的过程也是相关救援力量联动磨合的过程。铁路地质灾害突发事件应对工作，需要跨层级、跨部门，多线条联动，多任务同时并行。经过前期沟通协调，相关部门着力解决指挥调度救援队伍信息不畅、队伍之间各自为战的问题，发挥好应急管理部门的综合优势和各相关部门的专业优势，进一步明确指挥调度关系和联动响应程序，以演练促联动，不断完善跨领域、跨层级、跨地域的应急联动机制，形成了上下贯通、左右协调的应急响应工作合力。

（5）把“生命至上、安全第一”作为铁的规矩。此次演练突出了第一时间救治受伤人员的环节，目的就是强调把人民生命安全放在应急管理工作首位。铁路客运事故发生后，应急救援首要任务就是及时对被困旅客展开救援，最大限度地减少人员伤亡，组织好现场人员自救、互救，为整个突发事件后续应急救援创造良好条件。

（6）完善了突发事件应急响应通信保障措施。省应急管理厅为加强指挥调度能力，充分运用改革以来形成的监测预警“一张图”、指挥协同“一体化”、应急联动“一键通”等大数据、大平台优势，研究确定“四合一”应急通信保障措施，破解公网断电等极端条件下的应急通信保障问题。卫星电话、无人机、指挥车、通信保障体系同步就位、同时出动，确保在长时间、大范围发生重大突发事件时，指挥调度指令能够迅速直达救援一线，实现前方现场指挥部与后方应急指挥中心的信息无间断互通，情况无卡顿展现，指令无障碍传递。

图 8–4　云浮市政府成立现场指挥部

图 8–5　消防、医疗救援队伍赶赴现场开展救援

图 8–6　云浮市交通局对事故现场周边进行管控

8.4　广东省危险化学品安全风险防范实战推演

8.4.1　演练背景及目的

危险化学品安全风险防范是国家常抓不懈的防范化解重大风险重点工作之

一。2019 年 1 月，中共中央总书记、国家主席、中央军委主席习近平在省部级主要领导干部坚持底线思维着力防范化解重大风险专题研讨班开班式上发表重要讲话。2020 年 2 月，中共中央办公厅、国务院办公厅印发《关于全面加强危险化学品安全生产工作的意见》(厅字〔2020〕3 号)，要求“按照高质量发展要求，以防控系统性安全风险为重点，完善和落实安全生产责任和管理制度，建立安全隐患排查和安全预防控制体系，加强源头治理、综合治理、精准治理，着力解决基础性、源头性、瓶颈性问题，加快实现危险化学品安全生产治理体系和治理能力现代化，全面提升安全发展水平，推动安全生产形势持续稳定好转，为经济社会发展营造安全稳定环境”。2020 年 4 月，国务院安委会印发了《全国安全生产专项整治三年行动计划》，将危险化学品领域作为重点整治专项；2020 年 5 月，应急管理部办公厅关于印发《危险化学品重大危险源企业专项检查督导工作方案》的通知(应急厅〔2020〕23 号)，要求各地应急管理部门、消防救援机构联合开展危险化学品重大危险源企业专项检查督导，精准防控危险化学品重大危险源企业当前面临的各类安全风险。

广东是危险化学品生产、储存、运输、使用大省。为深入贯彻国家关于防范化解危险化学品企业安全风险的重要文件精神，贯彻落实危险化学品重大危险源企业专项检查督导工作部署，推动危险化学品安全专项整治三年行动计划实现良好开局，广东省应急管理厅重要领导谋划、部署、审定推演方案。2020 年 5 月 25 日，广东省应急管理厅联合省消防救援总队举行危险化学品安全风险防范实战推演，以深刻吸取省内近期典型危险化学品安全事故教训，深入剖析事故原因和暴露的问题，充分发挥事故警示教育作用，强化安全风险防范。

8.4.2 演练情景

本次推演以广东省 2020 年发生的珠海市长炼石化设备有限公司“1・14”爆燃事故、韶关市乳源东阳光氟有限公司“3・5”爆炸事故、广州市汉普医药有限公司“4・11”受限空间作业窒息事故这三起典型危险化学品事故为案例和基础，还原风险管控不足、隐患治理缺位、事故发生、事故应急的全过程。三起典型危险化学品事故概况如下：

(1)广州市汉普医药有限公司“4・11”受限空间作业窒息事故。2020 年 4 月 11 日，位于广州市从化区的广州市汉普医药有限公司搪瓷反应釜发生受限空间作业窒息事故，造成 2 人死亡。该事故发生的主要过程为：4 月 11 日上午 9 时许，汉普公司水解生产线 2 号搪瓷搅拌釜（约 5 立方米）发生故障，1 名工人在未办理受限空间作业证的情况下进罐维修，因未采取强制通风、未佩戴空气呼吸器等防护措施，进罐后窒息昏迷，另 1 名工人未落实个人防护冒险进釜施救也造成窒息昏迷，上述 2 人抢救无效死亡。

（2）韶关乳源东阳光氟有限公司“3・5”一般生产安全事故。2020 年 3 月 5 日 15 时 29 分，公司四氟乙烷装置在试生产过程中，位于九层的氯化氢分离塔发生闪爆。事故发生后公司立即启动厂级应急救援预案，同时上报乳源瑶族自治县应急管理局，并组织车间立即紧急停车和员工疏散。15 时 43 分事故得到有效控制，经当地环保部门监测，对周边环境未造成影响。事故处置过程中，公司坚持先救人后救物原则，在确保自身安全的前提下进入现场进行人员搜救。现场发现 2 人死亡，5 人轻伤，直接经济损失约 460 万元。公司立即组织对受伤人员送医院进行救治，及时通知死亡人员家属，并对其安抚和妥善安置。截至目前，4 名轻伤人员经医治已出院，1 名腿伤人员在普通外科病房，健康状况稳定。发生原因是，企业作业人员没有严格按操作规程用氮气对氯化氢分离塔吹扫，造成塔中有空气；反应系统催化剂再生过程没有按操作规程作业，使用压缩空气带入水分与通入反应器系统的氟化氢产生氢氟酸，氢氟酸腐蚀设备及管道产生氢气，在氯化氢分离塔内与空气形成爆炸性混合气体；违规电焊作业使氯化氢分离塔内不锈钢填料与设备筒体产生电位差引发放电，导致氢气闪爆。

（3）珠海市长炼石化设备有限公司“1·14”爆燃事故。2020 年 1 月 14 日，广东珠海高栏港珠海长炼石化设备有限公司重整与加氢装置预加氢单元发生闪爆，事故造成催化重整装置预加氢单元、重整单元、产品精制分离单元内建构筑物、设备设施不同程度损毁，无人员伤亡，核定直接经济损失 198.15 万元。该事故发生的主要过程为：13 时 41 分许，长炼石化公司催化重整装置预加氢进料 / 产物换热器 E202A–F 与预加氢产物 / 脱水塔进料换热器 E204AB 间的压力管道（250P2019CS–H）90° 弯头处出现泄漏，发生爆燃，之后管道内漏出的易燃物料猛烈燃烧，并于 13 时 51 分和 14 时 21 分再发生两次爆燃。接警后，广东珠海消防救援支队立即调派 40 辆消防车、200 名指战员到场处置，广东省消防救援总队调度广州、佛山、江门、中山消防救援支队和总队特勤大队 5 支力量增援现场。当日 19 时 15 分明火完全扑灭，该公司当班 121 人及周边厂区

604 人全部安全疏散撤离，事故及救援过程中无人员伤亡。

8.4.3 演练领导机构

此次演练由广东省应急管理厅和省消防救援总队联合组织，省、市、县三级应急管理部门、消防救援机构，危险化学品企业主要负责人和安全管理人员共同参与。

8.4.4 演练过程

此次演练以三个不同类型、不同地点的事故案例为基础，紧扣“风险怎么演变成事故”这一主线，围绕“危险化学品安全风险怎么防”这一主题，通过现实和虚拟场景相结合，采用真人真演、视频播放、3D 演示、视频连线等多种方式，对事故的起因、经过及处置过程进行全面复盘。演练过程遵循以下四个原则：

（1）基于真事。以事实为基础，以时间为主轴，一步一步还原从风险管控失当、隐患治理失效到发生事故的全过程。

（2）还原真景。推演现场设在三起事故的企业现场，原原本本还原事发前、事发时、救援处置等环节的真实场景。

（3）动用真人。由参与相关事故处置的广东省各级应急管理部门干部、消防救援队伍指战员，三起典型事故相关企业负责人和工作人员本色出演，安排企业主要负责人出镜检视事故根源、反思事故教训。

（4）开展真演。通过情景构建，真实还原当事人心路历程，了解他们是怎么想的、怎么说的、怎么做的。

8.4.5 演练总结

此次演练中，参演人员包括参与三起典型事故处置的广东省、广州市、珠海市、韶关市应急管理部门干部、消防救援队伍指战员，以及相关企业负责人和工作人员，动用摄影设备 220 余台套（次），出动各类制作保障人员近 100 人次。应急管理部门主要领导远程线上观摩指导，广东省、市、县三级应急管理部门、消防救援机构共 1 094 人和全省 1 382 家重点危险化学品企业主要负责人以视频方式观摩实战推演。此次典型事故复盘推演在全国属于重大创新，具有教科书式的指导意义，受到了应急管理部领导和应急管理专家的高度肯定。此次演练不仅突出体现了亮点，整个演练的组织过程也有很多值得借鉴的经验。

8.4.5.1 演练特点与创新

（1）理念新。突出了贯彻落实习近平总书记关于安全生产的重要指示批示精神，树牢红线意识，坚持底线思维，改变了过去演练就是“拉动队伍，以救为主”的传统做法，实现了风险隐患从“形成—发展—事故”的全过程推演，把事故教训转化为企业做好安全工作的自觉行动，真正筑牢“生命至上、安全第一”的安全发展理念。

（2）方式新。创新采用虚拟与现实相结合、事故还原与问题剖析相结合的手法，通过事故企业员工本色出演，突出真人、真事、真景、真演，有身份、有对话、有场景，一步步推演剖析事故原因，视频体验更加真实。企业主要负责人主动出镜，真情实感反思事故教训，让人对事故惨痛教训有了更加直观的感受。

（3）载体新。现实与虚拟场景相结合，把安全监管、桌面推演、情景还原、实战演练、宣传教育几个方面有机结合，真人真演、视频播放、3D 演示、视频连线等展现手法穿插其中，搭建了多层次、多线条的推演平台，通俗易懂，代入感强，是一次全新的尝试。

（4）内容新。创造性地突出了“危险化学品安全风险怎么防”这一主题，既分析了事故的直接原因和间接原因，指出了错误的“干”如何演变发展成事故，也开展了安全知识和意识科普教育，强调正确的“防”如何防范化解安全风险，让监管部门和企业人员都受到教育。

8.4.5.2 演练组织经验

（1）策划准备立于“早”。正式推演前 1 个月，广东省应急管理厅主要领导先后三次召开会议，研究推演内容，审定推演方案。相关处室迅速成立推演工作专班，起草推演脚本，构建推演情景，策划实战推演。在缺乏组织类似演练经验的情况下，演练策划组一方面认真观摩学习森林防火、地质灾害、三防等多场演练，借鉴学习经验，另一方面注重收集危险化学品事故应急演练方面的资料素材，提前打好基础。

（2）方案脚本落于“细”。本次推演涉及广州、珠海、韶关三地，三起事故案例涉及不同类型，需要采用真人真演、视频播放、3D演示、视频连线等表现手法，时间紧、任务重。演练策划组反复推敲推演细节和打磨脚本，先后拟定拍摄脚本11稿近20万字，安排实时传输机位13个，动用摄影设备220余台套（次），出动各类制作保障人员近100人（次），制作各类视频、动画素材时长近900分钟。

（3）宣传发动知于“情”。本次推演要求突出真人、真事、真景、真演，作为事故企业，本身有创伤，主要负责人思想有负担、企业人员内心有顾虑是确实存在的。针对这一情况，广东省应急管理厅主要领导亲自与相关企业负责人通电话，专门召集广州、珠海、韶关市应急管理局负责同志以及广州汉普、韶关东阳光氟、珠海长炼公司主要负责人召开动员会议，阐明开展事故推演的目的和意义，做有效的思想动员，帮助企业参演人员卸下思想包袱。最终，推演工作得到了事故企业的充分理解和大力支持，确保了推演工作的顺利开展。

（4）拍摄制作源于“真”。本次推演旨在真实反映当事者的心理历程，还原事故现场，剖析事故根源，总结提炼应急救援的成果。不同于预定假设的演练场景，一方面要做到尊重客观事实、逻辑推理严密，另一方面要达到身临其境、循循善诱的观摩效果。演练策划组在认真吃透三起事故调查报告的基础上，多方搜集各类素材，协同制作单位深入事故现场，一个个场景还原构思、一幅幅镜头补充拍摄、一帧帧画面剪辑完善、一句句对白讨论推敲、一格格动画设计修改，力求把每一起事故背后复杂的成因，用尽量有限的时间、尽量通俗的语言、尽量简单的情节、尽量易懂的讲解来展现，做到“场面逼真、事实清楚”。

（5）正式推演预于“备”。本次推演场景时间和空间跨度大、实时传输点位多，特别是国家、省、市、县各级应急管理部门同步观摩，对前方导调、后方调度都提出了更高要求。演练组织单位将本次推演作为了践行应急管理“五应”要求的“练兵场”，从正式推演前三天开始，每天不间断组织企业人员预演，特别是针对25日当天，现场可能出现大到暴雨的情况，做好实时传输中断等突发情况的应急准备，每个场景精心制作备片，预置切换方案。现场通信保障也预备了有线网络和4G两套方案，并随时监测网络传输信号，使得推演中出现传输问题时能够做到及时切换、无缝衔接，确保推演不出差错、不掉链子。

图 8–7　危险化学品安全风险防范实战推演现场

图 8–8　乳源东阳光氟有限公司“3 · 5”一般生产安全事故复盘推演

8.5　广东省应对省外特别重大地震灾害应急救援实战演练

8.5.1　演练背景及目的

为深入贯彻习近平总书记关于防灾减灾救灾的重要批示指示精神，落实全国全省“一盘棋”机制和省委省政府工作部署，提升本省地震应急救援能力水平，广东省抗震救灾指挥部决定开展广东省应对省外特别重大地震灾害应急救援演练活动。

通过组织开展省外特别重大地震灾害应急救援演练，进一步强化抗大震、抢大险、救大灾意识，切实磨合各部门、各单位和军地之间、省内外之间的协调联动机制，锻炼应急救援队伍协同救援能力，提升省抗震救灾指挥部的应急指挥能力，为开展相关地震应急演练活动提供借鉴经验。

8.5.2 演练情景

模拟 2020 年 10 月 20 日 9 时 1 分 A 省 B 县发生 8.0 级地震，震源深度 15 千米，受灾面积达 37 万平方千米，造成大量人员伤亡和巨大经济损失。震区海拔 1 500~4 000 米，地处高山峡谷，地表破碎，极易造成崩塌、滑坡、滚石等次生灾害；由于当地前段时间大部分地区出现降雨天气，土壤含水量较高，极易引发泥石流等次生灾害。同时，震区余震不断，救援工作非常困难。国务院抗震救灾指挥部启动国家特别重大地震灾害 I 级响应。A 省启动本省特别重大地震灾害 I 级响应。地震发生后，广东省抗震救灾指挥部立即启动震情响应和应急处置，做好本省舆情应对、群众安抚和对外救援准备等工作。震后 45 分钟，广东省接到国务院抗震救灾指挥部通知，要求广东省组织力量援助 A 省灾区。广东省委省政府要求省抗震救灾指挥部组织对 A 省灾区开展救援工作，争取广东省成为第一个援助 A 省的省份，彰显广东力量，展示广东形象，努力实现“四个走在全国前列”。本次演练模拟震后 0~72 小时内我省抗震救灾指挥部组织开展应急救援的各项活动情况。

8.5.3 演练领导机构

此次演练由广东省抗震救灾指挥部主办，由广东省抗震救灾指挥部办公室、广东省应急管理厅承办，由深圳防灾减灾技术研究院提供技术支撑，省应急管理厅、省公安厅、省交通运输厅、省卫生健康委、省地质局、省地震局、省消防救援总队、省粮食和储备局、省红十字会、省应急医院、广州铁路集团公司、南方航空公司等单位参加演练。

8.5.4 演练过程

（1）序：应急预备。

主要介绍机构改革以来，广东省委省政府高度重视防震减灾、抗震救灾工作以及取得成效；广东省抗震救灾指挥部建立的机制和运行情况；广东省应急管理厅作为“三部三委”办公室，发挥统筹抓总作用，推进地震等自然灾害防御情况。

（2）第一阶段：震情响应。

以视频拍摄加语音旁白方式展示省应急管理厅和省地震局在接到震情速报后开展工作情景；收集震情信息；省抗震救灾指挥部办公室组织相关单位召开研判会商会；及时向省抗震救灾指挥部报告情况，等等。

（3）第二阶段：支援准备。

以视频拍摄、工作 PPT 和各成员单位负责人在省应急指挥大厅现场汇报方式展开演练，并通过视频连线等方式加强“一部两省”（应急管理部、A 外省、广东省）三方协调推进演练。广东省抗震救灾指挥部迅速召开对外援助落实情况调度会，由相关单位汇报落实对外救援措施情况。

（4）第三阶段：集结出征。

广东应急救援队按计划出征，“四路并进”驰援灾区。在广州南站，高铁运输的救援队向总指挥视频报告队伍出发情况。在白云机场，航空运输的救援队向总指挥视频报告出发队员人数及托运救援物资情况。在高速路上，公路运输的救援队向总指挥视频报告队伍行进情况。在广州大朗货运站，专列运输的救灾物资队伍向总指挥视频报告应急物资装运情况。

（5）第四阶段：现场救援。

广东应急救援队到达地震灾区后，立即开展现场救援工作。在震后黄金救援时间 72 小时内取得较好成绩。在震后 10 天，广东省抗震救灾指挥部派出第二批广东应急救援队 200 人，赶赴灾区轮换第一批队员。在震后 20 天，现场救援取得阶段性成果，A 外省转入灾后重建，广东应急救援队凯旋。

8.5.5 演练总结

这是全国第一次举行应对省外特大地震灾害的应急演练，也是机构改革后省应急管理厅第一次组织有应急管理部和兄弟省参演的演练活动，还是目前省应急管理厅组织省有关部门及参与单位最多的演练活动。这次演练得到了应急管理部、A 外省应急管理厅的大力支持和高度肯定，广东电视台、《广州日报》等新闻媒体广泛报道，引起全国应急管理系统的热烈反响。

这次演练圆满成功是广东省应急管理厅正确领导、统筹指挥的结果，广东省应急管理厅厅长出题和部署，多次听取演练筹备汇报，专门审定演练方案和脚本；厅分管领导全程组织协调演练相关工作。这更是全厅“一盘棋”共同努力的结果，地震地灾处、应急支援处、应急指挥处、科技和信息化处通力合作、攻坚克难，办公室、规财处、宣传处、救灾处、人事处大力支持、有求必应，充分展示了省应急管理厅团结奋斗的精神、应急管理改革的成效、统筹抓总的威力。这次演练也是省抗震救灾指挥部的一次大动员、大学习，52 个成员单位全部到现场观摩演练活动，21 个地级以上市应急管理局远程观摩演练活动。

这次演练体现了“高、全、快、统、好”五大特点，为全国地震演练创新了模式，提供了经验。

（1）站位高。

这次演练旨在深入贯彻习近平总书记关于防灾减灾救灾重要批示指示精神，落实全国“一盘棋”应急响应机制，磨合省抗震救灾指挥部工作机制，提升我省地震灾害应急救援能力水平，按照省委省政府关于“广东成为第一批到达 A 省灾区的外省救援力量”的指示进行演练部署。地处改革开放前沿、作为全国第一经济大省的广东省，坚持人民至上、生命至上，坚持“一方有难，八方支援”，第一时间应急响应、组织广东应急救援队支援 A 外省，体现了广东担当和广东精神。

（2）科目全。

这次演练主要包括震情响应、支援准备、集结出征、现场救援四个阶段，方案设计合理，衔接紧凑有序。震情响应阶段充分考虑“三情叠加”（灾情、疫情、舆情），展示“三方响应”（省地震局、省应急管理厅、省抗震救灾指挥部），加强了“一部两省协调”（应急管理部、A 外省、广东省）；支援准备阶段突出“一部统筹”（省抗震救灾指挥部统筹抓总）、“十三单位联动”（13 家单位响应、组织救援队伍、落实救灾物资）；集结出征阶段突出“四地集结”，采用航空运输、高铁运输、公路运输、货运列车“四路并进”驰援灾区；现场救援阶段突出广东应急救援队“七队救援”（消防救援队、地震救援队、医疗救治队、心理救援队、应急专家队、救灾物资队、社会救援队）的风采，社会应急力量也参加了救援。

（3）反应快。

这次演练从筹备到完成只用了10天时间，其间省应急管理厅、省公安厅、省交通运输厅、省卫生健康委、省地质局、省粮食和储备局、省地震局、省消防救援总队、省红十字会、省应急医院、广州白云机场、深圳公益救援队等13家单位迅速响应，按职责分工分别落实救援队伍、救援装备和救灾物资；参演队伍人数283人，3次快速机动拉练到达指定地点；协调南航提供了1架波音777包机、中国铁路提供了1辆“复兴号”高铁列车和1辆货运列车，以及各成员单位提供了警车、通信指挥车、救护车、医疗方舱车等67辆参演。整个演练过程立足实战，在省抗震救灾指挥部指挥下，各有关部门能够快速响应、迅速行动，组织严密、有序有效地应对省外特大地震灾害应急救援。

（4）高效统。

这次演练运用了省应急管理厅融合指挥、应急通信、全域感知等改革成果，调动了省抗震救灾指挥部各成员单位的积极性，充分发挥了统筹抓总的作用。1个小时的演练，展示了广东省支援A外省的从启动响应到现场救援的主要环节，涉及国家部委、中央企业、省直部门、省属国企、社会应急力量等17个单位，协同高效，有序有效地开展“一部两省协调”“十三单位联动”“四路并进”“七队救援”，充分体现了机构改革后应急管理部门统一协调的成效，彰显了应急管理体系的特色和优势。

（5）效果好。

这次演练得到了各方领导、专家的好评和肯定。应急管理部二级巡视员指出，广东省应急管理厅成功组织了一次精彩的抗震救灾演练，厅党委书记、厅长担任演练总指挥，充分体现了省应急管理厅对应急管理和抗震救灾工作的高度重视、主动担当；应对省外特别重大地震灾害应急救援演练在国内尚属首次，为今后进一步完善各级应急预案及高效应对类似突发事件提供了宝贵经验和借鉴；这次演练充分体现了广东省统一指挥、专常兼备、反应灵敏、上下联动的应急管理体制，展示了广东形象和广东力量。省地震局党组书记、局长指出，这次演练取得圆满成功，演练目标明确、针对性强，内容丰富、安排紧凑，贴近实战、效果明显，靠的是扎实的前期准备工作，特别是省应急管理厅做了大量组织和协调工作，各参演单位也进行了充分的准备。中国地震应急搜救中心研究员、云南省地震局研究员点评表示，广东省站位高、顾大局、办法实，心中装着人民，肩上扛着责任，令点评专家感动；这次演练是广东省应急管理厅在客观认识本省地震灾害风险的基础上，对如何做好地震灾害援助工作进行的一次有益尝试，为其他省市开展类似演练提供了参考。

图 8–9 广东省应对省外特别重大地震灾害应急救援演练现场

图 8–10 应急救援队伍集合

附　录

附录 1　广东省应急管理厅关于基层防汛工作实战推演脚本

演练序幕

演练主持人 ××：尊敬的各位领导、同志们，大家好！为深入贯彻习近平总书记关于防灾减灾救灾重要批示指示精神，落实省委省政府关于防汛工作部署，切实提升基层防汛应急能力，今天，我们组织开展基层防汛工作桌面推演及实战演练。

本次演练采取桌面推演加现场处置方式进行，围绕监测预警、会商研判、决策指挥、避险处置和应急救援等防汛工作的重点、难点，通过复盘“6·10”洪灾处置，磨合工作机制，规范处置流程，进一步落实县镇村各级三防工作责任制，完善防范应对措施，提高群众防灾避险意识，提升基层应急指挥与救援能力。

本次演练由省三防办、省应急管理厅、河源市三防指挥部联合主办，连平县三防指挥部、上坪镇政府、内莞镇政府承办。在主会场参加演练的领导有省防总副总指挥、省应急管理厅厅长 ××，省水利厅副厅长 ×××，省自然资源厅副厅长 ×××，省住房和城乡建设厅副厅长 ×××，以及省应急管理厅有关领导。在分会场参加演练的有河源市委常委、常务副市长 ××，副市长 ××，以及河源市、连平县三防指挥部的有关领导，各地市应急管理局在各自分会场同步观摩。

报告指挥长，演练准备完毕，请您指示！

演练指挥长 ××：按计划进行！

演练主持人 ××：是！

引子部分

时间	主题	演练内容	情景构建	旁白	主持词
0.5 分钟	指导思想	片头	大屏显示：基层防汛工作桌面推演及实战演练		3 月 31 日，广东省宣布入汛以来，始终坚持防疫与防汛两手抓，做到早研判、早部署、早落实，全省迅速进入防汛备汛临战状态。下面开始演练。请播放视频。
1 分钟			【画面 1】播放视频 1：全省江河全貌，历年暴雨、洪水、台风灾害的情况。（省电视台录制）	广东省北依南岭、南临南海，地处珠江流域下游，水系发达，共有河流 1.1 万多条，总长 6.6 万千米。主要河流有东江、西江、北江、韩江、鉴江。我省多年平均降雨量 1 774 毫米，但时空分布不均，80% 降雨集中在 4—10 月的汛期，并往往引发洪水。尤其是山区极易出现山洪、泥石流和地质灾害，且突发性强，给人民群众生命安全带来重大威胁。	

（续上表）

时间	主题	演练内容	情景构建	旁白	主持词
1 分钟	指导思想		【画面 2】播放视频 2：机构改革以来，省委、省政府和应急部门的落实情况。省委出台的有关九大工程的文件，以及中小河流治理、海堤工程、应急部门工作画面。（省电视台录制）	近年来，全省各地各部门坚决贯彻习近平总书记关于防灾减灾救灾的重要指示批示精神，落实省委省政府的工作部署，始终坚持以人民为中心的发展思想，按照“两个坚持、三个转变”的防灾减灾救灾新理念，树牢底线思维，增强忧患意识，扎实开展三防各项工作，有力保障人民群众生命财产安全，最大限度降低灾害损失。	
2 分钟		①工作部署	【画面 3】播放视频 3：国家、省防总召开三防工作会议。× × 书记、× × 省长、× × 常务副省长召开会议，× × 厅长主持会商调度，对 2020 年三防工作进行全面再动员、再部署、再落实。（省电视台录制）	省委省政府高度重视三防工作。3 月 29 日，× × 书记主持召开全省清明期间安全防范工作会议，对防汛工作提出明确要求。3 月 31 日和 4 月 4 日，× × 省长两次到省应急管理厅，对防汛工作进行部署，并派出 5 个工作组赴全省开展防汛备汛大检查。4 月 2 日，× × 常务副省长主持召开全省三防工作视频会议，对 2020 年的防汛工作进行了具体落实。省三防办、省应急管理厅加强会商研判和视频调度，强化防汛工作监督指导。	

（续上表）

时间	主题	演练内容	情景构建	旁白	主持词
1 分钟	指导思想	①工作部署	【画面 4】播放视频 4：××省长、××常务副省长、××副省长、××副省长检查防汛工作。（省电视台录制）	狠抓责任落实是三防工作的关键。严格落实以行政首长负责制为核心的各项三防责任制。省领导率先垂范，××省长、××常务副省长、××副省长、××副省长分别担任北江大堤、飞来峡水利枢纽、潮州供水枢纽、乐昌峡水利枢纽行政责任人，并到责任地段检查防汛工作。全省各地各级坚持防疫和防汛两手抓，认真落实三防工作责任制，全面推动防汛工作落实。	
1 分钟		②压实责任	【画面 5】播放视频 5： 镜头 1：河源市召开 2020 年三防工作部署会议，书记、市长动员部署。 镜头 2：连平县及上坪镇、内莞镇层层动员的情况。（防汛工作会议） 镜头 3：市、县防汛工作方案画面。（市县提供）	为贯彻落实全省三防工作会议精神，河源市、连平县分别召开了三防工作会议，层层进行动员部署；并印发《2020 年防汛工作方案》，立足最不利情况，做好防大汛、抢大险、救大灾各项准备工作。	下面，我们将镜头转向河源市。

（续上表）

时间	主题	演练内容	情景构建	旁白	主持词
1 分钟	指导思想	②压实责任	【画面 6】播放视频 6： 镜头 1：河源市各级三防指挥长到市三防办研究工作。（市提供） 镜头 2：县自然资源局召集班子成员研究三防工作。（县提供） 镜头 3：上坪镇河长巡河。（县提供） 镜头 4：县水务局水库巡查。（县提供） 镜头 5：旗石村村干部对接户。（县提供）	配上字幕：各级三防指挥长每周至少到防办一次；各级指挥部的领导成员每周至少与本单位相关职能部门研究一次三防工作；市级河长每半年至少一次、县级河长每月至少一次、镇级河长每半个月至少一次、村级河长每周至少一次进行巡河；水库行政责任人、技术责任人每月至少进行一次防汛备汛情况检查；巡查责任人每天至少巡查一次所负责的水库，灾害天气加密巡查；县领导每月至少一次联系对接镇；镇领导每周至少一次联系对接村；村干部每周至少一次联系对接户。	强化汛期党政主要领导不能同时离开辖区、指挥长 AB 角等制度，落实汛期责任人履职“十一个至少一次”的具体要求。
4 分钟			【画面 7】视频连线 1：河源市常务副市长 ×× 在市三防指挥部向省应急管理厅 ×× 厅长汇报河源市落实防汛工作情况。	【河源市三防总指挥 ××】总指挥好！下面由我汇报我市当前三防工作情况。我市认真贯彻落实省委 ×× 书记调研河源抢险救灾时的讲话精神和 ×× 省长关于做好防灾减灾救灾工作的要求，认真总结“6 · 10”“6 · 12”抗洪抢	下面，请河源市三防总指挥 ×× 同志向省防总汇报防汛工作情况。

（续上表）

时间	主题	演练内容	情景构建	旁白	主持词
4分钟	指导思想	②压实责任	【画面7】视频连线1：河源市常务副市长××在市三防指挥部向省应急管理厅××厅长汇报河源市落实防汛工作情况。	险的做法，全力做好防汛备汛工作，确保全市安全度汛。一是及时召开全市三防工作会议，××书记、××市长亲自参加，并进行全面动员部署；二是制定印发《河源市建立健全应急管理体系工作方案》和《2020年防汛工作方案》，强化抢险救灾指挥“第一公里”，打通基层抢险救灾落实“最后一公里”，细化了工作任务，强化了责任落实；三是全面落实防汛责任制，完善行政责任人、技术责任人、转移责任人台账，实现网格化管理全覆盖；四是修订完善各类应急预案，制定下发各项工作指引，对全市水系图、地形图、风险隐患点分布图等制作上墙，实施挂图作战；五是制订抢险救援物资储备计划，拨出专项经费购买充实救援装备和救灾物资；六是督导行业部门落实监管责任，开展防汛备汛大检查，筑牢汛期安全防线，建立动态整治台账，杜绝带险入汛或有险无策。 我的汇报完毕，请总指挥指示。 【省防总副总指挥××】很好！希望你们进一步健全三防工作体系，全面压实各级三防责任制，立足最不利、最复杂的情况，做好防大汛、抢大险、救大灾的准备，做到工作部署在前，防范措施在前，会商研判在前，抢险准备在前，以确保全市安全度汛，最大限度保障人民群众生命财产安全。	

（续上表）

时间	主题	演练内容	情景构建	旁白	主持词
2 分钟	指导思想	②压实责任	【画面 8】播放视频 7： 镜头 1：河源市委、市政府主要领导检查防汛工作。（市提供） 镜头 2：连平县在政府门户网站公示责任人。（县提供） 镜头 3：上坪镇领导到旗石村挂点。（县提供） 镜头 4：显村更新转移对接责任人台账，村干部上门对接群众。（县提供）	基层及时调整三防指挥部成员，落实“三个联系”责任对接制度，实行 24 小时值班带班，组织对辖区核报对接责任人、水库“三个责任人”、地质灾害隐患点巡查责任人等三防责任人，通过政府门户网站进行公示，并对责任人进行业务培训。 镇、村是基层三防工作的责任主体，重点落实独居老人、伤残人士、留守儿童等特殊群体人员转移“每户一对接、每村一台账、每镇一张网、每灾一行动”的“四个一”工作机制。其中乡镇（街道）要重点明确挂点联系责任人，加强工作指导；村（居）要重点更新转移对接责任人台账，每个责任人主动上门与群众进行对接。	
2 分钟			【画面 9】视频连线 2：省应急管理厅值班室通过值班值守系统抽查连平县值班带班情况。	【省厅汛旱风灾害救援处处长 ××】连平三防，你好！我是省应急管理厅汛旱风处处长 ××，对你们值班值守的情况进行抽查，请你汇报相关的情况。	下面，请省应急管理厅值班室通过值班值守系统抽查连平县值班带班情况。

（续上表）

时间	主题	演练内容	情景构建	旁白	主持词
2 分钟	指导思想	②压实责任	【画面 9】视频连线 2：省应急管理厅值班室通过值班值守系统抽查连平县值班带班情况。	【连平县三防办主任 ××】×× 处长好！我是连平县三防办主任 ××，今天是我带班。入汛以来，我们三防办每天都安排 2 名干部 24 小时值班值守。同时，我县 13 个镇全部落实汛期 24 小时镇领导带班和值班员值班制度。刚才我也通过视频检查了各乡镇带班和值班情况，全部在岗，并能通过值班值守系统和“一键通”监视雨情水情。今天我县情况一切正常，请领导放心！ 【省厅汛旱风灾害救援处处长 ××】好的！你们辛苦了！请继续加强值班值守，并注意气象情况，及时向镇村通报。	
1 分钟		③隐患排查	【画面 10】播放视频 8：河源市水务局组织对水库进行检查。（市提供）	隐患排查整治是防范化解重大风险、开展源头治理的最有效方法。河源市按照省统一部署，在全市范围内迅速开展防汛隐患排查整治行动。对辖区水库进行检查，重点查看水库行政责任人、技术责任人、巡查责任人是否到位，监测预报预警通信设备、调度运用方案、安全管理应急预案“三个重点环节”是否落实。	

（续上表）

时间	主题	演练内容	情景构建	旁白	主持词
1.5 分钟	指导思想	③ 隐患排查	【画面 11】播放视频 9： 镜头 1：连平县自然资源局对地质灾害隐患点进行排查。 镜头 2：县住房城乡建设局对辖区削坡建房、泥砖房灾害隐患点开展排查整治。 镜头 3：县文广旅体局检查景区画面。（县提供）	削坡建房、泥砖房、山洪地质灾害隐患点是临灾检查的重点。要发挥好群测群防体系作用，落实监测预警措施，在关键点位派出专人盯守，做到“雨前排查、雨中巡查、雨后复查”。 加强削坡建房点边坡风险等级排查认定工作，采取避险搬迁、工程治理、简易治理等方式，有效降低灾害风险。公众在降雨期间要“住上不住下、住前不住后、睡前查一查”。 此外，还要对水利工程、在建工程、中小河流、城市易涝黑点、旅游景区等重点环节“再查一遍”。	
3 分钟		④ 加强检查	【画面 12】 屏幕 1：视频连线 3（金视通）：省应急管理厅副厅长连线上坪镇，检查基层应急管理（三防）规范化建设情况。 屏幕 2：播放视频 10：上坪镇应急管理（三防）规范化建设情况（县提供）	【省应急管理厅副厅长 ××】×× 镇长你好，我是省应急管理厅副厅长 ××，请你汇报一下上坪镇应急管理（三防）规范化建设的情况。 【上坪镇镇长 ××】好的。上坪镇严格按照上级要求，明确由应急管理办公室承担应急管理工作，在镇政府办公楼设立了应急管理（三防）值班值守和会商区域，实施镇领导轮流带班制度，落实了 5 名人员担任 24 小时值班工作，安装了省厅配发的值班值守系统，更换了背景板，	下面，请连线上坪镇，××× 副厅长检查乡镇应急管理（三防）规范化建设情况。

（续上表）

时间	主题	演练内容	情景构建	旁白	主持词
3 分钟	指导思想	④加强检查	【画面 12】 屏幕 1：视频连线 3（金视通）：省应急管理厅副厅长连线上坪镇，检查基层应急管理（三防）规范化建设情况。 屏幕 2：播放视频 10：上坪镇应急管理（三防）规范化建设情况（县提供）	悬挂了统一标语。同时组织修订了应急预案，完善了镇领导包村责任台账，落实了不少于 15 人的应急救援队伍，配备冲锋舟、橡皮艇、救生衣等救援装备的要求。汇报完毕！ 【省应急管理厅副厅长 ××】好的，你们工作很主动，抓得也很细，希望进一步把规范化建设的成果转化为做好应急三防工作的能力。谢谢！ 【上坪镇镇长 ××】好的，我们一定抓好落实。	
2 分钟			【画面 13】播放视频 11： 镜头 1：河源市三防办 ×× 局长到上坪镇检查规范化建设情况。 镜头 2：连平县三防办 ××× 局长到旗石村检查“十有”情况的画面。 镜头 3：连平县三防办 ×× 局长用“一键通”连线显村 ×××。（县提供）	汛期，市、县三防办要加强对镇村防汛备汛工作检查督导，重点检查值班值守、应急预案、抢险物资、救援队伍准备情况，应急“一键通”、卫星电话等通信设备的使用情况，以及行政村“十有”标准建设情况，等等。	

情况处置

时间	主题	演练内容	情景构建	旁白	主持词
			大屏显示第二部分：情况处置阶段		
1 分钟	指导思想	⑤预测预报	【画面 14】播放视频 12： 镜头 1：省气象局发布重大气象快报。 镜头 2：省应急管理厅发布重大天气通告和风险警示，加密研判和视频调度。（省电视台录制）	6 月 8 日 8:00 省气象局发布重大气象快报，预计 6 月 9 日至 11 日白天，韶关、河源、梅州等地有暴雨到大暴雨，部分山区可能有特大暴雨。 省三防办、省应急管理厅及时发布重大天气通告和风险警示，启动每日一研判、每日一调度、每日一检查、每日一报告、一事一处置的灾害天气应对“五个一”机制。	下面进行第二阶段，情况处置。我们按“6 · 10”的时间轴进行再现。
1 分钟			【画面 15】播放视频 13： 镜头 1：河源市、连平县气象部门分别发布气象快报。 镜头 2：市县分别组织形势分析。 镜头 3：连平县三防指挥部通过短信、电视、广播等方式向公众发布降雨提醒信息。（市、县提供）	6 月 8 日 8:30 河源市、连平县气象部门分别通报重大天气情况，市县分别提前组织强降雨形势会商，并通过短信、电视、广播等方式向公众发布降雨提醒信息。	

（续上表）

时间	主题	演练内容	情景构建	旁白	主持词
0.5 分钟	指导思想	⑥ 调度水库泄洪	【画面 16】播放视频 14：枫树坝水库预泄腾库。（市提供）	6 月 8 日 15:00 根据预测预报，河源市水务部门按照三防指挥部授权，对枫树坝水库提前进行防洪调度，通过预排预泄、腾出水库库容，做好拦洪错峰准备，确保龙川县城及下游行洪安全。	加强水库调度，提前预泄腾库，发挥防洪作用。
4 分钟		⑦ 会商研判	【画面 17】实时传输 1： 连平县应急指挥中心，县委县政府召开强降雨防御工作会商研判会，部署相关工作。（县提供）	6 月 9 日 10:00 【连平县三防指挥长 ××】现在开始会商，请各监测预报单位分别发言。 【连平县气象局党组成员 ××】指挥长，目前我县普降中到大雨，平均降雨量 28.5 毫米，录得降雨量最大的站点是上坪镇，达到 30.5 毫米，预计未来我县降雨仍将持续且逐渐增强，山洪及地质灾害风险高，需提前做好强降雨及次生灾害的防范工作。 【连平县水务局副局长 ××】指挥长，针对这次强降雨过程，我县已对辖区水库提前预排预泄、腾出水库库容，做好拦洪错峰准备，并与上下游地区做好信息共享。预计还将出现超警戒洪水。	6 月 9 日 10:00 连平县气象部门报告，目前全县累计降雨量最大已达 30.5 毫米，未来降雨仍将持续。连平县三防指挥部立即组织气象、水文、应急、自然资源、水务等部门进行会商研判。下面，请将画面切换到连平县应急指挥中心。

（续上表）

时间	主题	演练内容	情景构建	旁白	主持词
4 分钟	指导思想	⑦会商研判	【画面 17】实时传输 1： 连平县应急指挥中心，县委县政府召开强降雨防御工作会商研判会，部署相关工作。（县提供）	【连平县应急管理局局长 ××】指挥长，根据惠州水文分局提供的水情信息，连平河、大席河水位逐渐上涨，预计大席河上坪站水位可能继续上涨 1~2 米。根据《连平县防汛防旱防风防冻应急预案》，建议指挥部立即启动防汛Ⅳ级应急响应。 【连平县自然资源局副局长 ××】指挥长，我局共组织地质灾害巡查排查 610 多人次，巡查地质灾害隐患点（风险点）122 处，对 26 处落实应急处置措施，提前放置警示牌，落实责任人并指示撤离路线。预计发生地质灾害风险较高，需注意做好防范工作。 【连平县三防指挥长 ××】综合大家的发言，我县目前降雨仍将持续，且有进一步增强趋势，局部地区可能发生山洪地质灾害和中小河流洪水，形势十分严峻。经会商研判，现决定于 9 日 12 时启动防汛Ⅳ级应急响应，各级各单位按照预案做好相关防御工作。	

（续上表）

时间	主题	演练内容	情景构建	旁白	主持词
1 分钟	指导思想	⑧ 启动响应	【画面 18】播放视频 15： 镜头 1：连平县启动防汛Ⅳ级应急响应的通知。 镜头 2：水务部门山洪灾害监测设备。 镜头 3：自然资源部门地质灾害点巡查画面。 镜头 4：应急部门值班值守画面。（县提供）	6 月 9 日 12:00 连平县三防指挥部启动防汛Ⅳ级应急响应。气象、水文部门加强监测预报，及时发布预警信息。水务部门加强防洪调度，做好山洪灾害监测预警工作。自然资源部门加强地质灾害隐患点巡查，重要点位落实专人盯守。应急部门加强值班值守，通知乡镇提前做好人员转移准备工作。	
2 分钟		⑨ 预置队伍物资	【画面 19】实时传输 2： 市应急救援队队员 20 名、连平县消防救援队员 20 名在上坪镇政府大门门口下车集结，装运物资。（省厅科信处负责，县电视台视频备份）		河源市、连平县三防指挥部提前调派应急抢险队员、冲锋舟、橡皮艇等抢险装备前往上坪镇、内莞镇待命。

（续上表）

时间	主题	演练内容	情景构建	旁白	主持词
2 分钟	坚持零伤亡	⑩紧急部署	【画面 20】播放视频 16： 镜头 1：强降雨、大席河上涨画面。 镜头 2：6 月 9 日 23:30，连平气象台发布暴雨黄色预警。 镜头 3：县、镇、村党政干部短信接报连平境内将有大到暴雨。 镜头 4：县三防办通过值班值守系统向 3 936 名责任人发出预警信息。 镜头 5：县三防办给打电话给上坪镇、内莞镇、大湖镇等重点地区进行点对点提醒。 镜头 6：发布暴雨橙色预警和启动防汛Ⅱ级应急响应。（县提供）	6 月 9 日 23:30 连平县降雨进一步增强，部分中小河流水位急剧上涨。大席河 2 小时上涨 1.8 米。连平县气象局发布暴雨黄色预警。根据应急响应与气象、水文等部门预警信号挂钩机制，县三防指挥部同步将防汛应急响应等级提升为Ⅲ级。县三防办通过值班值守系统向责任人发出预警信息，打电话给上坪镇、内莞镇、大湖镇等地进行点对点提醒。	
2 分钟			【画面 21】“一键通”实时传输 3：×××县长在县政府（实际地点在旗石村前方指挥部）通过“一键通”给内莞镇镇长 ××× 打电话。	6 月 10 日 2:30 【连平县县长 ×××】镇长你好，我是县长 ×××，请你汇报一下内莞镇雨情、水情情况。	6 月 10 日 2:30 连平气象台发布暴雨橙色预警，县三防指挥部将防汛应急响应等级提升为Ⅱ级。县长 ××× 分别给上坪镇、内

（续上表）

时间	主题	演练内容	情景构建	旁白	主持词
2 分钟	坚持零伤亡	⑩紧急部署	【画面 21】“一键通”实时传输 3：×××县长在县政府（实际地点在旗石村前方指挥部）通过“一键通”给内莞镇镇长×××打电话。	【内莞镇镇长×××】好的，县长。在过去的 3 小时，我镇降雨量 87 毫米，大席河水上涨了 2.5 米，目前降雨仍在持续，暂未收到险情、灾情报告。 【连平县县长×××】请你们继续密切关注雨情、水情变化，加强值班值守，落实责任，及时转移危险区群众，确保群众安全。	莞镇镇长打电话，询问雨情水情，要求加强值班值守，落实责任，及时转移危险区群众，确保群众安全。
1 分钟			【画面 22】实时传输 4： 镜头 1：上坪镇连夜部署，动员镇干部分头入村，加强督导。 镜头 2：上坪镇党委书记×××通过应急“一键通”连线旗石村村主任×××了解大席河水情。（省厅科信处）	6 月 10 日 2:40 【上坪镇党委书记×××】主任你好，我是镇委书记×××，请你汇报大席河水情情况。 【旗石村村主任×××】好的，书记。在过去的 3 小时，大席河已上涨了 2.5 米，目前河水仍在上涨。	接到县长电话后，内莞镇、上坪镇连夜部署，动员镇干部分头入村，加强督导。 上坪镇党委书记×××通过应急“一键通”连线旗石村村主任×××了解大席河水情。

（续上表）

时间	主题	演练内容	情景构建	旁白	主持词
1 分钟	坚持零伤亡	⑪转移群众	【画面 23】播放视频 17： 镜头 1：雨势更大画面。洪水暴发场面。 镜头 2：村干部巡河、山边、水库边，并报告。 镜头 3：户外报警器、室内报警器发出报警声音。（县提供）	6 月 10 日 3:12 大席河 2 小时暴涨 5 米，连平气象台发布暴雨红色预警。县三防指挥部同步将防汛应急响应等级提升为 I 级。10 日 3:20，安装在旗石村洪水自动预警系统发出洪水预警。大席河下游的显村村委会响起了急促的警报声。村主任 ××× 立即召集在村委会集结待命的村干部进行部署。	
10 分钟			【画面 24】省电视台实时传输 5：显村组织人员转移，拉响警报器、敲响大铜锣发出预警，通知群众避险。 镜头 1：显村村主任 ××× 进行转移部署。	【显村村主任 ×××】各组按分工立即组织转移人员。先组织独居老人、伤残人士、留守儿童转移，落实一对一专人帮扶，不愿转移的要采取强制措施，确保一个都不能漏，马上行动！	显村组织人员转移，拉响警报器、敲响大铜锣发出预警，通知群众避险。
			镜头 2：村主任 ××× 打开村委会大喇叭，敦促民众转移。（反复 3 遍）	【显村村主任 ×××】乡亲们！我是村主任 ×××，洪水马上要来了，大家马上向国道转移！马上向国道转移！	

（续上表）

时间	主题	演练内容	情景构建	旁白	主持词
10 分钟	坚持零伤亡	⑪转移群众	镜头 3：显村值班员 ××× 摇动报警器，发出预警。		显村值班员摇动报警器，发出预警。
			镜头 4：显村治保主任、锣长 ×× 敲响大铜锣。（县提供视频备份）	【治保主任 ××】（围着自然村跑了四圈，一边敲铜锣一边大喊）乡亲们，洪水来啦，赶快向国道转移。	村治保主任、锣长围着自然村跑了四圈，一边敲铜锣一边大喊，向乡亲们预警洪水来了，赶快向国道转移。
			镜头 5：群众沿路线指引向国道转移。	（要有转移路线方向标志。）	干部落实一对一机制，转移独居老人等。有部分群众在村干部有序组织下沿着标志“应急避护场所”箭头线路转移。
			镜头 6：民兵甲、乙转移刘大妈及其孙子。	【民兵甲】(敲门)刘大妈，洪水来啦，我背你走。 【刘大妈】来啦，还有我的孙子。 【民兵乙】好，我抱他走。	民兵转移刘大妈及其孙子。

（续上表）

时间	主题	演练内容	情景构建	旁白	主持词
10 分钟	坚持零伤亡	⑪转移群众	镜头 7：民兵丙强制转移赖大叔。	【民兵丙】赖大叔，洪水来啦，请快撤离！ 【赖大叔】哪里有洪水，我都在这住大半辈子了，没事，洪水不会来的，我不走。 （民兵丙和民兵丁直接把赖大叔架起来就走）	民兵强制转移赖大叔。
			镜头 8：村主任 ××× 开车往返转移老人、残疾人。		村主任 ××× 开车往返转移老人、残疾人。
			镜头 9：民兵营长 ××× 逐家逐户敲门确认，并把熟睡的五保户陈细妹背到村委会安置点。（县提供视频备份）	【民兵营长 ×××】带领 3 个民兵，逐家逐户敲门确认。“有人吗？洪水快来了，抓紧转移！” （当他们来到 78 岁五保户陈细妹家时，发现大门紧闭，叫门无人应答。××× 组织民兵将门撞开，将陈细妹从床上背到村委会安置点）	民兵逐家逐户敲门确认，并把熟睡的陈细妹背到村委会安置点。

（续上表）

时间	主题	演练内容	情景构建	旁白	主持词
1 分钟	坚持零伤亡	⑫安置管理	【画面 25】播放视频 18： 镜头 1：河源市加强应急避护场所建设情况。 镜头 2：旗石村安置点画面。 镜头 3：对转移人员的房屋“上一把锁，贴一张封条，设一条警戒线”（县提供）	近年来我省大力推广综合减灾示范社区和应急避护场所建设，确保受灾群众“有饭吃、有衣穿、有干净水喝、有临时住处、有病能得到及时治疗”。人员转移后，对危险房屋“上一把锁，贴一张封条，设一条警戒线”。镇、村干部还要切实做好安置点管理工作，防止人员擅自返回遇险。	
2 分钟			【画面 26】实时传输 6： 旗石小学转移安置点一群众要回家拿东西，工作人员劝阻。（省电视台、省厅科信处）	【张大妈】我家的猪不知道现在怎么样了，我得回去看看。 【村干部】洪水还没退，现在外面还很危险。 【张大妈】都等那么久了，不会有什么事的。 【村干部】这可不行，预警信号没解除之前决不能回去，请从自身安全着想，也配合做好工作。	旗石小学转移安置点一群众要回家拿东西，工作人员劝阻。

（续上表）

时间	主题	演练内容	情景构建	旁白	主持词
5 分钟	坚持零伤亡	⑬解救学生	【画面 27】实时传输 7： 解救被困学生。大席河河水急涨，连平县三防指挥部接报，旗石小学师生 200 人被困，等待救援，信号不通，无法联系。（省电视台、省厅科信处） 镜头 1：旗石小学校长组织全体师生从一楼转移至二楼。校长：同学们，洪水来了，我们赶快往二楼转移。 镜头 2：指挥部通过无人机投放卫星电话给校长。 镜头 3：旗石小学校长在电话上报告：水把一楼教室淹了一半，我们全体师生 202 人现已转移至二楼安全位置。 镜头 4：（无人机喊话）大家不要惊慌，不要乱跑，待在安全区域，等待救援。		6 月 10 日 7:50，位于大席河上游的旗石村洪水暴涨，旗石小学师生 200 人被困，县三防指挥部立即组织力量开展抢险救援。 由于信号不通，无法联系，应急部门迅速采用无人机将卫星电话精准投放到校长手中，恢复通信。 随后，无人机投放食物、矿泉水、药品。5 小时后，洪水退去，师生安全。

（续上表）

时间	主题	演练内容	情景构建	旁白	主持词
3 分钟	坚持零伤亡	⑭ 危桥管理	【画面 28】实时传输 8：危桥管理（县城合水桥）。 镜头 1：拉警戒线。 镜头 2：劝返群众和车辆。司机甲驾驶一辆小轿车向桥头驶来，交警甲对不听劝阻的群众和车辆进行劝返。 （省电视台、省厅科信处） （县提供视频备份）	司机甲驾驶一辆小轿车向桥头驶来。交警甲对不听劝阻的群众和车辆进行劝返。	6 月 10 日 15:00 连平县组织对全县重点道路、桥梁、隧道、地质灾害点加强安全管控措施，设置安全警戒标识，落实专人盯守，禁止车辆通行。 连平县组织交警对危桥等进行双向值守，对不听劝阻的群众和车辆进行劝返。
0.5 分钟		⑮ 地质灾害处置	【画面 29】播放视频 19：龙川贝岭镇米贝村发生山体滑坡。（市提供）	6 月 12 日，龙川县因持续强降雨，发生多处山体滑坡，引发了一系列地质灾害，贝岭镇米贝村多处房屋受损，道路交通中断，通信中断，人员被困。	

（续上表）

时间	主题	演练内容	情景构建	旁白	主持词
15 分钟	坚持零伤亡	⑮ 地质灾害处置	【画面 30】实时传输 9:（实际降落地点是旗石村） （省电视台、省厅科信处） 镜头 1：一架直升机降落在旗石小学空地上，指挥部组织人员搬运救灾物资。 镜头 2：救援人员将 5 名被困群众扶上直升机，直升机起飞。 镜头 3：应急卫星通信车恢复通信。 镜头 4：无人机升空巡察现场灾情，对塌方现场进行三维建模，为工兵打通道路提供资料。无人机传回现场勘察绘制图。		省应急管理厅协调省政府飞行服务队紧急调派直升机飞往贝岭镇米贝村，投送矿泉水、食物、药品等物资，将被困群众转送到县体育馆。 省应急管理厅调集应急通信保障车到现场，恢复现场通信。 省应急管理厅派出无人机对灾区进行空中勘察，将现场勘察绘制图回传至省应急管理厅指挥中心，通过三维建模科学测算滑坡量和工程量，有力指导开展后续救援工作。现在大屏显示的是无人机进行灾情勘察的实时画面。

（续上表）

时间	主题	演练内容	情景构建	旁白	主持词
2 分钟	坚持零伤亡	⑯综合救援	【画面 31】播放视频 20：解放军工程兵某部抢险救援，打通了通向贝岭镇米贝村的道路，武警部队、消防救援、应急救援队、公安特警、民兵、社会应急力量等救援力量迅速开展应急救援。（省、市、县分别找视频资料）	解放军工程兵某部抢险救援，打通了通向贝岭镇米贝村的道路，武警部队、消防救援、应急救援队、公安特警、民兵、社会应急力量等救援力量迅速开展应急救援。	
2 分钟		⑰情况报告	【画面 32】视频连线 4： 连平县前方指挥部 ×× 副市长（××× 县长陪同）连线省厅，报告险情解除。 （省电视台、省厅科信处）	【河源市三防常务副总指挥 ××】总指挥，在省防总的指导下，在市委市政府的坚强领导和全市人民的共同努力下，我市全市动员、全员投入、全力以赴，共投入抢险救援力量 11.9 万人，安全转移了 43 571 人，面对超历史纪录的洪涝灾害，我市广大党员干部身先士卒，解放军、武警官兵、民兵、消防及公安干警冲锋在前，不顾个人安危，吃大苦、耐大劳，连续奋战，灾区群众已全部安全转移，被困群众全部安全救出，无人员伤亡，取得了阶段性胜利。	下面，请河源市副市长 ×× 同志在连平县前方指挥部现场报告救援情况。

（续上表）

时间	主题	演练内容	情景构建	旁白	主持词
2 分钟	坚持零伤亡	⑰情况报告	【画面 32】视频连线 4: 连平县前方指挥部 ×× 副市长（××× 县长陪同）连线省厅，报告险情解除。 （省电视台、省厅科信处）	下一步，我们将扎实做好受灾群众安置、生活救助及灾后复产重建工作，请省防总放心。 【省防总副总指挥 ××】很好！你们要加强受灾群众的生活救助，组织灾害评估，开展救灾复产，尽快恢复生产生活秩序。	

专家点评与领导讲话

时间	主题	演练内容	情景构建	旁白	主持词
专家点评					
10 分钟		省委党校应急管理教研室主任 ××、华南农业大学 ××× 教授对此次演练进行点评。			本次灾害应对全过程结束！下面，进入专家点评环节。请省委党校应急管理教研室主任 ××、华南农业大学 ××× 教授对此次演练进行点评。
领导讲话					
10 分钟		×× 同志讲话。			下面，请省防总副总指挥、省应急管理厅厅长 ×× 讲话。

附录2 广东省清明节期间森林防灭火工作落实情况桌面推演脚本

时间	主题	画面	动作、指令	解说词	参加单位
15:00—15:05	引子	省应急指挥中心会场现场画面（实况）	【主持人】为贯彻落实李克强总理在全国森林防灭火工作电视电话会议的指示精神，我省各级政府实施清明节期间森林防灭火“包山头、守路口、盯重点、签责任、打早小”的超常规措施，压实地方各级政府和有关部门管理责任，今天我们在这里开展一次森林防灭火工作桌面推演，检验各地清明节期间森林防灭火各项工作落实情况。 出席桌面推演的领导主要有：省应急管理厅党组书记、厅长×××，省林业局党组书记、局长×××，省应急管理厅党组成员、副厅长×××。有关处室负责人参加推演。		省应急管理厅领导，省林业局领导，省应急管理厅有关处室负责人。

（续上表）

时间	主题	画面	动作、指令	解说词	参加单位
15:00—15:05	引子	省应急指挥中心会场现场画面（实况）	今天的桌面推演有 5 个程序：一是由指挥长宣布桌面推演开始；二是推演环节；三是宣布桌面推演结束；四是专家点评；五是领导讲话。 本次桌面推演由省应急管理厅厅长 ××× 同志担任总指挥长，现在请总指挥长宣布桌面推演开始。		
15:05—15:06	宣布桌面推演开始		【总指挥长】我宣布，广东省清明节期间森林防灭火工作落实情况桌面推演开始。		
15:06—15:15	（一）工作部署与防火宣传	1. 导入录像： 清远市召开 2020 年全市清明节期间森林防灭火工作会议，清远市领导部署本年清明节期间森林防灭火工作画面。 连州市召开 2020 年全市清明节期间森林防灭火工作会议，连州市领导部署本年清明节期间森林防灭火工作画面。		旁白：为贯彻落实全省森林防灭火工作电视电话会议精神，清远市、连州市召开全市森林防灭火工作会议。	清远市、连州市。

（续上表）

时间	主题	画面	动作、指令	解说词	参加单位
15:06—15:15	（一）工作部署与防火宣传	2. 导入录像： 保安镇、卿罡村召开森林防灭火工作会议，落实上级工作要求，对清明节期间森林防灭火工作进行全面动员部署。保安镇政府与各村签订清明节期间森林防灭火责任书。		旁白：保安镇、卿罡村分别召开森林防灭火工作会议，迅速落实上级工作要求，对清明节期间森林防灭火工作进行全面动员部署。保安镇政府与各村签订清明节期间森林防灭火责任书，压实防灭火责任。	保安镇政府、卿罡村村委会。
		3. 导入录像： 连州市森林防灭火指挥部办公室组织有关成员单位，召开清明节期间森林火险形势分析研判会。（增加森林视频2~3个镜头，气象图表1组）		旁白：连州市森林防灭火指挥部办公室组织有关成员单位，召开清明节期间森林火险形势分析研判会。通过研判分析，认为今年清明节期间连州市气温总体偏高，降雨偏少，森林火险等级偏高，容易引发森林火灾，森林防灭火形势严峻。	连州市政府、应急管理、林业、气象等有关部门。
		省应急指挥中心会场现场画面。（实况）	【主持人】请省林业局局长视频调度连州市清明节期间森林防火工作部署情况。		

（续上表）

时间	主题	画面	动作、指令	解说词	参加单位
15:06—15:15	（一）工作部署与防火宣传	一、现场连接： 省林业局局长与连州市副市长对话。（副市长在一线检查的途中接受省厅连线）	【省林业局局长】×××副市长，你现在在哪里进行检查，请报告检查工作开展情况。 【连州市副市长】报告×××局长。我现在位于保安镇卿罡村的临时检查站，今天连州市委市政府的班子成员全部下沉一线，深入森林防火一线开展检查工作。今天上午，我一共带队检查了5个检查站，到达每一个检查站后，认真翻阅进山登记本，查看进山人员登记情况，经统计，今天入山人员共×人，检查入山车辆×辆、摩托车×台，查扣烟花爆竹×捆、香烛×把，共计发放鲜花×份。截至目前，全市没有发生森林火灾。 【省林业局局长】你在检查中有没有发现什么问题？是否已全部当即整改解决？		

（续上表）

时间	主题	画面	动作、指令	解说词	参加单位
15:06—15:15	（一）工作部署与防火宣传	一、现场连接： 省林业局局长与连州市副市长对话。（副市长在一线检查的途中接受省厅连线）	【连州市副市长】检查中我们发现在当前疫情防控的紧要时期，进山拜祭的人员还是很多，部分人员携带火种进山，森林火灾风险隐患依然较大。接下来，我们将充分发挥临时检查站的作用，从严、从细，加大检查力度，不让任何火种进山，同时加大对进山人员密切跟踪和逐一登记的力度，认真发挥护林员的作用，加密巡山护林力度，确保所有进山人员都在可控巡查范围。 报告完毕。		
		4. 导入森林防灭火宣传录像： （1）写标语、贴标语。 （2）挂横幅。		旁白：为了做好清明节期间森林防灭火工作，连州市开展丰富多彩的森林防灭火宣传工作，利用电视媒介，循环播放公益广告及防灭火预警信息。	

（续上表）

时间	主题	画面	动作、指令	解说词	参加单位
15:06—15:15	（一）工作部署与防火宣传	（3）在保安镇集市设点宣传，派发宣传单张、公开信、告知书、环保袋等宣传资料。 （4）连州市电视台播放宣传短片。 （5）村干部、护林员入户宣传，派发宣传资料。 （6）签订清明扫墓森林防火安全承诺书。 （7）进行森林防火安全短信宣传。 （8）护林员骑摩托车巡护宣传。 （9）森林消防队伍巡回宣传。		保安镇组织镇村干部、护林员进企业、进农村、进社区、进学校、进家庭开展面对面宣传，派发宣传资料，签订清明扫墓森林防火安全承诺书；在墟镇集市、村头巷尾张贴标语、悬挂横幅；设立宣传点，派发倡议书、告知书、环保袋等宣传资料。护林员和森林消防员每天出动摩托车60多辆次、皮卡车8辆次，开展进村巡回宣传活动。	
		5. 导入录像： 播放微信小视频，上一堂森林防火网络课，教育中小学生莫玩火、注意用火安全。		旁白：当地加强中小学生森林防灭火宣传教育，组织学生观看森林防灭火小视频、上一堂森林防灭火网络课，实现教育一个学生、影响一个家庭、带动整个社会，营造群防群治的森林防灭火浓厚氛围。	

（续上表）

时间	主题	画面	动作、指令	解说词	参加单位
15:06—15:15	（一）工作部署与防火宣传	6. 导入录像： 村村通大喇叭宣传画面。		喇叭声音：森林防火、人人有责，森林防火你我他，文明家园靠大家……	
		7. 导入录像： 农家小院。 小孩听到喇叭声音后，拿出森林防火宣传册子与大人对读。		旁白：中小学生通过“小手拉大手”，劝导家长莫带火种、爆竹进山祭扫。	
15:15—15:25	（二）值班值守	1. 导入录像： 保安镇党政主要领导带班值守。		旁白：在森林特别防护期内，各级政府落实 24 小时值班和领导带班制度，特别是在清明节重点时段，乡镇党政至少有一名主要领导在岗带班，统筹做好应急值守工作。	保安镇政府。
		2. 导入录像： 保安镇关于印发《保安镇清明节期间森林火灾应急处置方案》的通知。		旁白：保安镇政府结合疫情防控要求，制定清明节期间森林火灾应急处置方案，落实各项应急处置责任。	保安镇政府。
		省应急指挥中心会场现场画面。（实况）	【主持人】省森林防灭火指挥部办公室视频调度连州市专业森林消防队伍靠前驻防情况。		

（续上表）

时间	主题	画面	动作、指令	解说词	参加单位
15:15—15:25	（二）值班值守	二、现场连接： 省应急管理厅副厅长与连州市森林消防队长的对话。 驻点背景：保安镇党群活动中心。 字幕：连州市专业森林消防队靠前驻点。	【省应急管理厅副厅长】连州市专业森林消防队 ×× 队长，请报告专业队伍的现状以及清明期间森林火灾应对处置准备情况。 【队长】报告！连州市专业森林消防队伍现有消防人员 50 名，现分 3 个中队分别靠前驻防在宝安镇、星子镇、连州镇。为应对做好清明期间森林火灾扑救工作，我们制定了清明期间森林火灾扑救应急预案，把火灾扑救工作细化到每个小队和每名消防队员身上，每天开展体能训练和机具实操训练，同时对现有扑火机具进行了全部保养维修，确保一旦有火情所有扑火装备都能“拉得动、出得去、用得着”。目前，队伍已调整到最佳状态，随		

（续上表）

时间	主题	画面	动作、指令	解说词	参加单位
15:15—15:25	（二）值班值守	二、现场连接： 省应急管理厅副厅长与连州市森林消防队长的对话。 驻点背景：保安镇党群活动中心。 字幕：连州市专业森林消防队靠前驻点。	时可以应战。报告完毕。 【省应急管理厅副厅长】辛苦了，请你们时刻保持高度戒备状态，随时听从党和人民的召唤，做到一遇火情立即出动，安全、科学、高效地扑灭火灾。 【队长】是！请领导放心！		
		3. 导入录像： 专业森林消防队伍风力灭火机、二号工具等使用训练；扑火机具检修维护，配齐个人应急救援装备，做好应急通信保障，以及应急扑火物资准备等画面。 字幕：连州市专业森林消防队伍靠前驻防。	【主持人】省应急管理厅抽查县（市）级清明期间森林防火值班情况。	旁白：清明节期间，连州市专业森林消防队伍靠前驻防，加强风力灭火、以水灭火、二号工具等扑火技能训练，做好扑火机具检修，配齐应急救援装备。	连州市应急管理局、保安镇政府。

（续上表）

时间	主题	画面	动作、指令	解说词	参加单位
15:15—15:25	（二）值班值守	三、演练现场连接： 省应急管理厅指挥处处长与连州市应急管理局值班室连线。 字幕：连州市森林防火值班室。	问：这里是省厅指挥中心，我是指挥处处长 ×××，现在抽查你局值班值守情况，请问今天带班局领导是谁？ 答：报告！我局今天的带班领导是党组成员、副局长 ×××。 问：连州市政府如何部署清明期间森林防灭火工作？ 答：报告！我市主要措施一是将 200 名警力分布在全市 100 个主要的森林防火检查点，对不听劝阻、执意带烟花爆竹等火源进山的，予以治安拘留；二是已下达政府通告，全市于 3 月 22 日至 4 月 10 日禁止销售、燃放烟花爆竹；三是对违反规定的公职人员、党员一律由纪委监委问责。		

（续上表）

时间	主题	画面	动作、指令	解说词	参加单位
15:15—15:25	（二）值班值守	三、演练现场连接： 省应急管理厅指挥处处长与连州市应急管理局值班室连线。 字幕：连州市森林防火值班室。	问：连州市应急局如何抓落实？ 答：报告！一是已成立 7 个工作组下沉一线，指导、督促工作落实；二是我局执法人员与各镇乡、相关部门查封各烟花爆竹零售店，就地封存，并加大烟花爆竹的“打非”力度；三是从 3 月 22 日至 4 月 10 日，我局干部全部取消休假，领导 24 小时在岗带班，确保及时处置火情。 问：很好！当前已进入清明森林防灭火关键时期，火险等级高，形势严峻，请你局认真贯彻上级决策部署，克服松懈麻痹思想，确保值班值守 24 小时在岗在位，及时报送相关信息。 【主持人】省森林防灭火指挥部办公室抽查镇级清明期间森林防火值班情况。		

（续上表）

时间	主题	画面	动作、指令	解说词	参加单位
15:15—15:25	（二）值班值守	四、演练现场连接： 省森林防灭火指挥部办公室与保安镇 × 镇长的对话。 字幕：保安镇森林防火值班室。	【省森林防灭火指挥部办公室】您好！是保安镇 × 镇长吗？我是省森林防灭火指挥部办公室的 ××，根据省森林防灭火指挥部要求，现向你了解保安镇做好清明节期间森林防灭火举措和落实情况。 【保安镇 × 镇长】报告！保安镇下辖 16 个村（居委会），有林地面积 20 多万亩。为认真做好 2020 年清明期间森林防灭火工作，在连州市委市政府的统一部署下，我镇于清明前夕先后 5 次召开森林防灭火工作专题会议，书记和镇长每天带队赴山头地块开展防火巡查，先后发现并整改森林火灾隐患 123 处；结合疫情防控工作，加大对		

（续上表）

时间	主题	画面	动作、指令	解说词	参加单位
15:15—15:25	（二）值班值守	四、演练现场连接： 省森林防灭火指挥部办公室与保安镇 × 镇长的对话。 字幕：保安镇森林防火值班室。	森林防灭火工作的宣传力度，劝诫人员不带火种上山祭拜，同时加大野外火源的打击力度，做到见烟查、见火罚。保安镇的 20 人半专业队伍已全部进驻主要入山口，靠前驻防，确保一有火情，立即处置。 【××】好的，谢谢你！请继续落实好森林防灭火各项工作！		
15:25—15:35	（三）火源管控	1. 导入录像： （1）连州市市长到保安镇画面，画面显示保安镇政府的牌子。 （2）市长到保安镇临时检查站巡查工作画面。		旁白：为做好清明节期间的森林防灭火工作，连州市组织市政府督查室、应急、林业、民政等相关部门组成督导检查组到镇村一线，深入山边林边和疫情防控、森林防灭火临时检查站，监督检查工作落实情况，层层传导压力，压实镇村责任。	

（续上表）

时间	主题	画面	动作、指令	解说词	参加单位
15:25—15:35	（三）火源管控	五、现场连接： 省应急管理厅厅长兼总指挥长 ××× 与连州市市长 ××× 的对话。 市长背景：保安镇 ×× 村森林防火临时检查站。 字幕：省应急管理厅厅长与连州市市长 ××× 就清明期间森林防火工作情况进行交流和指导。	【总指挥长】××× 市长，今年清明节即将到来，请你汇报一下连州市清明节期间森林防灭火工作落实情况。 【连州市市长】报告厅长。我市高度重视森林防灭火工作，今年清明节期间重点抓了以下几个方面的工作：一是强化工作部署。市镇村层层召开动员会，发布禁火令，制定工作预案，印发工作通知。二是强化责任落实。深入山头地块开展巡查，全面压实镇村领导干部责任、护林员管护巡查责任，把防护措施落实到户、到人，落实到每个环节、每个山头。三是强化宣传教育。采取多种方式大张旗鼓地开展森林防灭火宣传，做到家喻户晓。		

（续上表）

时间	主题	画面	动作、指令	解说词	参加单位
15:25—15:35	（三）火源管控	五、现场连接： 省应急管理厅厅长兼总指挥长 ××× 与连州市市长 ××× 的对话。 市长背景：保安镇 ×× 村森林防火临时检查站。 字幕：省应急管理厅厅长与连州市市长 ××× 就清明期间森林防火工作情况进行交流和指导。	四是强化火源管控。清明节期间禁止销售、燃放烟花爆竹和一切野外用火；五是强化应急准备。要求各乡镇至少一名主官在岗值班，专业和半专业森林消防全部靠前驻防、严阵以待，做到“打早小”，确保森林防灭火形势安全平稳。 汇报完毕。		
		2. 导入录像： （1）清坟边。 （2）清林边。 （3）清地边。 （4）清隔离带。 （5）清旅游景区内可燃物的行动。 字幕：开展“五清”行动。		旁白：在清明节前夕，保安镇组织开展风险隐患大排查。镇村干部、护林员指导开展清坟边、清林边、清地边、清隔离带、清旅游景区内可燃物的“五清”整治行动，切实消除火灾隐患。	保安镇政府、村干部、群众、责任主体、护林员。

（续上表）

时间	主题	画面	动作、指令	解说词	参加单位
15:25—15:35	（三）火源管控	3. 导入录像： 连州市市场监管、应急、公安等部门，对全市销售烟花爆竹点进行暂时封存。		旁白：为进一步严格管控扫墓祭祀野外用火和防范化解燃放烟花爆竹造成事故灾难的安全风险，连州市政府印发《关于疫情和清明节期间禁止销售、燃放烟花爆竹的通告》，3月22日至4月10日，连州市政府组织公安、应急、市场监管等部门，对全市销售烟花爆竹点进行暂时封存。	连州市市场监管、应急、公安等部门。
		4. 导入录像： （1）护林员发现野外违规用火行为，违规用火人员不听劝阻。 （2）护林员在防火区（严禁烟火的牌子前面）抽烟的不良画面。（重点部分）		旁白：护林员对在森林防火区内违规焚烧田边草、果园草、烧荒烧灰的行为进行及时劝阻。同时，加强对护林员的监督管理，对护林员在巡山护林中的违规行为，及时纠正和批评教育。	保安镇村干部、护林员、群众。

（续上表）

时间	主题	画面	动作、指令	解说词	参加单位
15:25—15:35	（三）火源管控	5. 导入录像： 森林防灭火临时检查站。公安民警、镇村干部、护林员在临时检查站检查、登记过往车辆和人员，收缴火种、烟花爆竹、香烛纸钱等，并派送鲜花、礼炮用于祭扫。		旁白：在进山路口，保安镇政府设立了森林防灭火临时检查站，组织公安民警、镇村干部、护林员对过往车辆和群众进行检查、登记，发现携带火种、烟花爆竹、香烛纸钱等进山的，进行劝阻并暂时存放，免费派送鲜花、礼炮进山祭扫，坚决把火种堵在山下、防在林外。	保安镇政府、村干部、护林员、森林消防队员、群众。
15:35—16:00	（四）火情处置	1. 导入录像： （1）森林火灾画面。 （2）保安镇政府值班室接到火情。 （3）值班室报告镇委书记或镇长，接听电话画面。 （4）启动应急处置方案，调集森林消防半专业队伍立即前往火场处置。		旁白：由于村民违规用火，引发森林火灾。 保安镇政府值班领导接到火情报告，卿罡村发生一起森林火灾。 镇领导马上调度镇村森林消防半专业队伍前往扑救，同时报告连州市森林防灭火指挥部。镇领导马上赶赴现场，靠前指挥。	保安镇政府、村委会有关人员、森林消防专业队伍。

（续上表）

时间	主题	画面	动作、指令	解说词	参加单位
15:35—16:00	（四）火情处置	2. 省应急指挥中心会场现场画面。（实况）	【主持人】报告副厅长，卫星监测到清远连州市保安镇有一个热点，经核查反馈为山火，当地正组织扑救。后续情况向您报告。 ×××：请密切关注。		
		3. 导入录像：镇主要领导请求连州市森林防灭火指挥部派出专业森林消防队伍支援灭火。		旁白：由于火场地形复杂，风力较大，植被为纯松林，火强度大，已燃烧2个小时，目前火情尚未得到控制。镇扑火指挥部请求连州市森林防灭火指挥部，派出专业森林消防队伍支援灭火。	连州市政府、应急管理局、林业局。
		4. 导入录像： 转移受困群众。 字幕：转移受困群众。		旁白：受森林火灾影响，在山里从事养殖的10名群众，在镇政府、公安人员的帮助下，顺利转移到了安全地带。	

（续上表）

时间	主题	画面	动作、指令	解说词	参加单位
15:35—16:00	（四）火情处置	5. 火灾现场： （1）成立现场指挥部，指定现场指挥官。 （2）专家制订扑火方案。（现场画面）	（1）【现场指挥官】（下达扑火指令）第一中队扑打上山火火头，第二中队扑打左翼火线，第三中队扑打右翼火线。 （2）【扑火队长】收到，马上执行。		连州市政府、保安镇政府、森林消防专业队、村干部、护林员。
		6. 导入现场： 队伍扑火画面。		现场解说：连州市专业森林消防队伍接到扑火命令后，立即进入火场，利用风力灭火机、消防水车、二号工具，开展灭火行动。	
		7. 现场画面： 字幕：通信中断应急保障。	（1）扑火队长向现场指挥官报告：通信联系中断，请求解决。 （2）【现场指挥官】立即启动应急通信保障。 （3）【应急通信部门】收到，马上执行。 （4）【应急通信部门报告】应急通信保障成功，可安全使用。	现场解说：森林火灾扑救，通信保障十分重要，它是指挥部的千里目、顺风耳，及时解决火场通信联络对保证队伍安全、有效扑火具有重要作用。	

（续上表）

时间	主题	画面	动作、指令	解说词	参加单位
15:35—16:00	（四）火情处置	8. 导入现场： 队伍扑火画面。		现场解说：经过3个中队1个多小时的全力扑救，明火于16:10全部扑灭，无人员伤亡。现场指挥部部署专业队伍清理余火，半专业队伍看守火场，防止返火。	
		9. 省应急指挥中心会场现场画面。	【主持人】请现场指挥官向省应急管理厅报告火灾扑灭情况。		
		六、现场连接： 火场明火已扑灭，清理火场、看守火场。现场指挥官在省厅指挥车上向省应急管理厅报告。 字幕：现场指挥官向省指挥长报告火场扑救情况。	【现场指挥官】×××副厅长，火场明火已扑灭，请指示。 【省指挥长】明火扑灭后，请组织人员清理火线、看守火场，落实责任，确保不返火。		森林消防专业队、村干部、护林员。
16:00—16:15	专家点评	省应急指挥中心会场现场画面。	【主持人】请×××专家点评。		主持人。
16:15—16:30	领导总结	省应急指挥中心会场现场画面。	【主持人】请领导讲话。		主持人。

附录 3　广东省铁路地质灾害突发事件应急处置联动机制实战演练脚本

准备阶段

项目	时间	演练内容	屏幕显示	台词（扩音）	解说
准备阶段	10:00—10:03	【导调】 尊敬的各位领导： 本次演练设置的情景为：4 月以来，粤西地区连降暴雨，持续性强降水导致土壤含水量极高，山洪、泥石流、山体滑坡事件频发。20 日，三茂铁路云浮支线大降坪站附近发生山体滑坡，大量塌方体覆盖铁路线，严重威胁即将通过的 57002 次客运列车行驶安全。演练内容共分三个部分：一是地质灾害排查，二是信息联动，三是应急救援。 本次演练由省安委办、省应急管理厅牵头，云浮市政府、省自然资源厅、广铁集团和省有关部门参与。出席本次实战演练的有：云浮市政府、省应急管理厅、省公安厅、省自然资源厅、省交通运输厅、省卫生健康委员会、省气象局、省消防救援总队、广州铁路监督管理局、广铁集团等单位领导。省应急管理厅设置一个指挥部、一个观摩分会场，全省 21 个地级以上市应急管理局有关领导及相关科室远程在线观摩。 各位领导、同志们：实战演练准备就绪。 【导调】报告总指挥，演练准备完毕，请您指示！ 【总指挥（省应急管理厅厅长）】按计划实施！ 【导调】是！			

第一阶段：地质灾害排查部分

项目	时间	演练内容	屏幕显示	台词（扩音）	解说
观看录像	10:03—10:08	广东境内出现极端恶劣天气后,应急管理、自然资源、气象等有关部门如何进行预警、监测、排查。	播放录像	广东省山地丘陵多，地质构造较特殊，地质灾害易发多发。 截至 2019 年 12 月底，全省共有地质灾害隐患点 5 444 处，威胁总人口 26.33 万人，潜在经济损失 78.48 亿元。 按行业分类，交通设施 154 处，城市居民区 640 处，旅游景区 91 处，农村 4 274 处，水利设施 33 处，学校 240 处，医疗机构 12 处。 为保护人民生命财产安全，广东省高度重视，坚决贯彻落实习近平总书记关于提升自然灾害防治能力的重要指示精神，全面部署、全力推动，加强我省自然灾害防治能力建设。 ××书记、××省长、××常务副省长、××副省长多次做出有关指示批示，要求做好地质灾害防治工作。经省委省政府同意，先后印发《广东省自然灾害防治能力建设行动方案》《广东省地质灾害防治三年行动方案（2020—2022年）》等文件，建立由省领导为召集人、11 家省直部门为成员的省地质灾害防治三年行动协调联席会议制度，高位推动地质灾害防治工作全面展开。	演练现在开始，首先进行第一部分——地质灾害排查。请各位观看录像。请后台播放录像片。

（续上表）

项目	时间	演练内容	屏幕显示	台词（扩音）	解说
观看录像	10:03—10:08	广东境内出现极端恶劣天气后,应急管理、自然资源、气象等有关部门如何进行预警、监测、排查。	播放录像	我省自 3 月 31 日入汛以来，省有关部门积极组织防御部署，认真开展风险研判，加强监测预报和巡查排查，省自然资源厅迅速组织开展地质灾害隐患点排查和整治，省自然资源厅、省应急管理厅联合建立了地质灾害灾情信息共享机制，省自然资源厅加快推进构建“1+N”工作指引，印发了《广东省落实村庄规划加强地质灾害防治工作指引》《广东省地质灾害群测群防体系建设指引》等系列文件；省三防办、省应急管理厅制定下发《关于切实做好交通设施沿线地质灾害防控工作的通知》等文件，有力推动地质灾害防治工作落实落地落具体。 省自然资源厅党组迅速部署，靠前指挥，贯彻落实省委省政府的指示要求，4 月 8 日，省自然资源厅召开了广东省地质灾害防治三年行动动员部署会议暨汛期地质灾害防治工作会议，× × 副省长出席会议并做了全面部署。 省财政有关地质灾害防治的拨款，从 2016 年的 2 亿元提高到 2020 年的 6.1 亿元。三年行动期间，省财政 2020—2022 年计划安排 17.18 亿元重点予以支持。	

（续上表）

项目	时间	演练内容	屏幕显示	台词（扩音）	解说
观看录像	10:03—10:08	广东境内出现极端恶劣天气后,应急管理、自然资源、气象等有关部门如何进行预警、监测、排查。	播放录像	通过采取避险搬迁、工程治理和专业监测等措施，全面整治全省 482 处在册大型及以上地质灾害隐患点，保障 18.64 万受威胁群众生命财产安全。积极落实 2020 年省十件民生实事，加快实施一批地质灾害避险搬迁和工程治理民心工程。 建设地质灾害防治大数据平台，为地质灾害防治工作提供更有力的数据支撑。 与地勘单位加强合作，建设地质灾害防治技术支撑体系，实现159支技术队伍支撑全省全覆盖。 开展 1∶10 万、1∶5 万地质灾害普查详查，覆盖全省 83 个地质灾害防治重点县（市区），为摸清“隐患点在哪里”提供依据。 全省共有群测群防专管员 1.88 万人，开展辖区内隐患排查检查，编制防灾预案，填制发放“两卡”，加强宣传培训与防灾演练，实现隐患点防控全覆盖。 配备地质灾害应急车、无人机等设备，进一步增强地质灾害应急管理能力。 截至目前，共发布地质灾害气象风险预警 73 次，发布 3 级预警短信 18 136 条。	

（续上表）

项目	时间	演练内容	屏幕显示	台词（扩音）	解说
观看录像	10:03—10:08	广东境内出现极端恶劣天气后,应急管理、自然资源、气象等有关部门如何进行预警、监测、排查。	播放录像	4 月以来，粤西连降暴雨，泥石流、山体滑坡风险持续增大。据气象预报，4 月下旬，云浮将有暴雨、局部特大暴雨降水过程。省应急管理厅迅速组织相关部门研判强降雨形势，部署防御措施。省自然资源厅、云浮市自然资源局做好应急值守和监测预警工作。	

第二阶段：信息联动部分

阶段	时间	演练内容	屏幕显示	台词（扩音）	解说
一、发现险情、报告险情	10:08—10:11	群测群防人员发现险情后如何处置。	镜头 1：当地一名群测群防人员在三茂铁路云浮支线大降坪站附近巡线时，发现一处山体滑坡塌方，造成一小段铁轨被塌方体掩埋，随即拨打 110 报警。（录像）	【群测群防人员】110 吗？我是云浮市高峰街高峰村的地质灾害巡查员 ×××，三茂铁路有山体滑坡塌方，有一段铁轨被掩埋，请赶紧处置！ 【云浮市 110】在大降坪段吗？ 【群测群防人员】说不太清楚，附近有个大降坪火车站。 【云浮市 110】好的，请你继续观察并保持电话畅通，再有情况及时报警。 【群测群防人员】好的，我会一直在现场。	现在进行演练第二部分——信息联动，请后台切入报警画面。
二、启动信息响应机制	10:11—10:13	接到警情上报后，110 接警中心与广铁集团如何实现信息互联互通。	镜头 2：云浮市 110 报警中心启动信息联动响应机制，将险情通报广铁集团。（拍现场）	【云浮市 110】广铁指挥中心，我是云浮市 110，接群众报警，三茂铁路云浮支线大降坪站附近，定位显示为大降坪站东边约 1 000 米处，出现山体滑坡塌方，请你们抓紧处置。 【广铁集团应急指挥中心】三茂铁路云浮支线大降坪站东边约 1 000 米处出现山体滑坡塌方，收到！谢谢！请问报警人怎么联系？ 【云浮市 110】报警人是 × 先生，电话是：1× × × × × × × × × ×。报警人现在还在现场密切关注塌方情况，可以直接联系他。 【广铁集团应急指挥中心】收到！谢谢！我们马上处置！	湖南郴州“3·30”事故发生后，广铁集团与省公安厅、省应急管理厅等部门建立了铁路突发事件信息联动响应机制。

（续上表）

阶段	时间	演练内容	屏幕显示	台词（扩音）	解说
三、启动应急处置机制	10:13—10:16	演练广铁集团启动应急响应机制后，如何采取紧急处置措施。	镜头3：调度员连线云浮段铁路大降坪站车站值班员。（拍现场）	【广铁集团应急指挥中心值班主任】广茂二台，我是指挥中心值班主任，云浮支线大降坪站东边约1 000米处出现山体滑坡塌方，请立刻扣停影响范围所有列车。	铁路地质灾害突发事件发生后，铁路部门是应急处置的第一责任单位，调度指令只能通过车站值班员发出，首要任务是以最快的速度扣停影响范围所有列车。
	10:16—10:19	云浮段铁路大降坪站接到紧急调度指令后，连线57002次客运列车，通报险情并要求列车长采取紧急制动措施，确保安全。	镜头4：云浮段铁路大降坪站车站值班员连线57002次列车，发出紧急调度指令。（拍现场）	【广茂二台调度员】云浮支线大降坪站东边约1 000米处出现山体滑坡塌方，立刻扣停影响范围所有列车。收到！ 【广茂二台调度员】大降坪站，大降坪站—云浮站区间发生山体滑坡，立即扣停57002次客车。 【大降坪站车站值班员】大降坪站—云浮站区间发生山体滑坡，立即扣停客车57002次，收到。 【大降坪站车站值班员】客车57002次立即停车，区间发生险情。	

（续上表）

阶段	时间	演练内容	屏幕显示	台词（扩音）	解说
三、启动应急处置机制	10:16—10:19	云浮段铁路大降坪站接到紧急调度指令后，连线57002次客运列车，通报险情并要求列车长采取紧急制动措施，确保安全。	镜头4：云浮段铁路大降坪站车站值班员连线57002次列车，发出紧急调度指令。（拍现场）	【57002次列车司机】客车57002次立即停车，区间发生险情，司机明白。 【广铁集团应急指挥中心值班主任】×总，接地方110报警，云浮支线大降坪站—云浮站间发生山体滑坡，威胁客车57002次安全通行。 【广铁集团总调度长】立即启动Ⅳ级响应。 【广铁集团应急指挥中心值班主任】立即启动Ⅳ级响应，明白。	云浮段铁路大降坪站连线57002次客运列车，发出了紧急停车指令。
	10:19—10:22		镜头5：广铁集团启动应急响应的过程。（拍现场）	【广铁集团安监室】省应急管理厅，我是广铁集团安监室，我们接到报警，三茂铁路云浮支线大降坪站东边约1 000米处发生山体滑坡，影响铁路行车。我们已经启动应急处置机制，特此报告！ 省应急值班室：收到！有最新情况请及时续报。 【广铁集团安监室】好的。	扣停列车的同时，广铁集团内部也在启动应急响应机制。

（续上表）

阶段	时间	演练内容	屏幕显示	台词（扩音）	解说
三、启动应急处置机制	10:19—10:22		镜头 6：广铁集团应急指挥中心将险情通报省应急管理厅。（拍现场）	【57002 次列车司机】大降坪站，10:20，客车 57002 次停于大降坪站—云浮站间 K29+820 处。前方发现有山体滑坡点，火车安全，但因紧急制动，有两名乘客受伤，请立即联系医务人员到场。 【大降坪站车站值班员】收到。马上联系。	铁路地质灾害突发事件发生后，广铁集团对险情进行研判，在启动内部应急响应机制的同时，广铁集团安监室向省应急管理厅上报有关情况。
	10:22—10:24	省应急管理厅接到信息上报后，如何将信息第一时间上报省委、省政府值班室。	镜头 7：省应急管理厅值班室向省委、省政府值班室报送《突发事件信息专报》。（拍现场）		省应急管理厅接报后迅速向省委、省政府值班室报送《突发事件信息专报》，并启动应急处置机制。
	10:24—10:25		镜头 8：无人机或随车摄像机现场反馈列车制动情况，直至列车安全驻停。（拍现场） 镜头 9：驻停后，57002 次司机向大降坪站报告情况。（拍现场）		现在 57002 次客运列车已经采取紧急制动措施，列车安全驻停。

第三阶段：应急响应部分

阶段	时间	演练内容	屏幕显示	台词（扩音）	解说
一、成立前方指挥部	10:25—10:26	紧急成立现场指挥部，统筹救援力量有序开展应急救援。	镜头 1：省应急指挥中心现场连线云浮市政府，要求其立即成立现场指挥部，统筹救援力量，开展应急救援。（拍现场）	【总指挥（省应急管理厅厅长）】×××常委，你好！请你们加强救援工作统筹，全力救治伤员，尽快恢复铁路运行，防范次生灾害，确保救援安全。 【现场指挥部（×××常委）】报告总指挥，57002 次客运列车现已紧急驻停，市公安局已经将险情通报了广铁集团，同时也通报了市政府，我们调动了公安、消防、医疗等救援队伍，现在正在现场展开救援工作，报告完毕！	现在是演练第三部分——应急响应，为有效统筹各方救援力量，确保救援有序进行，在广铁集团紧急处置的同时，云浮市政府接 110 的险情上报后，立即会同铁路部门成立了现场指挥部，组织开展应急救援。现在，总指挥正在连线现场指挥部。
二、现场救援力量集结	10:26—10:30	消防、医疗、清障救援力量根据前线指挥部的统一调派，迅速集结、有序赶赴现场开展救援。	镜头 2：消防救援力量迅速集结赶赴现场。（拍现场、无人机）		消防救援力量已经赶赴现场，并按现场指挥部要求开展救援工作。 当地公安已落实“10 公里控制、5 公里警戒、1 公里禁入”的管控措施。

（续上表）

阶段	时间	演练内容	屏幕显示	台词（扩音）	解说
二、现场救援力量集结	10:26—10:30	消防、医疗、清障救援力量根据前线指挥部的统一调派，迅速集结、有序赶赴现场开展救援。	镜头 3：云浮市公安部门加强事故现场管控，落实“10、5、1”管控措施，维持现场秩序。（拍现场、无人机）		医疗救护队伍已在现场处置。请连线现场医疗救援队。
三、启动应急处置联动机制	10:30—10:32		镜头 4：医疗救援正在现场救治伤员。（拍现场）	【副总指挥（广铁集团董事长）】请前方指挥部汇报一下伤员救治情况。 【云浮市卫生健康局 ××× 副局长】报告指挥中心，我们已派出了两辆救护车到现场处置，经初步检查，两名受伤乘客没有生命危险，我们会继续做好后续的救治工作，请领导放心，报告完毕！	

（续上表）

阶段	时间	演练内容	屏幕显示	台词（扩音）	解说
三、启动应急处置联动机制	10:30—10:32		镜头 5：清理障碍，恢复通车。（画面切换）	【广铁集团总调度长】董事长，塌方体清理完毕，经检查，铁路线路正常，57002 次列车可继续通行。请指示。 【广铁集团董事长】同意恢复通行。	现场抢险队伍已将塌方体清理完毕，现场乘客已经通过大巴车转移至就近高铁站进行换乘。请广铁集团 × 总向董事长汇报相关情况。
			镜头 6：57002 次列车安全通过塌方点。	【现场指挥官（××× 常委）】报告总指挥，现场处置完毕，铁路已恢复运行，报告完毕！	经过全力处置和云浮疾控中心的防疫检疫，57002 次列车已符合运行条件，恢复通行。 导调：请 ××× 常委向总指挥汇报情况。
			镜头 7：现场指挥部向省指挥中心汇报处置结束。（拍现场）	【总指挥（省应急管理厅厅长）】很好！请你们认真总结经验，进一步健全完善铁路地质灾害突发事件应急联动处置机制，确保人民群众生命财产安全。 【现场指挥官（××× 常委）】是！坚决落实。	现场险情解除，57002 次列车已经安全通行，实战演练已完成所有预定科目。

（续上表）

阶段	时间	演练内容	屏幕显示	台词（扩音）	解说
三、启动应急处置联动机制	10:33—10:35	信息发布。	镜头 8：省应急管理厅政法宣传处及时发布险情处置的权威信息。（录像展现）		政法宣传处及时在省应急管理厅官网和微信公众号上发布了权威信息。
专家点评。			广州铁路监管局 ×× 副局长进行专家点评。		
×× 厅长讲话。			省安委会副主任、省安委办主任、省应急管理厅厅长 ×× 同志讲话。		

附录 4　广东省危险化学品安全风险防范实战推演脚本

<table>
<tr><th>时间</th><th>主题</th><th>演练内容</th><th>情景构建</th><th>旁白</th><th>备注</th></tr>
<tr><td colspan="6">开篇</td></tr>
<tr><td colspan="6">【串词人】尊敬的各位领导，同志们，大家好！为认真学习贯彻习近平总书记关于安全生产的重要指示、批示精神，深入贯彻落实应急管理部和省委省政府安全生产工作部署，深刻吸取我省近期典型危险化学品安全事故教训，深入剖析事故原因和暴露的问题，充分发挥事故警示教育作用，强化安全风险防范，根据《危险化学品重大危险源企业专项检查督导工作方案》要求，省应急管理厅联合省消防救援总队，采取现实和虚拟场景相结合、真事真人真演、视频播放、3D 演示、视频连线等方式，组织对广州市汉普医药有限公司“4・11”受限空间作业窒息事故、韶关乳源东阳光氟有限公司“3・5”一般生产安全事故、珠海长炼石化设备有限公司“1・14”爆燃事故进行复盘还原，开展危险化学品安全风险防范实战推演。
报告指挥长，推演准备完毕，请您指示！
【指挥长】按计划进行！
【串词人】是！</td></tr>
<tr><td colspan="6">引子</td></tr>
<tr><td>2 分钟</td><td>总体情况</td><td></td><td>【画面】播放视频：
镜头 1：化工园区、危险化学品企业空镜。
镜头 2：××书记、××书记、××省长、××副部长、××常务副省长召开会议、检查安全生产工作。</td><td>广东是危险化学品生产、储存、运输、使用大省。省委省政府坚决贯彻落实习近平总书记关于防范化解重大风险和安全生产的重要指示批示精神，××书记、××省长、××常务副省长多次做出指示批示强调，把危险化学品安全作为最重要的基本盘，务必抓实抓细抓到位。应急管理部××书记、××副部长十分关心和支持我省危险化学</td><td></td></tr>
</table>

（续上表）

时间	主题	演练内容	情景构建	旁白	备注
引子					
2 分钟	总体情况		镜头 3：×× 厅长召开会议、检查安全生产工作。 镜头 4：全省危险化学品企业分布图、企业概况。 镜头 5：三起事故复盘梗概画面。	品安全工作。省应急管理厅党委书记、厅长 ×× 始终把危险化学品安全作为全厅中心工作来抓，部署推动一系列实招硬招，坚决守稳危险化学品安全生产基本盘。但是，我省危险化学品企业点多面广，面临诸多风险挑战，生产安全事故时有发生。今年以来发生了广州市汉普医药有限公司“4·11”受限空间作业窒息事故、乳源东阳光氟有限公司“3·5”一般生产安全事故以及珠海长炼石化设备有限公司“1·14”爆燃事故等典型事故，生产安全形势严峻复杂。	
	串词人串词		2020 年 4 月 11 日，广州市汉普医药有限公司发生一起受限空间作业窒息事故，造成 2 人死亡。现复盘还原该起事故发生和救援经过。		
广州市汉普医药有限公司“4·11”受限空间作业窒息事故					
40 秒	（一）企业情况	片头	【画面 1】播放视频 1：汉普公司基本情况。	广州市汉普医药有限公司位于广州市从化区鳌头镇，是一家从事中药原料生产的医药制造企业。	

（续上表）

时间	主题	演练内容	情景构建	旁白	备注
3 分钟	（二） 事故还原	情景还原	【画面 2】播放视频 2: 镜头 1：水解车间员工巡检发现 2 号搪瓷反应釜存在故障，去办公室提交维修通知单。 镜头 2：水解车间员工按分工用自来水将 2 号搪瓷反应釜进行冲洗。 【画面 3】播放视频 3: 镜头 1：机修班长前往五金车间领取维修所需零部件。 镜头 2：机修人员到水解车间准备维修作业。	2020 年 4 月 11 日 8:20 许，汉普公司水解车间 2 号搪瓷反应釜存在故障需要维修，4 名水解车间员工按分工用自来水将 2 号搪瓷反应釜进行冲洗。8:40 分许，冲洗工作完毕，机修班长、机修工人到水解车间准备维修作业。	
	串词人串词		现在，请接入现场画面。		
	（二） 事故还原	情景还原	【画面 4】实时传输 1: 机修班长现场交代工作，交代完离开。	【机修班长】阿文，你等会搞下蒸汽管。 【机修工 1】好，那我先下去。 【机修班长】阿平，你准备一下，修反应釜。 【机修工 2】好。 【机修班长】阿河，你帮我看住一下，我去拿个配件。 【车间员工 1】好。	

（续上表）

时间	主题	演练内容	情景构建	旁白	备注
3 分钟	（二）事故还原	情景还原	【画面 5】实时传输 2：机修工 2、车间员工 1 在搪瓷反应釜旁进行作业前争吵。机修工 2 说完进入反应釜。	【机修工 2】我先下去看看。 【车间员工 1】这个地方这么小，下去有没有危险啊？ 【机修工 2】没事的，只是个普通打磨工作，很快就弄好。班长已经开好动火票，你在外面帮我看着。 【车间员工 1】那行，小心点，注意安全。 【机修工 2】好。	
			【画面 6】实时传输 3：车间员工 2 路过找机修工 2，发现机修工 2 倒在釜内，车间员工 1 贸然进釜救援。	【车间员工 2】老黄，老徐呢？ 【车间员工 1】老徐在里面。 【车间员工 2】他不会有危险吧？ 【车间员工 1】没事吧。 【车间员工 2】给我看一下。 【车间员工 1】老徐，老徐……不会有事吧？ 【车间员工 2】老黄，你不要下去啊！ 【车间员工 1】老徐，老徐……	
			【画面 7】实时传输 4：车间员工 2 发现车间员工 1 进釜后也倒在釜内，大声呼救。	【车间员工 2】来人啊，有人下去了。 【车间副主任】班长，班长，老徐进到反应釜里晕倒了。 【机修班长】不是吧，有这种事情？ 【车间副主任】刚刚看到的。 【机修班长】我去看一下，你拿工具。	

（续上表）

时间	主题	演练内容	情景构建	旁白	备注
3分钟	（二） 事故还原	情景还原	【画面8】播放视频4： 镜头1：大家听到呼救赶来，有的拿工具，有的拿救援装备。 镜头2：机修班长佩戴活性炭口罩冒险进釜施救。 镜头3：车间副主任在通风好处穿戴好装备正确施救。 镜头4：机修工2、车间员工1被员工抬着离开车间。	机修班长、车间副主任等人赶来协助救援。 机修班长佩戴活性炭口罩并系上安全绳进入2号搪瓷反应釜中尝试救人，其进入后发现呼吸困难，于是立即爬出反应釜。 随即，车间副主任佩戴安全绳和管式呼吸器进入反应釜。 在釜外人员配合下，用麻绳将机修工2、车间员工1两人从反应釜内转移出来。	
			【画面9】播放视频5： 镜头1：广州市应急管理局接报事故后，赶赴现场。 镜头2：从化区应急管理局赶赴现场救援。 镜头3：从化区医疗机构将伤员送院抢救。	广州市、从化区应急管理部门接报后，立即赶赴现场指导救援处置。 机修工2、车间员工1两人经送院抢救无效死亡。	

（续上表）

时间	主题	演练内容	情景构建	旁白	备注
3 分钟	（三）事故教训	事故原因	【画面 10】播放视频 6：专家分析事故原因。 镜头 1：风险辨识台账画面。 镜头 2：空白受限空间作业票画面。 镜头 3：“七不”通知文件画面。 镜头 4：未穿戴防护用品画面。 镜头 5：冒险施救画面。 镜头 6：进釜作业画面。	【事故调查组技术专家 ××】造成事故的原因：一是汉普公司风险辨识不到位，没有把反应釜作为受限空间来管理。二是汉普公司受限空间作业审批管理存在重大缺失，未办理作业票。三是进入受限空间作业前未落实“七不”要求，安全防范措施无一落实。四是作业人员自我防护意识不足，未佩戴呼吸器具，违规进入受限空间作业，监护人员未予以制止。五是施救人员经验不足，安全风险意识淡薄，盲目冒险施救导致伤亡扩大。六是员工安全教育培训不到位，安全意识淡薄、违章操作、冒险蛮干。	
2 分钟		科普环节	【画面 11】动画视频 7：科普受限空间工作流程演示。	进出口受限，通风不良，可能存在易燃易爆、有毒有害物质或缺氧，对进入人员的神态健康和生命安全构成威胁的封闭、半封闭设施及场所，都属于受限空间的范畴。 受限空间安全作业证有效期不超过 24 小时，作业证和附页应妥善保管，保存期为 1 年。进入受限空间作业前，需先进行空气质检，若质检不合格，应禁止人内作业，作业人员亦有权拒绝进入作业。为保证受限空间内空气流通和人员正常呼吸，可采用打开人孔等与大气相通的设施自然通风，必要时采取强制通风，但严禁向内通氧气。 近几年，盲目救援导致死亡的情况屡见不鲜，所以千万要记住，遇到紧急情况时，一定要保持冷静，穿戴好防护用品以后再进行施救！	

（续上表）

时间	主题	演练内容	情景构建	旁白	备注
	串词人串词		下面请广州汉普医药有限公司主要负责人、总经理反思事故教训。请切入现场画面。		
3 分钟		事故反思	【画面 12】实时传输 5：企业主要责任人反思事故教训。		
	串词人串词		汉普公司没有把反应釜作为风险源，没有把进入反应釜维修作业作为受限空间作业来管理，是导致事故发生的根本原因。看似很简单的维修作业，却因风险辨识不到位、特殊作业管理缺位、员工冒险作业和施救，造成两人死亡，同类事故在我省重复发生，教训惨痛。 接下来，让我们进入下一个案例。		
乳源东阳光氟有限公司“3·5”一般生产安全事故					
40 秒	（一）企业情况	片头	【画面 1】播放视频 1：东阳光氟有限公司基本情况。	乳源东阳光氟有限公司位于韶关市乳源化工基地，主要从事 R125、R134A 等环保制冷剂生产。	
			【画面 2】播放视频 2：事故现场简要情况。	2020 年 3 月 5 日，乳源东阳光氟有限公司氯化氢分离塔发生爆炸事故，造成 2 人死亡、5 人受伤。现在复盘还原该起事故发生和救援经过。	
	串词人串词		2020 年 2 月 3 日，东阳光氟有限公司试生产的 R134A（四氟乙烷）装置催化剂活性下降，决定停车处理，进行催化剂活化再生。请切入现场画面。		

（续上表）

时间	主题	演练内容	情景构建	旁白	备注
8 分钟	（二）事故还原	停车催化剂活化再生	【画面 3】实时传输 1： 镜头 1：发现 R134A 装置催化剂活性下降。 镜头 2：决定停产活化催化剂，并对装置进行维修。	【总经理】现在 R134A 生产情况怎么样？ 【车间主任】× 总，您好，R134A 装置投料 1.1 吨，产品塔压差不断地上涨，从这个趋势看，从成品塔采出这个调节阀趋势不断在下降。 【生产副总】产品塔的压差上涨太快了，催化剂的活性下降太快了，需要停下来再生。 【总经理】那行，那我们停下来催化剂再生。再生产下去的话，一个是产量上不来，另一个是单耗能耗太高，停下来催化剂再生期间，把装置上的检修工作安排好，把它搞定，安排下去吧。 【生产副总】好，没问题。	
			【画面 4】播放视频 3： 镜头 1：现场实施催化剂活化场景。 镜头 2：现场工人维修作业场景。 镜头 3：巡检发现活化效果不明显。 镜头 4：结合设备维修工期，决定延长活化时间直至投产前。	2020 年 2 月 9 日下午，催化剂活化再生仍在继续。 【车间主任】× 总，× 总，现在 R134A 装置催化剂正在再生，二氧化碳含量还是很高，装置也正在检修。 【总经理】好的，继续再生，没有完成的检修工作，继续推进。 【生产副总】最近生产任务比较紧张，再生多做几个样，尽快结束，检修加快进度，尽快恢复生产。 【车间主任】好。	

（续上表）

时间	主题	演练内容	情景构建	旁白	备注
8 分钟	（二）事故还原	会议决定 3 月 5 日开车投料	【画面 5】播放视频 4： 镜头 1：总经理主持召开开车前工作会议。	2020 年 3 月 1 日上午，总经理主持召开 R134A 装置开车前工作会议，会议决定 3 月 5 日开车投料。 【总经理】× 总，现在催化剂再生情况怎么样了？ 【生产副总】催化剂再生已经结束了，咱们做的样全部都合格了。 【总经理】车间的维修工作怎样？ 【车间主任】现在维修任务还比较多，还有螺杆没进行更换，预计 3 月 4 号才能更换完毕。 【总经理】4 号那天应该能搞定吧？ 【车间主任】还要根据天气情况而定。 【生产副总】最近市场订单很多，生产任务很重啊，咱们再不投料，没法向集团领导和销售公司交差。 【车间主任】× 总，生产要紧，但是安全保障工作要排在第一位的，还是等检修完了再看一下。	
			镜头 2：氟有限公司三方确认规定。	【总经理】行，车间检修这块，抓紧推进，我们做好 4 号全部结束清场的准备。× 总这边协调投料前的其他各项准备工作。我们初步确定在 3 月 5 号早上投料试生产，大家按这个计划做好各项工作。 【生产副总】好的，咱们就定在 3 月 5 号投料。 按氟有限公司规章制度，投料前必须由公司生产、安环、调度三部门对是否具备投料生产条件进行确认。但在本次会议上，并没有明确三方确认等工作机制和具体责任人。	

（续上表）

时间	主题	演练内容	情景构建	旁白	备注
8 分钟	（二）事故还原	下雨影响维修进度	【画面 6】播放视频 5：下雨影响装置维修作业进度。	3 月 1 日至 3 月 4 日，连续大雨，严重影响了装置维修作业进度。	
	串词人串词		3 月 4 日下午，工人按开车准备，进行抽负压操作。请切入现场画面。		
	（二）事故还原	开车前抽负压作业，但未进行氮气置换	【画面 7】实时传输 2： 镜头 1：工人按开车准备要求对装置实施抽负压作业。 镜头 2：装置现场的氮气储罐。	【工人 1】阿吉，系统明天可就要投料了。你这里搞定了没有呀？ 【工人 2】系统抽负压已经抽好了。 【工人 1】抽到了什么程度呀？ 【工人 2】已经抽到 -0.2 公斤，反复抽好几遍了，开车投料应该没有多大问题了吧。 【工人 1】有没有通氮置换一下啊？ 【工人 2】接氮气管道太麻烦啦，反正班长也都没有交代，抽了这么多次负压，没有再接氮气的必要了。 【工人 1】那行，你再次检查下，然后要把抽负压的阀门关好，我去关真空泵。 【工人 2】好的。	

（续上表）

时间	主题	演练内容	情景构建	旁白	备注
8 分钟	串词人串词		试生产方案、作业规程明确要求，生产装置在投产之前应进行氮气置换。氮气就在现场作业工人的眼皮底下，但开车前未严格执行操作规程要求进行氮气置换，造成氯化氢分离塔内含有空气。 3 月 5 日上午。工人为赶回前期下雨耽误的维修进度，向总经理申请办理维修动火作业票。请切入现场画面。		
	（二）事故还原	事故当天边安排维修作业边下达开车指令	【画面 8】实时传输 3： 镜头 1：工人向总经理申请办理维修动火作业票。	【总经理】维修工作还没做完啊？ 【车间主任】由于前期下雨，导致工期延误了，今天正好放晴，把维修工作赶一赶，这是动火票，请你签一下。 【总经理】在哪里动火？ 【车间主任】楼面补焊。 【总经理】安全措施都做好了吧？ 【车间主任】都做好了，灭火器也放在旁边。 【总经理】可燃气体分析过了吗？ 【质检中心主任】分析合格了。 【总经理】抓紧时间做吧，把前几天下雨耽误的工作都赶紧做了，注意安全，穿戴好防护用品。 【车间主任】现在动火作业证已经办下来了，可燃气体分析合格，你看还有哪些欠缺的？ 【电焊工】好。 【车间主任】没问题的话，抓紧维修。× 工，麻烦你再测一次。 【质检中心主任】好的，没问题。	

（续上表）

时间	主题	演练内容	情景构建	旁白	备注
8分钟	串词人串词		但在同一时间，生产副总召开生产调度会，下达投料指令。		
	（二）事故还原	事故当天现场作业情况	镜头2：生产副总召开生产调度会，下达投料指令，工人前往现场作业。	【生产副总】我们开个会。××，开车准备工作怎样了？ 【工人3】打压试漏已完成，系统已抽成负压，开车前已按检查表已经完成复核，系统具备开车条件。 【生产副总】早上，××再检查一下现场的阀门。×××，给系统通入氟化氢熏制，通入氟化氢后跟我说一声。×××，准备给系统升压，升压后咱准备开车。	
			【画面9】播放视频6： 镜头1：工人根据生产副总指令开车，通入氟化氢。 镜头2：工人继续开展维修动火作业。	按照生产副总的指令，工人开车通入氟化氢熏制。但是，总经理没有意识到原定3月5日是开车投料的计划时间，在检维修作业没有全面完成并清场的情况下，没有及时召开生产调度会，推迟开车投料计划，仍在当天签署动火票，同意在装置区域进行维修动火作业。反映出企业管理层忙于赶工期抢进度，没有进行风险研判和沟通协同。	

（续上表）

时间	主题	演练内容	情景构建	旁白	备注
8 分钟	（二）事故还原	爆炸事故现场	【画面 10】播放视频 7： 镜头 1：事故装置发生爆炸。 镜头 2：危化应急救援队、消防大队、120 急救中心赶赴现场救援。	3 月 5 日 15:29 许，R134A 装置突然发生爆炸。驻扎在化工园区内的省级骨干队伍——乳源危化应急救援队、乳源县消防大队、120 急救中心接报后，迅速赶赴现场开展救援。事故导致现场作业人员 2 人死亡、5 人轻伤。	
3 分钟	（三）应急响应	响应处置	【画面 11】播放视频 8： 镜头 1：省、市、县应急管理部门接报事故情况。 镜头 2：省应急管理厅调度并派出危化监管处同志和专家赶赴事故现场。	接报事故后，省、市、县应急管理部门迅速响应。省应急管理厅派出工作组立即赶赴现场，指导事故救援处置。工作组抵达现场后，连夜勘察事故现场。	
		指挥调度	【画面 12】播放视频 9： ×××厅长与现场连线。	省应急管理厅×××厅长坐镇省应急指挥中心，与韶关市应急管理局、省应急管理厅工作组视频连线，全程调度指挥救援处置，分析研判事故原因。	

（续上表）

时间	主题	演练内容	情景构建	旁白	备注
3 分钟	（四）原因分析	会商研判	【画面 13】播放视频 10： 镜头 1：工作组会商研判。 镜头 2：3D 动画还原事故爆炸过程。	根据 × × × 厅长指示，工作组组织专家会商分析初步认为：R134A 装置在通入氟化氢进行熏制过程中，氟化氢遇水产生高腐蚀性的氢氟酸，与设备、管道、填料等金属材质反应产生氢气，积聚在氯化氢分离塔顶部，与残留空气形成爆炸性气体，遇点火能量发生爆炸。	
		事故原因	【画面 14】播放视频 11： 还原设备中水的产生。（3D 动画）	按作业规程规定使用压缩空气对催化剂活化再生，一般不超过 72 小时，但实际从 2 月 5 日到 2 月 26 日，活化时间长达 21 天，没有采取隔断措施，导致空气长时间窜入系统，在低温和潮湿气候条件下在装置系统内产生冷凝水并积聚。	
			【画面 15】播放视频 12： 还原设备中氢气的产生。（3D 动画）	3 月 5 日当天早上开车通入氟化氢，遇水形成高腐蚀性的氢氟酸，与设备、管道等金属材质反应产生氢气。加上装置在抽负压后没有按规定进行氮气置换，氢气爆炸极限范围 4%~75%，极易与空气混合形成爆炸性气体。	
			【画面 16】播放视频 13： 还原设备中点火源的产生。	开车通入氟化氢的同时，安排工人在装置区域进行维修动火作业，电焊作业产生电位差，引爆氯化氢分离塔内积聚的氢气与空气混合气体。	

（续上表）

时间	主题	演练内容	情景构建	旁白	备注
3 分钟	（四）原因分析	事故原因	【画面 17】播放视频 14：专家小结。	【事故调查组技术专家 ××】专家组技术分析，排除了熔盐泄漏爆炸的可能性，最后确定，系统爆炸是氢气爆炸。如果企业在此次事故中对动火、开停车、活化再生严格按照规程进行操作、管理，就不会发生此次事故。	
	串词人串词		下面请乳源东阳光氟有限公司原主要负责人、总经理反思事故教训。请切入现场画面。		
2 分钟	（五）事故教训	事故反思	【画面 18】实时传输 4：企业主要责任人反思事故教训。		
	串词人串词		乳源东阳光氟有限公司急于开车复产，管理层沟通协同不够，风险辨识管控不到位，现场管理混乱，边开车边维修、边投料边动火，设备管理存在漏洞，操作规程执行不严格，属于典型的复工复产综合征。复工复产没有严格落实风险管控措施，最终酿成事故。 下面，让我们进入下一个案例。		

（续上表）

时间	主题	演练内容	情景构建	旁白	备注
1 分钟	（一）基本情况	片头	【画面 1】播放视频 1: 镜头 1：企业地理位置、全景。 镜头 2：企业内部车间、工厂、设备情况。 镜头 3：事故简要情况。	珠海长炼石化设备有限公司位于高栏港经济区高栏港大道 1468 号，是一家主要以石脑油为原料，生产正丁烷、液化石油气、二甲苯等危险化学品的石化企业。2015 年 7 月 29 日。珠海长炼石化设备有限公司石脑油综合利用项目建成投产。2020 年 1 月 14 日，珠海长炼石化设备有限公司催化重整装置预加氢单元发生管道破裂继而引发爆燃火灾事故。现在复盘还原该起事故发生和应急救援处置经过。	
	串词人串词		我们把时间回拨到 2017 年 6 月，重整装置班组对装置设备进行巡检。请切入现场画面。		
8 分钟	（二）事故还原	压力管道应检未检	【画面 2】实时传输 1: 企业未按照内部规定每年进行壁厚测定。	【工人】班长，这段管道我们自己有没有做过测厚？ 【巡检班长】这段管道不涉及高温高压，使用时间又不长，应该问题不大，也没见过设备部门的人来测过。	
	串词人串词		2018 年 7 月，设备主管向总经理报告申请压力管道首次法定检验。请切入现场画面。		

（续上表）

时间	主题	演练内容	情景构建	旁白	备注
8 分钟	（二）事故还原	压力管道应检未检	【画面 3】 实时传输 2： 压力管道未按法定时间开展首次检验。	【设备主管】× 总，我们的压力管道运行 3 年了，应该申请首次法定检验了？ 【总经理】现在还在开车期间，等晚点停车大修的时候，到时再找珠海检测院检验吧。 【设备主管】这批管道我们一直没有办理使用登记证。 【总经理】怎么会这样呢？ 【设备主管】我也不清楚怎么回事。原来的设备主管离职，也没有把这个情况跟我交接。这次在准备申请检验的时候，才发现这批管道都没有登记。 【总经理】那赶快去办。 【设备主管】好的，好的。	
	串词人串词		企业没有按法定时限办理特种设备使用登记，且本应在 2018 年 7 月前完成首次检验，但企业以生产任务为由，推迟压力管道首次检验时间。 2018 年 9 月，珠海检测院与长炼公司商定压力管道首次检验方案。请切入现场画面。		

（续上表）

时间	主题	演练内容	情景构建	旁白	备注
8 分钟	（二） 事故还原	技术交底缺失	【画面 4】 实时传输 3： 压力管道法定检验未能抽检到事故管道。	【珠海检测院】我是珠海检测院的，刚才看了一下，你们这批压力管道还没有办理使用登记证啊！ 【设备技术员】呃……这个我们也知道，现在正在申请补办。 【珠海检测院】那你们提供一下你们这批压力管道的设计文件和安装检验资料。 【设备技术员】呃……我们找过，但是实在找不到。要不我去找设计单位要一下？ 【珠海检测院】啊？这样啊。那没有就没有吧。你们的安装检验报告应该在我们院里有存档。那我们回去找找看，做一份检验方案。 【设备技术员】这次是全部管道都检吗？ 【珠海检测院】没有。现在法定检验都是按管道类型、按照一定比例来抽检的，一般不少于 20%。你们有没有《重点部位腐蚀台账》？拿过来给我们做检验方案参考一下。 【设备技术员】没有建这个台账。我们没有什么特别要求的，就按你们的方案来吧。 【珠海检测院】那我们回去做好检验方案，下次过来直接检验。	

（续上表）

时间	主题	演练内容	情景构建	旁白	备注
8 分钟	串词人串词		企业没有建立完整的设备管理档案，无法提供管道设计安装资料和《重点部位腐蚀台账》，在与珠海检测院商定检验方案时，没有做好技术交底。 2019 年 11 月，企业自动控制系统（DCS）监测发现预加氢单元管道超温运行。请切入现场画面。		
	（二）事故还原	管道超温运行未及时处理	【画面 5】实时传输 4：事故发生前，企业已发现 P2019 管道超温运行情况。	【设备主管】× 总，中控室自动控制系统监测到预加氢换热器后部管道温度升高，尤其 P2019 这条管，比设计温度超出 30℃，现在怎么办？ 【总经理】什么原因啊？ 【设备主管】估计是换热器问题，换热效率下降，出口温度降不下来，已经好多天了。 【总经理】这个问题以前也出现过，应该没问题吧。按计划 1 月 20 日（春节前）就要停产大修了，扛一下吧。到时候一起处理。 【设备主管】那行。	
	串词人串词		企业发现管道超温运行问题，没有引起重视，没有及时处理，涉事管道长达 2 个月超指标运行，埋下祸根。 2019 年 12 月，重整装置班组巡检注意到酸性水循环问题。请切入现场画面。		

（续上表）

时间	主题	演练内容	情景构建	旁白	备注
8 分钟	（二） 事故还原	违规使用酸性水循环	【画面 6】实时传输 5：使用酸性水循环。	【巡检班长】设备部门说，这个换热器效率下降，巡检的时候要注意看一下。 【工人】好。 【巡检班长】尤其是这个注水阀。 【工人】这个注水阀有什么用？ 【巡检班长】用来稀释管道里面的循环水，降低酸度、防止结晶的，减少管道腐蚀。 【工人】啊？我以前在其他厂里工艺不是这样的啊，都全部用纯净水来循环的。 【巡检班长】没事的，都是经过正规设计的。这几年都是这么干，运行都很正常啊。 【工人】那怎么知道里面的酸度是多少？需要分析吗？ 【巡检班长】分析？没有听工艺主管说过啊。有水注进去，酸度肯定没问题的。	
		泄漏过程	【画面 7】播放视频 2：企业现场监控泄漏视频。	1 月 14 日 13 时 41 分 01 秒，珠海长炼公司重整装置预加氢单元换热器后部管道发生泄漏。	

（续上表）

时间	主题	演练内容	情景构建	旁白	备注
8 分钟	（三） 响应处置	监测预警	【画面 8】播放视频 3： 企业中控室出现预警信号，危化品监测预警系统开始报警（提前 39 秒）。	企业安全仪表系统（SIS）、自动控制系统（DCS）开始报警，省应急管理厅危化品监测预警系统同步接收泄漏报警信号。	
		爆燃过程	【画面 9】播放视频 4： 企业现场监控爆炸视频。	泄漏发生的 39 秒后，发生爆炸。	
		企业处置	【画面 10】播放视频 5： 镜头 1：企业中控人员紧急切断。 镜头 2：企业启动内部消防设施。 镜头 3：企业人员报警，并向应急管理部门报告情况。 镜头 4：企业人员紧急疏散。	企业快速启动应急预案，迅速进行紧急切断，开启内部消防设施，并疏散企业内部员工。	

（续上表）

时间	主题	演练内容	情景构建	旁白	备注
8 分钟	（三） 响应处置	企业处置	【画面 11】播放视频 6： 镜头 1：爆炸镜头。 镜头 2：周边企业员工及群众紧急疏散撤离。	13:51，发生第二次爆炸，当地相关部门组织周边企业员工及群众紧急疏散撤离。14:21，又发生第三次爆炸。	
		现场指导	【画面 12】播放视频 7： 国家、省、市应急管理部门现场指导救援。	接报事故后，正在珠海调研的时任应急管理部党组成员、总工程师 ××，省应急管理厅 ×× 副厅长等立即赶赴现场指导救援工作。	
		调度指挥	【画面 13】播放视频 8： 镜头 1：领导坐镇省应急指挥中心指挥调度。 镜头 2：危化品监测预警系统提供应急指挥决策支持。 镜头 3：各方救援力量赶赴现场。	×× 常务副省长、×× 厅长等领导坐镇省应急管理厅指挥中心，通过监测预警系统、单兵通信系统等信息化手段，全程指挥调度现场救援处置，并协调广州石化救援队、国家危化救援惠州队派出救援力量赶赴现场增援。	

（续上表）

时间	主题	演练内容	情景构建	旁白	备注
8 分钟	（三）响应处置	灭火救援	【画面 14】播放视频 9：消防救援机构现场开展灭火救援工作。	珠海市消防救援支队调集 40 辆消防车、200 名消防指战员赶赴救援。省消防救援总队 ××× 总队长赶赴火场一线，指挥灭火救援，并调派周边 5 个支队级单位 69 辆消防车、301 名消防指战员驰援珠海，采取强攻灭火、冷却防护、关阀断料等战术措施，有效控制火势蔓延扩大。	
		事故损失	【画面 15】播放视频 10：事故损毁画面。	经全力救援，19:15 明火扑灭。长炼公司当班 121 人及周边厂区人员和群众 604 人全部安全疏散撤离，事故及救援过程无人员伤亡，事故造成催化重整装置预加氢单元、重整单元、产品精馏分离单元内建构筑物、设备设施损毁严重。	

（续上表）

时间	主题	演练内容	情景构建	旁白	备注
8 分钟	（四） 原因分析	原因分析	【画面 16】播放视频 11： （插入动画和组合镜头） 动画：展示管道管壁腐蚀减薄的过程动画展示石脑油、氢气混合物与空气形成爆炸性混合物并发生爆燃过程。 组镜：介绍均匀腐蚀、垢下腐蚀和冲刷腐蚀；管道腐蚀情况；弯头部位腐蚀情况；循环使用酸性水；管道铵盐形成情况；测温仪表。	经过调查，事故原因是催化重整装置预加氢单元反应产物与进料换热器后压力管道因腐蚀减薄破裂，内部带压的石脑油、氢气混合物喷出后与空气形成爆炸性混合物，因喷出介质与管道摩擦产生静电火花而引发爆燃。 石化企业压力管道容易发生腐蚀现象，一般分为均匀腐蚀、垢下腐蚀和冲刷腐蚀。从发生爆裂的 P2019 管道 90° 弯头的情况看，内壁有明显的腐蚀沟痕，主要是结晶的铵盐在高速流动时，对管道内壁造成冲刷腐蚀，可显著降低管道壁厚，且弯头部位属于显著的湍流区，流动状态复杂，管道壁面冲刷腐蚀严重，加上超温运行、酸性水循环进一步加快腐蚀速度，从 9 毫米减薄至 1.1 毫米，在 2.0MPa 的压力下发生爆裂，管道内石脑油和氢气混合物冲出。由于氢气的静电点火能量较低，冲出会发生爆炸。	

（续上表）

时间	主题	演练内容	情景构建	旁白	备注
8 分钟	（四）原因分析	违规使用特种设备	【画面 17】播放视频 12： 镜头 1：设备管道。 镜头 2：特种设备安全管理条例。 镜头 3：压力管道登记手续文件。	事故也暴露出企业在特种设备管理方面存在严重问题。附属压力管道应当依法在投入使用前或者使用后 30 个工作日内申请办理使用登记，但该公司一直未予办理，直至 2019 年 5 月 10 日才办理压力管道特种设备使用登记手续，违法使用特种设备长达 3 年 8 个月。	
		管理档案缺失	【画面 18】播放视频 13： 镜头 1：重点腐蚀台账缺失、设计安装资料缺失。 镜头 2：人员变动频繁。 镜头 3：资料管理混乱。	企业没有建立从工艺到设备整体性防腐蚀管理制度，没有建立完整的重点腐蚀部位台账，易腐蚀管道没有列入企业重点设备管理。设备管理人员及资料室人员频繁更换，制度执行连贯性差，档案资料缺失，设备管理人员无法确切掌握特种设备现状，没有与检验机构进行充分的技术交底。	
		检验报告存在疏漏	【画面 19】播放视频 14： 事故调查人员分析突出问题。	企业过分依赖法定检验机构的检验结果，没有严格执行内部检验制度。但是，珠海检测院于 2018 年 11 月 15 日至 2019 年 3 月 29 日对长炼公司预加氢重整装置管道首次法定检验时，出具给企业的检验报告中，出现了大量页码连续重复、检验报告资料不齐全的问题，且此次检验没有覆盖到事故发生的同类管道，严重影响了企业对检验结论的分析研判和应用。	

（续上表）

时间	主题	演练内容	情景构建	旁白	备注
8 分钟	（四）原因分析		【画面 20】播放视频 15：专家小结。	【华南理工大学教授 ××】该起事故本来完全可以避免，但是珠海长炼公司预加氢装置运行期间违规使用酸性水循环、没有及时处理管道超温报警，导致压力管道腐蚀加剧。同时，长炼公司对预加氢工艺和易腐蚀压力管道安全风险辨识不清，没有按照规定进行定期检验，没有连贯性的特种设备管理，没有完整的压力管道档案资料，首次法定检验没有向检验机构进行必要的技术交底，一再错失发现事故管道腐蚀减薄隐患问题的机会。各种不安全因素叠加，最终导致爆燃事故发生，教训极其深刻。	
	串词人串词		下面请珠海长炼石化设备有限公司主要负责人、总经理反思事故教训。请切入现场画面。		
2 分钟	（五）事故教训	事故反思	【画面 21】实时传输 6：企业主要责任人反思事故教训。		
	串词人串词		珠海长炼公司对工艺安全风险辨识不清、对设备安全风险辨识不清，没有按期检验、没有设备管理、没有档案资料、没有对超温报警进行处理、没有向检验机构进行技术交底，导致设备“带病运行”，酿成大祸。		

（续上表）

时间	主题	演练内容	情景构建	旁白	备注
结语					
2 分钟			【画面】播放视频： 镜头 1：化工园区、危险化学品企业空镜。 镜头 2：召开会议部署工作。 镜头 3："四令三制"。（红头文件） 镜头 4：相关条文特写。 镜头 5："八个必须"。（红头文件） 镜头 6：相关条文特写。 镜头 7：危险化学品日常监管工作。（监测预警系统、监控画面、执法检查等）	危险化学品企业安全风险高，一旦发生事故，社会影响大。按照应急管理部、省委省政府工作部署要求，我们始终坚持不把危险化学品企业当成一般企业来看，不把危险化学品企业风险当成一般风险来防，不把危险化学品企业隐患当成一般隐患来治，不把危险化学品企业发生的事故当成一般事故来处理，提升一级对待、提升一级处理，在化工医药制造企业严格实施最严格的"四令三制"和"八个必须"要求；始终保持见叶知秋的敏锐、如履薄冰的谨慎，严格落实全国全省"一盘棋"应急响应机制，主动做好安全防范；始终坚持科技创新，成立"智慧大应急"联合创新中心，率先建成应用功能领先的危险化学品安全风险监测预警系统；始终采取"一竿子插到底"的工作方法，线上抽查和线下执法相结合，打通贯彻执行"最后一公里"；始终坚持事故查处"钉钉子"，把每起事故钉住，把每处整改盯紧，把每点责任钉实，靶向加强安全防范，血的教训决不能再用鲜血去验证；始终坚持抓住企业主要负责人履职不放松，常态化开展在岗履职抽查和"安全三问"测试，压实安全生产主体责任落实；始终保持闻鸡起舞、日夜兼程、风雨无阻的奋进姿态，抓实抓细各项工作，防范化解重大安全风险，守牢守稳安全生产基本盘，为广东实现"四个走在全国前列"，当好"两个重要窗口"，不断推进应急管理体系和能力现代化，做出应有贡献。	
	串词人串词		报告指挥长，已全部完成推演科目。		

附录 5　广东省应对省外特别重大地震灾害应急救援实战演练脚本

序幕　应急预备

演练前大屏幕和辅助屏幕显示字幕：广东省应对省外特别重大地震灾害应急救援实战演练

时间	阶段	台词与解说
第 1~5 分钟	应急预备	【视频配音】党的十八大以来，以习近平同志为核心的党中央牢固树立以人民为中心的发展思想，坚持人民至上、生命至上的执政理念，高度重视防灾减灾救灾工作。在国务院抗震救灾指挥部、应急管理部的大力支持下，广东省深入贯彻落实习近平总书记关于防灾减灾救灾的重要论述精神，省委省政府先后成立了省防震减灾工作联席会议和省抗震救灾指挥部，省委办公厅、省政府办公厅印发了《广东省自然灾害防治能力建设行动方案》，统筹推进“九大工程”实施工作，进一步落实了大中小学校、医院、重要交通生命线、危险化学品厂库等地震易发区房屋设施加固工程，全面提升我省防震抗震救灾能力。 省抗震救灾指挥部修订了《广东省地震应急预案》，编制了省抗震救灾指挥部工作规则、联络员会议制度、成员单位间信息通报制度、地震应急准备检查制度，进一步提高我省地震突发事件应急响应和协调联动能力。省应急管理厅发挥“三委三部”办公室统筹抓总的作用，积极推动应急管理工作“十大创新”，建立了改革、科技、队伍三大支撑，破解了融合指挥、应急通信、短临预警、全域感知、数据智能五大难题，健全了安全生产“一线三排”、自然灾害“一体三预”、应急处置“四个一”、值班值守“五个一”等工作机制，不断开创全省安全生产和地震灾害等防控工作新局面。省应急管理厅与省地震局建立了协调联动机制和地震速报信息、预警信息、灾情评估等各类数据信息的快速共享机制，印发了地震应急处置联动工作指引和《新时代防震减灾事业现代化建设试点三年行动计划方案（2019—2022 年）》，与省粮食和物资储备局建立了省级应急救灾物资应急保障联动机制。省消防救援总队增置了雷达微波生命探测仪、便携式搜索机器人、搜索侦察无人机等先进救援装备，省地质局建立了地震救援队，提升了我省地震专业搜救能力；省应急医院、红十字会、卫生健

（续上表）

时间	阶段	台词与解说
第 1~5 分钟	应急预备	康委员会在紧急医疗救治、应急医疗物资准备与调拨等方面加强能力建设；省交通运输厅、公安厅、广州铁路集团公司、南方航空公司、白云机场在运输保障、交通安全方面加强了应急协调机制建设。 这些工作，为我省构建统一领导、权责一致、权威高效的地震应急处置联动机制，推动形成统一指挥、专常兼备、反应灵敏、上下联动的应急管理体制提供了保障。
第 6~8 分钟	领导与成员单位介绍	【旁白解说】为磨合广东省抗震救灾指挥部工作机制，检验地震应急工作流程，提升地震灾害应急处置水平，落实全国“一盘棋”应急响应工作机制，广东省抗震救灾指挥部定于 2020 年 10 月 20 日开展广东省应对省外特别重大地震灾害应急救援演练活动。 本次演练得到应急管理部和 A 省应急管理厅的大力支持，应急管理部地震和地质灾害救援司司长 ××× 同志远程参加演练，二级巡视员 ××× 同志莅临现场指导演练。 本次演练由广东省抗震救灾指挥部副指挥长、省应急管理厅党委书记、厅长 ××× 同志担任总指挥，省抗震救灾指挥部副指挥长、省地震局党组书记、局长 ××× 同志担任副总指挥，省抗震救灾指挥部办公室主任、省应急管理厅党委委员、副厅长 ××× 同志担任演练指挥，省应急管理厅、省地震局、省公安厅、省交通运输厅、省卫生健康委、省地质局、省消防救援总队、省粮食和储备局、省红十字会、省应急医院、广州铁路集团公司、广州白云机场、南方航空公司等单位参加演练；省抗震救灾指挥部其他成员单位观摩演练。 还邀请应急管理部中国地震应急搜救中心 ××× 研究员、云南省地震局 ××× 研究员、深圳防灾减灾技术研究院 ××× 院长作为现场点评专家。欢迎各位领导专家莅临指导演练！ 本次演练模拟地震为 A 省 B 县发生 8.0 级地震。演练内容包括地震发生后四个阶段的紧急处置工作：第一阶段为震后 0~1 小时的震情响应；第二阶段为震后 1~4 小时的支援准备；第三阶段为震后 4~20 小时的集结出征，第四阶段为震后 20~72 小时的现场救援。

（续上表）

时间	阶段	台词与解说
第 9 分钟	宣布演练启动	【台词】演练指挥 ×××：各位领导、各位来宾，演练准备工作已就绪。下面，请广东省抗震救灾指挥部副指挥长，应急管理厅党委书记、厅长，本次演练总指挥 ××× 同志宣布演练开始！
		【台词】总指挥 ×××：我宣布：2020 年广东省应对省外特别重大地震灾害应急救援演练现在开始！

第一阶段　震情响应（震后 0~1 小时）

时间	阶段	台词与解说
第 10 分钟	震情响应（震后 10~30 分钟）	【视频配音】据中国地震台网正式测定：2020 年 10 月 20 日 9:01，在 A 省 B 县发生 8.0 级地震，震源深度 15 千米。省地震局立即连线中国地震局和 A 省地震局，开展震情的监测和搜集等相关工作，并向省抗震救灾指挥部办公室报送有关震情信息。省地震局主要负责同志主持召开紧急会商会。省应急管理厅值班室收到信息后，迅速响应，并向省委省政府报送突发事件专报。 国务院抗震救灾指挥部已启动国家特别重大地震灾害 I 级响应。A 省启动本省特别重大地震灾害 I 级响应。
第 11 分钟	震情响应（震后 30~45 分钟）	【台词】演练指挥 ×××：同志们，经请示省抗震救灾指挥部领导同意，省抗震救灾指挥部办公室现在召开研判会商会，研判 A 省 B 县地震震情灾情，部署援助 A 省的各项准备工作。下面先请省应急管理厅地震和地质灾害救援处负责同志与 A 省应急管理厅有关负责同志连线，进一步了解震情灾情。

（续上表）

时间	阶段	台词与解说
第 12 分钟	震情响应（震后 30~45 分钟）	【台词】地震地灾处副处长 ×××：×× 同志好。我是广东省应急管理厅地震和地质灾害救援处 ×××。贵省 B 县发生特别重大地震灾害，我省高度关注，我省抗震救灾指挥部办公室正在紧急会商，请您介绍最新震情灾情和急需的帮助。
第 13~14 分钟		【台词】A 省应急管理厅地震和地质灾害救援处二级调研员 ×××：各位领导，我是 A 省应急管理厅地震和地质灾害救援处 ××。我省 B 县这次地震影响很大，全省已启动特别重大地震灾害 I 级响应。经统计，截至目前，我们已统计到灾区遇难人数约 3 000 人。震区地处高山峡谷，海拔 1 500~4 000 米，地表破碎，已造成崩塌、滑坡、滚石等灾害。我省前段时间由于大部分地区出现降雨天气，造成土壤含水量较高，据气象预报，震区近期雨水较多，极易引发泥石流等次生灾害。同时，震区余震不断，救援工作非常困难。我省已向国务院抗震救灾指挥部报告，请求省外救援力量、医疗物资和生活物资支援。介绍已毕。
第 14 分钟		【台词】地震地灾处副处长 ×××：谢谢 ××× 同志。我们已了解贵省的困难和需求，我省将按照国务院抗震救灾指挥部指示，做好援助准备工作。我们保持密切联系，请你们保重！
第 15 分钟		【台词】演练指挥 ×××：下面请省地震局发表会商意见。
第 15~17 分钟	震情响应（震后 45~60 分钟）省地震局向指挥部汇报	【台词】省地震局监测预报与科技处处长 ×××：A 省 B 县 8.0 级地震发生后，我局与中国地震台网中心及 A 省地震局进行了联合会商：本次地震发震断层为安宁河断裂，是左旋—逆冲断裂。震源破裂过程反演结果显示为连续破裂，持续时间 90 秒，破裂长度达 300 千米。截至目前，震区发生 4 级以上余震 15 次。初步判断这次地震为主余震震型。历史上该县发生的最大地震为 7.5 级。据地震烈度速报结果，这次地震可能造成 A 省 VI 度以上影响面积达 37 万平方千米，震中烈度 × 度以上。这次地震震区人口达 1 000 万。地震灾害快速评估结果显示，预计造成人员死亡 8 000~10 000 人，重伤数万人，需转移安置约 35 万人。

（续上表）

时间	阶段	台词与解说
第15~17分钟	震情响应（震后45~60分钟）省地震局向指挥部汇报	据此，我局提出援助建议如下： （1）震后72小时是黄金救援期，需尽快派出各专业地震救援队，携带专业破拆机械等工具，派出医疗救援队伍，携急救药品和医疗设备，第一时间赶赴现场； （2）灾区物资有限，供给困难，救援队员都应携带自我保障物资； （3）震区频发余震，会造成人员持续伤亡，救援人员务必做好自我防护，科学、安全施救； （4）灾区地处高原地区，救援队员应具有高原救援经验； （5）受灾群众因恐惧和失去亲人的痛苦，急需心理医生安抚； （6）大量群众需要临时安置，急需大量帐篷、食品和生活物品。 汇报完毕。
第18~21分钟	震情响应（震后45~60分钟）总指挥下达指令	【旁白】省抗震救灾指挥部办公室正在紧急会商，省抗震救灾指挥部办公室有关部门提出以下建议： （1）请省地震局派出10人专家组随队前往灾区指导救援工作，继续跟踪了解A省震情灾情信息，及时会商并向指挥部办公室报告情况。 （2）请省消防救援总队派出100人，携带搜救装备、破拆设备等救援装备。 （3）请省地质局派出20人，开展地震地质灾害应急救援工作。 （4）请省应急医院派出70名国家紧急医学救援队员，开展紧急医疗救治，考虑新冠疫情，配备院感防控专家和呼吸科专家。 （5）请省红十字会派出15人开展心理救援工作。 （6）请省粮食和储备局组织调拨帐篷3 000顶、折叠床6 000张、棉被10 000床、棉衣10 000件，调拨食品等生活物资300吨。 （7）请省卫生健康委立即组织10吨消毒物品，20吨镇痛、麻醉、镇静、抗生素、抗寄生虫药等应急药品及医疗器械，指导各单位应急救援工作，切实加强疫情防控工作，严防灾情和疫情“两碰头”。

（续上表）

时间	阶段	台词与解说
第 18~21 分钟	震情响应（震后 45~60 分钟）总指挥下达指令	（8）请南方航空公司在白云机场准备 1 架包机；请白云机场开辟快速通道，协调民航有关单位运送救援队伍和救援物资。 （9）请广州铁路集团公司，开辟铁路绿色通道，准备一辆货运列车运送救援物资支援灾区；安排广州南站指定专人，负责引导救援队伍尽快搭乘就近班次高铁。 （10）请省公安厅、省交通运输厅开辟本省公路绿色通道，协调外省交通运输部门，对持有省指挥部颁发的抗震救灾标志的车辆免费放行，并提供沿路通行安全保障。 （11）请省委宣传部组织省内主流媒体及时报道我省支援 A 省应急救援工作情况；会同有关部门及时处置社会舆情，防止利用地震事件造谣、传谣。 （12）请省指挥部办公室为参加地震救援有关人员配发统一着装，展示广东形象；请参加前线支援人员按照 72 小时自我保障标准配置保障物资。 【台词】演练指挥 ×××：刚才，省地震局等单位提出了很好的意见，我完全赞同！请指挥部办公室按照国务院抗震救灾指挥部的要求，通知有关成员单位做好前往 A 省开展救援的准备工作，并提请省抗震救灾指挥部召开紧急会议进一步部署。
第 22 分钟		【台词】地震地灾处副处长 ×××：报告演练指挥，深圳公益救援队主动请求支援灾区，申请现在视频通话，建议请省应急管理厅应急支援和预案管理处 ××× 同志对话。 【台词】地震地灾处副处长 ×××：好。
第 22~23 分钟	震情响应（震后 45~60 分钟）深圳公益救援队远程连线	【台词】深圳公益救援队 ×××：您好！我是深圳公益救援队 ×××，我队刚刚通过电视媒体和网络获悉 A 省 B 县发生 8.0 级地震，计划首批派出 20 名具备山地环境下地震搜救经验和医疗资质的队员携带地震救援装备前往灾区开展救援行动，申请加入我省地震应急救援队伍，听从统一指挥和调度，请批准。

（续上表）

时间	阶段	台词与解说
第 22~23 分钟	震情响应（震后 45~60 分钟）深圳公益救援队远程连线	【台词】省应急管理厅应急支援处 ×××：× 队长好，我是省应急管理厅应急支援处 ×××。非常感谢你们关心灾区、支援救灾工作，深圳公益救援队是我省重要的社会应急救援力量，欢迎加入我省援助队伍。省抗震救灾指挥部办公室正在制订具体支援方案，统一组织全省各类救援力量参与支援，确定后再与您联系。 【台词】深圳公益救援队 ×××：收到。谢谢！

第二阶段　支援准备（震后 1~4 小时）

时间	阶段	台词与解说
第 24~25 分钟	支援准备——A 省 B 县 8.0 级地震应急处置紧急会议	【视频配音】震后 1 小时，省抗震救灾指挥部办公室按照办公室研判会商会要求，通知各有关成员单位做好前往 A 省开展救援的准备工作，起草《广东省支援 A 省抗震救灾工作方案》。 震后 2 小时，省抗震救灾指挥部已将方案报经省委省政府，同意将方案上报国务院抗震救灾指挥部。 震后 3 小时，广东省抗震救灾指挥部召开 A 省 B 县 8.0 级地震应急处置紧急会议，落实《广东省支援 A 省抗震救灾工作方案》。 截至 2020 年 12 月 20 日 10:01，震区已发生 4.0 级以上余震 50 次，最大一次为 9:55 发生的 6.5 级余震。
第 26 分钟		【台词】演练指挥 ×××：报告总指挥，指挥部有关成员单位已经到齐，可以开会。

（续上表）

时间	阶段	台词与解说
第 26 分钟	支援准备——A 省 B 县 8.0 级地震应急处置紧急会议	【台词】总指挥 ×××：同志们，A 省 B 县发生 8.0 级地震，灾情严重，举国关注。震情就是命令，救援就是责任，各单位要坚持人民至上、生命至上，坚持全国全省“一盘棋”，全力以赴做好援助工作。根据省委省政府要求我省成为第一批到达 A 省灾区的外省救援力量的指示，现在召开省抗震救灾指挥部会议，听取支援 A 省准备情况汇报，进一步部署落实各项支援准备工作。
第 27 分钟		【台词】演练指挥 ×××：下面请省应急管理厅汇报情况。
第 27~28 分钟		【台词】地震地灾处副处长 ×××：报告总指挥，目前指挥部办公室已开展四项工作（同时展示有关图表）：一是已报请省委省政府同意，以广东省委省政府名义向 A 省省委省政府发出慰问电，并援助抗震救灾资金 2 000 万元。 二是已组建广东应急救援队，由省抗震救灾指挥部办公室主任、应急管理厅党委委员、副厅长 ××× 同志担任总领队，下设综合协调组、后勤保障组等 2 个工作组；统筹综合救援队、地震救援队、医疗救治队、心理救援队、救灾物资队、应急专家队、社会救援队共 7 支队伍，合计 283 人。 三是已明确开进方式，准备采用航空、高铁、公路、货运列车“四路并进”驰援灾区。其中，航空运输从广州白云机场出发，共 203 人；高铁运输从广州南站出发，共 20 人；公路运输从省应急医院出发，共 50 人；货运列车从大朗货运站出发，运送救援装备、救灾物资前往灾区，10 人随车同行。 四是已协调省卫生健康委、省粮食和储备局等有关单位落实第一批应急救灾物资，其中通信部门调拨卫星电话 300 部。 报告完毕。
第 29 分钟		【台词】演练指挥 ×××：下面请省消防救援总队汇报情况。

（续上表）

时间	阶段	台词与解说
第 29~30 分钟	支援准备——A 省 B 县 8.0 级地震应急处置紧急会议	【台词】省消防救援总队副队长 ×××：报告总指挥，广东省消防救援总队已集结 1 支省级重型地震救援队，共 100 名消防指战员，携破拆、侦检、照明、警戒、搜索、顶撑、救生、保障等 8 大类 200 余件套器材装备。配备 72 小时自我保障和防疫物资，随时可根据总指挥部命令前往灾区实施跨区域增援任务。 报告完毕。
第 31 分钟		【台词】演练指挥 ×××：下面请省地质局汇报情况。
第 31~33 分钟		【台词】省地质局副局长 ×××：报告总指挥，省地质局组织抗震地质灾害救援专业人员 20 人，配备单兵通信系统、轻型专业救援装备，携带防高原反应药品和防疫用品，2 个小时内准备完毕，从广州南站乘高铁到灾区开展地质灾害救援工作。 报告完毕。
第 34 分钟		【台词】演练指挥 ×××：下面请省应急医院汇报情况。
第 34~35 分钟		【台词】省应急医院党委副书记 ×××：报告总指挥，省应急医院正在组织 70 人的国家紧急医学救援队，考虑到新冠疫情，队伍中配备了相关院感防控专家和呼吸科医疗专家。还准备了一批应急医疗帐篷等应急物资参加救援。正在调集 2 辆救护车和 5 辆应急医疗方舱车，将采用公路输送方式支援灾区。目前已集结完毕。 报告完毕。
第 36 分钟		【台词】演练指挥 ×××：下面请省红十字会汇报情况。
第 36~37 分钟		【台词】省红十字会副会长 ×××：报告总指挥，省红十字会已向社会发出募捐呼吁，已组织 15 位红十字心理救援队员准备参加救援，开展受灾群众心理安抚工作。目前已集结完毕。 报告完毕。

（续上表）

时间	阶段	台词与解说
第 38 分钟	支援准备——A 省 B 县 8.0 级地震应急处置紧急会议	【台词】演练指挥 ×××：下面请广州铁路集团公司汇报情况。
第 38~39 分钟		【台词】广州铁路集团公司货运部副主任 ×××：报告总指挥，广州铁路集团公司已经启动应急机制，开辟绿色通道，在大朗货场准备一个货运列车运送救援装备、救灾物资支援灾区。 广州南站已安排专人，负责引导救援队伍尽快完成安检，搭乘 G1020 次高铁前往灾区。 报告完毕。
第 40 分钟		【台词】演练指挥 ×××：下面请南方航空公司汇报情况。
第 40~41 分钟		【台词】南方航空公司安全总监 ×××：报告总指挥，南航已经启动紧急运输程序，运力和机组已做好准备，并协调民航系统相关单位，在白云机场准备 1 架波音 777 运送救援队伍人员和物资支援灾区。报告完毕。
第 42 分钟		【台词】演练指挥 ×××：报告总指挥，国务院抗震救灾指挥部办公室、A 省应急管理厅分别要求与我省指挥部视频连线，建议由我和 ××× 同志分别连线。 【台词】总指挥 ×××：好。 【台词】演练指挥 ×××：现在请连线国务院抗震救灾指挥部办公室。
第 42~43 分钟		【台词】应急管理部地震和地质灾害救援司司长 ×××：国务院抗震救灾指挥部已经收到《广东省支援 A 省抗震救灾工作方案》，经研究决定： 一、同意你省派出救援队伍、医疗队伍赶赴灾区，行进中保持与灾区抢险救援组、医疗救治组的联系，及时领受任务，到达灾区后迅速开展行动。 二、同意你省调集救灾物资、应急药品支援灾区，请与灾区政府相关部门联系，快速将物资运抵指定地点。 三、支援灾区的所有人员要做好自我保障，服从灾区抗震救灾指挥部的统一指挥和调度，注意人身安全；如有需要，请与国务院抗震救灾指挥部抢险组、医疗组、生活组保持联系。

（续上表）

时间	阶段	台词与解说
第 43 分钟	支援准备——A 省 B 县 8.0 级地震应急处置紧急会议	【台词】演练指挥 ×××：谢谢 × 司长！我省立即按照方案展开援助 A 省的各项工作，坚决完成国务院抗震救灾指挥部交给的任务。
第 44 分钟		【台词】演练指挥 ×××：现在请连线 A 省应急管理厅。
第 44 分钟		【台词】A 省应急管理厅二级巡视员 ×××：× 处长好！我省已收到国务院抗震救灾指挥部转发的《广东省支援 A 省抗震救灾工作方案》，感谢广东的全力支援。欢迎广东应急救援队加入我们的救援大军。针对贵省的方案，我们已做好相关对接保障工作，已在机场、高铁站、高速路口和货运站安排专人对接。
第 45 分钟		【台词】应急支援处处长 ×××：×× 同志好！感谢贵省周全安排，我们将日夜兼程赶赴灾区，开展救援工作。
第 45 分钟		【台词】演练指挥 ×××：报告总指挥，国务院抗震救灾指挥部已批复同意《广东省支援 A 省抗震救灾工作方案》，请总指挥下达命令，广东应急救援队集结出征。报告完毕。
第 46 分钟		【台词】总指挥 ×××：很好！从刚才汇报的情况看，各单位准备工作很充分、很到位。七支队伍已整装待发，形成了“四路并进”“并驱争先”支援灾区的局面。大家辛苦了！ 国务院抗震救灾指挥部已同意我省出兵支援，A 省也已安排好现场对接工作，请各单位按既定工作方案进一步落细落小落实。

第三阶段　集结出征（震后 4~20 小时）

时间	阶段	台词与解说
第 47~48 分钟		【视频配音】震后 4 小时，广东应急救援队各路队伍的准备工作完成，组成 6 支专业队伍和 1 支救灾物资队，采用“四路并进”方式向灾区开进。第一路航空运输 203 人，包括综合救援队、医疗救治队、心理救援队、应急专家队、社会志愿者队伍，前往白云机场集结；第二路高铁运输地震救援队 20 人前往广州南站集结；第三路公路运输 50 人，包括医疗救治队 20 人、司机通信员 30 人，1 辆警车、2 辆应急通信车、2 辆救护车、5 辆应急医疗方舱车，共计 10 辆车组成车队从省应急医院出发直奔灾区；第四路货运列车运输救灾物资队 10 人前往广州市大朗货运站集结。 震后 5 小时，航空运输、高铁运输、货运列车 3 路队伍到达集结地点，公路运输队伍行驶在汕昆高速上。
第 49 分钟		【台词】演练指挥 ×××：请分别连线广东应急救援队四路队伍，请各路队伍向总指挥报告情况。下面请综合救援队汇报！
	白云机场消防站	【台词】综合救援队队长：报告总指挥，我是综合救援队队长 ×××，航空运输共 203 人，包括总领队一行 8 人、综合救援队 100 人、医疗救治队 50 人、心理救援队 15 人、应急专家队 10 人、社会救援队 20 人，现已集结完毕。准备登机，并随机携带音视频生命探测仪 3 台、雷达微波生命探测仪 3 台、勘察搜索机器人 1 台、便携式搜索机器人 10 台、搜索侦察无人机 2 套和其他相关搜救装备；随机援助的医疗物资、新冠肺炎防控物资共计 2 吨，食品、饮用水共计 5 吨。 报告完毕！
第 50 分钟		【台词】演练指挥 ×××：下面请地震救援队汇报！

（续上表）

时间	阶段	台词与解说
第 50 分钟	广州南站动车站台	【台词】地震救援队队长：报告总指挥，我是地震救援队队长 ×××，队伍人员共 20 人，随车携带单兵通信系统、地震地质灾害轻型专业救援装备与防疫防护用品。现在广州南站，准备出发。报告完毕！
		【台词】演练指挥 ×××：下面请医疗救治队汇报！
	车辆行驶途中	【台词】医疗救治队队长：报告总指挥，我是医疗救治队队长 ×××，公路运输共 50 人，现已通过绿色通道进入汕昆高速，距离 A 省 B 县还有 1 600 公里，预计 20 小时后到达。 报告完毕！
第 51 分钟	大朗货车出发地	【台词】演练指挥 ×××：下面请救灾物资队汇报！
		【台词】救灾物资队队长：报告总指挥，我是救灾物资队队长 ××，应急援助物资已在大朗货运车站装载完毕，预计 2 小时后出发。 报告完毕！请指示！
第 52 分钟	会场	【台词】总指挥 ×××：很好！国务院抗震救灾指挥部和省委省政府高度重视这次跨省支援行动，希望你们不辱使命，带着广东人民的嘱托，把温暖和关爱送给灾区人民，在当地党委和政府领导下开展各项抗震救灾工作。在此，我代表省抗震救灾指挥部向广东应急救援队全体同志表示感谢！同时，请大家保护好自身安全。祝你们一路顺利！ 【台词】各救援队队长：是！坚决完成任务！
第 53 分钟		【音乐 + 字幕】四路队伍出发场景视频。

第四阶段　现场救援（震后 20~72 小时）

时间	阶段	台词与解说
第 54~64 分钟		【视频配音】 震后 24 小时，广东应急救援队第一批救援队伍 283 人顺利到达 A 省。 震后 31 小时，在 A 省应急管理厅的大力支持和周密安排下，四路队伍和救灾物资全部进入灾区指定地点。 震后黄金救援 72 小时内，搜救出 58 人，救治 252 人，进行 90 人次的心理安抚。 震后 10 天，派出第二批队伍 100 人，赶赴灾区轮换第一批队员。 震后 15 天，省抗震救灾指挥部指挥长亲自到灾区现场慰问。 震后 20 天，搜救出 153 人，救治 1 235 人，调包机前往现场转运伤员 12 人到广东省救治，进行了 269 人次的心理安抚。 震后 30 天，国家特别重大地震灾害 I 级响应结束。广东应急救援队共搜救出 198 人，救治 2 033 人，调包机前往现场转运伤员 25 人到广东省救治，进行 359 人次的心理安抚，体现了广东力量，展现了广东精神。 省抗震救灾指挥部分四次调拨帐篷 5 000 顶、折叠床 9 000 张、棉被 30 000 床、棉衣 10 000 件，食品等生活物资共 800 吨，分四次调拨 50 吨消毒物品和医疗物资支援灾区。援助卫星电话 300 部；援助抗震救灾资金 2 000 万元人民币。 在此期间，省抗震救灾指挥部及时与广东应急救援队进行视频连线，协调解决遇到的困难，确保抢险救援工作的顺利进行。 国务院抗震救灾指挥部向广东省抗震救灾指挥部发来表扬信，充分肯定我省援助 A 省开展救灾的做法和取得的成效。 日前，A 省省委省政府发来感谢信，感谢广东省第一时间派出救援队伍，并援助大量物资和资金；尤其广东应急救援队作为第一批到达灾区的省外救援力量，成为灾区现场救援的主要队伍之一，给灾区人民带来了极大的帮助和鼓舞；在此，A 省全省人民向广东省的无私援助表示衷心的感谢，并致以崇高的敬意！广东省委省政府对此次 A 省 B 县 8.0 级地震救援和援助任务给予高度肯定，并向参加任务的全体同志表示衷心的慰问。

结尾　总结点评

时间	阶段	台词与解说
第 65 分钟	宣布结束	【台词】演练指挥 ×××：广东省应对省外特别重大地震灾害应急救援实战演练已顺利完成既定任务。现在进入总结点评阶段。下面，请现场点评专家点评。
	总结点评	【点评】现场专家进行点评。
		【台词】演练指挥 ×××：感谢现场的专业点评。下面请领导讲话。
	总结讲话	【讲话】领导讲话。

参考文献

［1］ Society Security-guidelines for Exercise and Testing: ISO22398［S］.

［2］ 生产经营单位生产安全事故应急预案编制导则：GB/T-29639—2013［S］.

［3］ 公共安全演练指南：GB/T 38209—2019［S］.

［4］ 生产安全事故应急演练评估规范：AQ / T 9009—2015［S］.

［5］ 生产安全事故应急演练基本规范：AQ / T9007—2019［S］.

［6］ 陈国华，张新梅，金强．区域应急管理实务：预案、演练及绩效［M］. 北京：化学工业出版社，2008.

［7］ 夏保成，张小兵，王慧彦．突发事件应急演习与演习设计［M］. 北京：当代中国出版社，2011.

［8］ 广东省安全生产应急救援指挥中心，华南理工大学安全科学与工程研究所．安全生产应急演练实务［M］. 北京：科学出版社，2011.

［9］ 李尧远．应急预案管理［M］. 北京：北京大学出版社，2013.

［10］ 广东省安全生产应急救援指挥中心，华南理工大学安全科学与工程研究所．企业安全生产应急预案管理［M］. 北京：清华大学出版社，2013.

［11］ 陈传全．水上交通事故应急预案的制定与评价［D］. 上海：上海海事大学，2007.

［12］ 刘畅．建筑行业安全生产应急预案评价方法研究［D］. 沈阳：东北大学，2011.

［13］ 朱慧．重大突发事件应急演练评估方法改进研究［D］. 北京：首都经济贸易大学，2016.

［14］ 顾林生．日本大城市防灾应急管理体系及其政府能力建设：以东京的城市危机管理体系为例［J］. 城市与减灾，2004（6）.

［15］ 沈路涛，邹声文，张宗堂．突发公共事件应急预案框架体系透视［J］. 中国减灾，2005，15（3）.

［16］ 钟开斌，张佳．论应急预案的编制与管理［J］. 甘肃社会科学，2006（3）.

［17］ 桂兴，赵志耘. 建立有效的国家应急反应体系迫在眉睫:《美国国家应急反应框架》述评［J］. 中国软科学．2008（12）.

[18] 郭子雪，张强. 基于直觉模糊集的突发事件应急预案评估［J］. 数学的实践与认识，2008（22）.
[19] 闪淳昌，周玲. 从 SARS 到大雪灾：中国应急管理体系建设的发展脉络及经验反思［J］. 甘肃社会科学，2008（5）.
[20] 承奇，张礼敬，邢培育，等. 基于层次分析法的化工事故应急演练模糊综合评估［J］. 南京工业大学学报（自然科学版），2009，31（4）.
[21] 韩芳，秦练，马新悦，等. 数字化应急预案可操作性评价系统设计与开发［J］. 计算机系统应用，2010，19（3）.
[22] 邓万涛. 煤矿应急预案评价方法研究［J］. 中国安全科学学报，2010，20（5）.
[23] 闪淳昌，周玲，方曼. 美国应急管理机制建设的发展过程及对我国的启示［J］. 中国行政管理，2010（8）.
[24] 刘铁民. 突发事件应急预案体系概念设计研究［J］. 中国安全生产科学技术，2011，7（8）.
[25] 祝凌曦，肖雪梅，李玮，等. 基于改进 DEA 法的铁路应急预案编制绩效评价方法研究［J］. 铁道学报，2011，33（4）.
[26] 李湖生. 应急预案体系建设的理论基础研究探讨及其启示［J］. 中国应急管理，2012（5）.
[27] 刘铁民. 重大突发事件情景规划与构建研究［J］. 中国应急管理，2012（4）.
[28] 刘铁民. 应急预案重大突发事件情景构建：基于"情景—任务—能力"应急预案编制技术研究之一［J］. 中国安全生产科学技术，2012，8（4）.
[29] 钟开斌. 中国应急预案体系建设的四个基本问题［J］. 政治学研究，2012（6）.
[30] 宋劲松，刘文婧. 提高我国应急预案效力的路径选择［J］. 中国应急管理，2012（6）.
[31] 董泽宇. 德国突发事件风险分析方法及其经验借鉴［J］. 行政管理改革，2013（2）.
[32] 国务院办公厅国务院应急管理办公室. 全国应急预案体系建设情况调研报告［J］. 中国应急管理，2013（1）.
[33] 吴晓涛. 美国突发事件应急行动预案的基本特征分析［J］. 灾害学，2013，28（3）.
[34] 薛兰. 应急管理新挑战及其顶层设计［J］. 国家行政学院学报，2013（1）.
[35] 张海波. 中国应急预案体系：结构与功能［J］. 公共管理学报，2013，10（2）.
[36] 蔡正杰，梁昌勇，赵树平. 突发环境事件等级评估方法研究［J］. 计算机应用研究，2014，31（11）.

[37] 刘岱楠，王亚阳，王汉斌. 基于熵权的煤矿应急管理能力模糊综合评价 [J]. 经济师，2014 (11).

[38] 雷长群. 安全生产应急预案优化试点的探索与实践 [J]. 中国应急管理，2014 (9).

[39] 吴晓涛. 美国突发事件应急准备理念的新特点及启示 [J]. 灾害学，2014，29 (2).

[40] 张长林，薛保贵，程仁德. 公路突发事件应急能力评价模型研究 [J]. 科学决策，2014 (9).

[41] 闫博，覃勇，李国和，等. 基于模糊数学的应急演练效果评估方法研究 [J]. 计算机与现代化，2015 (9).

[42] 张明. 美国应急预案体系建设经验借鉴研究 [J]. 中国安全生产科学技术，2015，11 (5).

[43] 陈国华，邹梦婷. 突查式应急演练规范化模式研究与实践探索 [J]. 中国安全科学学报，2016，26 (9).

[44] 李群，代德军. 突发事件应急演练评估方法、技术及系统研究 [J]. 中国安全生产科学技术，2016，12 (7).

[45] 罗海英. 旅游景区应急演练模式探析：以山西省为例 [J]. 中国应急救援，2016 (4).

[46] 佘廉，郑琛. 非常规突发事件案例复盘的危机学习方法 [J]. 华南理工大学学报（社会科学版），2016，18 (2).

[47] Slimming Panda. 透视美国最大规模网络战演习：网络风暴 [J]. 网信军民融合，2018 (6).

[48] 吉晓剑，许新梅，王文琴，等. 应急演练设计的评价指标体系标准在区域医疗联合体中的应用探讨 [J]. 吉林医学，2017，38 (7).

[49] 李雪峰. 应急演练类型、设计、实施与评估 [J]. 中国减灾，2019 (23).

[50] 李新松，臧泉龙，吴亮，等. 无脚本应急演练模式的探索与实践 [J]. 中国石油和化工标准与质量，2019，39 (11).

[51] 徐博，赵强. 地震应急演练模式探索 [J]. 山西科技，2019，34 (6).

[52] 邹积亮. 我国应急演练的创新性实践 [J]. 中国减灾，2019 (23).

[53] 秦挺鑫，张超，徐凤娇，等. 基于情景构建的演练项目策划与实施：《公共安全演练指南》国家标准解读 [J]. 安全，2020，41 (9).

[54] 张小兵. 对应急演练几个基本问题的思考 [J]. 河南理工大学学报（社会科学版），2019，20 (3).

［55］朱正威，吴佳. 新时代中国应急管理变革、挑战与研究议程［J］. 公共管理与政策评论，2019，8（4）.

［56］张志鹏，刘柏，史建虎. 应急预案体系现状及优化提升［J］. 中国应急管理，2020（7）.

［57］US Department of Homeland Security, Office for Domestic Preparedness. Homeland Security Exercise and Evaluation Program—volume I: Overview and Doctrine［R］. 2007.

［58］US Department of Homeland Security, Office for Domestic Preparedness. Homeland Security Exercise and Evaluation Program—volume II: Exercise Evaluation and Improvement［R］. 2007.

［59］US Department of Homeland Security. Homeland Security Exercise and Evaluation Program［R］. 2013.

［60］徐学群，胡继平. 日本危机管理：决策和协调机制［N］. 学习时报，2003-02-17.

［61］钟开斌. 中国应急管理：从体系建构到能力提升（上）［N］. 中国保险报，2015-09-17.

［62］钟开斌. 中国应急管理：从体系建构到能力提升（下）［N］. 中国保险报，2015-09-24.